イスラム移民

飯山陽
Akari Iiyama

はじめに――「多様性」の名の下にイスラム教徒を受け入れる日本

日本の「多様性」はおそらく、イスラム教徒の受け入れで初めて問題として認識されるだろう――。

これは私の数年前からの予測です。２０２０年に産経新聞に掲載した『多様性』に隠れた不公正 ヨーロッパ移民政策の失敗」（7月23日）という論説でも、その問題意識は開示しています。

日本では、何だかわからないけれど「多様性」というものが「いいもの」だとされており、イスラム教徒を受け入れることがその企業、学校、地方自治体、ひいては日本という国家にとって「よいこと」だとされているのではないか。しかし、日本に先んじて大量のイスラム教徒を受け入れたヨーロッパ諸国では、犯罪が増加し、文化や秩序が破壊され、社会が変質した。というのも、イスラム教徒は移住先の法や文化に適応し順応しそれを受け入れるのではなく、自分たちの法や文化を移住先に持ち込むからである――。

この産経新聞の論説ではそのようなことを書きました。

それから4年が経過し、残念ながら私の予測、懸念は現実化しています。国は外国人労働者の受け入れ推進へと舵を切りました。これは実質的な移民政策です。経済界もメディアも人手不足や少子高齢化の埋め合わせのためにそれを必要不可欠だと主張し、人々もそう信じて疑いません。

その対象者の中にはもちろんイスラム教徒が含まれている。というのも今や世界人口の4人に1人以上がイスラム教徒であり、インドネシアやマレーシア、バングラデシュ、それに中央アジア諸国など、日本が今後ますます労働者として多く受け入れようとしている国の国民は、大半がイスラム教徒だからです。

ここで私が問いたいのは、政府や経済界や日本の一般国民は皆、イスラム教を理解した上でイスラム教徒を受け入れようとしているのか、という問題です。

イスラム教がどのような宗教か、イスラム教徒にとって信仰がどのような意味を持ち、個々の行動にイスラム教という宗教がどのような影響を与えるのか。私たちはそれらをきちんと理解した上で、それでもどんどんイスラム教徒を受け入れよう、それが日本に多様性をもたらし、社会を活性化させ、持続的発展を導くのだと信じているのでしょうか。

私にはそうは思えない。私の著作は、初めて出版した『イスラム教の論理』（新潮新書、2018年）から、最新の『「いい人」の本性』（飛鳥新社、2024年）まで、すべてが同じテーマのもとに記されています。それは、日本人はイスラムを知らない、あるいは誤解している、このままイスラム教徒を日本に大量に受け入れれば、ヨーロッパ以上のスピードでヨーロッパ以上の惨状に陥るだろう、というものです。

現在、日本に住むイスラム教徒の数は27万人以上だとされています。学校や刑務所などでイスラム教徒にハラール食を提供する動きも広まっている。学校によっては、イスラム教徒の生徒に特別にハラール給食を用意し、彼らが金曜礼拝のために学校を途中で抜け出すことを認めたり、美術や音楽の授業を受けなくてもいいように配慮したりもしている。

企業は、LGBTを受け入れるのと同様にイスラム教徒を「多様性」の枠で受け入れることを「いいこと」とし、社内に礼拝所を設け、それを広報することにより、「正しい企業」「進んだ価値観を持つ社会の先頭に立つ企業」というイメージづくりをしている。

昨今日本で顕在化しているイスラム教徒用の土葬墓地建設の問題も、これと同じ傾向を持つように私には見えます。土葬墓地建設により、「多様性」に満ちた「正しい自治体」「進んだ価値観を持つ社会の先頭に立つ自治体」というイメージづくりをすることができると考えている自治体があるのではないか。

しかし一方で、そこに住む住民にとって土葬墓地建設は迷惑だったり不安だったりする。土葬でなくても墓地のそばに住むのを嫌がる人は多いですし、自分たちの住み慣れた地域に土葬墓地が作られるとなったら、嫌だ、心配だ、受け入れられないと思う人がいるのは当然です。大分県日出町《ひじまち》では、要件を満たせば土葬墓地建設を許可せざるをえないという見解を示していた町長に代わり、土葬墓地断固反対を主張する新たな町長が選出されました。

しかしこの問題を報じるメディア報道は、もっぱらイスラム教徒がかわいそうだ、という趣旨です。日本にムスリムは増えている。ムスリムは土葬必須だ。土葬する墓地がないのはかわいそうだから作らせてあげようじゃないか、とメディアは切々と情に訴え続ける。

これを見て私は確信するわけです。やはり日本人はイスラム教を誤解しているのだ、と。イスラム教徒にとっては、神の法（イスラム法）が至上の法です。すべての価値基準は神の法です。彼らは日本国憲法や法律など、人間が作った法を神の法の下に置く。なぜなら、不完全で間違えを犯す人間が作った法など、間違いだらけの不完全な法に決まっているからです。それにひきかえ、神は全知全能の無謬《むびゅう》な存在であり、神の法は絶対に正しいと彼らは信じている。

しかもイスラム法は、神の法以外に従う者は不信仰者であり、不信仰者は必ず地獄に行くと規定します。彼らは来世の存在を信じる。不信仰者の烙印を押されることは、彼らにとって地獄行きを決定づける深刻な事態です。

だから彼らは、どこにいようと神の法、そこに記された規範に従おうとする。彼らが土葬墓地を求めるのも、ハラール食を求めるのも、金曜礼拝に行きたがるのも、ラマダンで断食をするのも、学校で美術や体育や音楽の授業を拒否するのも、神の法ゆえです。

イスラム教徒は「かわいそう」なのではなく、ひたすら神の法に忠実なのです。ひたすら神の法に忠実な彼らが、自分たちが神の法に従えるように便宜を図れと要求していることを、日本人はなぜか、「かわいそう」とか「多様性」という言葉に置き換えて理解してしまう。

これは甚大な勘違いです。しかも彼らは、土葬墓地やハラールや金曜礼拝行きや断食や授業拒否を要求するだけではありません。神の法は、生まれてから死ぬまで、生活のあらゆる細部についてまであまねく規定している。

イスラム教徒の親のもとに生まれた子供は、必ずイスラム教徒になるというのがイスラム教の戒律です。イスラム教は信者が改宗すること、イスラム教信仰を棄てることを禁じます。あえてそれを犯すことは死刑に値する大罪だと規定される。日本の憲法が認める信教の自由をイスラム教は認めません。

日本のメディアは統一教会の信者2世問題は大きく扱うのに、イスラム教徒の信者2世問題については、そんな問題など存在しないかのような素振りです。おそらくそれが問題だと認識していない。あるいは認識していて敢えて無視しているのでしょう。

神の法は、人間には男と女しかいない、性行為も結婚も男と女の間でしか認められないと規定します。日本を含む西側諸国で「常識」とされつつある性の多様性という概念はこれに矛盾するので、イスラム教徒にとっては受け入れ難い。神の法は同性愛行為を死罪と規定するので、ＬＧＢＴＱの人権云々などというものをイスラム教徒は基本的に受け入れません。

ＬＧＢＴＱの権利の拡大をしつつ、それを否定するイスラム教徒の受け入れを推進するというのは、社会の亀裂、分断を自ら呼び込む、愚行中の愚行です。しかし、日本社会はこれにもどうやら気づいていない。神の法は、男が女の上に立つと規定し、男に女の2倍あるいはそれ以上の権利を認めます。これは日本国憲法の平等原則に反する。

神の法は、イスラム教徒とそれ以外の信徒を差別します。それは、イスラムだけを正しい宗教とするイスラム教的には正しい論理ですが、日本国憲法には反する。彼らにとってイスラム以外の宗教は邪教であり、一掃しなければならない存在です。そのための「努力」が、彼らにとって義務とされているジハードです。日本でもお地蔵さんを破壊したり、神社を破壊したりするイスラム教徒が現れ始めている。彼らは神に命じられた「努力」をしているわけで、彼らはその行為をもちろん「いいこと」だと信じている。あらゆる信仰対象を尊重し、それを破壊してはならないという日本の法律に、これは矛盾しています。

自由や権利といった概念についてだけでなく、世界観や人生観、倫理観、死生観についても、彼らのそれは私たちのそれとあまりにも違う。それは彼らが、何を善とし何を悪とするか、何が義務で何が禁止かは、人間ではなく神の意思に基づいて決定されると信じていることとに起因します。神が善とするものは、私たちが自由民主主義社会で悪とするものであったり、神が義務として命じる行為が、私たちの社会においてはやってはならないと禁じられている行為だったりする。

私たちは、イスラム教がこのような宗教であり、イスラム教徒がそれを真理と信じ実践する人々であるということを理解した上で、やれイスラム教徒を日本に受け入れようとか、うちの自治体に受け入れようとか、土葬墓地を作ろうとか、ハラールを提供しようとか提案したり、それに同意したりしているのでしょうか？

私たちの社会にとっての常識や、あるいは国家の法規範の上に神の法を戴く人々が社会に増加することの意味を、私たちは本当にわかっているのでしょうか？

日本の常識や法ではなく神の法を至高とする人々の数が増加し、過半数を占めるようになった時、日本は当然、これまで通りの日本でいられるわけがないことを、私たちは理解しているのでしょうか？

多様性というのは、その多様性の一切を否定する人々の受け入れをも含むのだという、その矛盾を理解した上で、多様性を推進しようとしているのでしょうか？

これらを理解し、それでも国民の総意でイスラム教徒を受け入れよう、土葬墓地や礼拝所を作ろう、ハラール化を進めよう、イスラム教徒の生徒には特権を認めようというのならば、それはそれでいいと私は思います。

しかし、それらを理解しないまま何となく、イスラム教徒を受け入れることは「いいこと」なのだとフワっと思っているだけの人たちが大半を占めるなら、私は警鐘を鳴らさなくてはならない。

私はあらゆる差別に反対です。イスラム教徒を差別したり、外国人を差別したりするようなことはあってはなりません。だからこそ私は、イスラム教がどのような宗教なのかを知り、理解した上で受け入れてくださいと申し上げているのです。理解した上で、彼ら特有の文化にどう対応するか、私たちは決めなければならない。これはイスラム教徒に対するヘイトスピーチを未然に防ぐためでもあります。

埼玉県川口市に多く暮らすクルド人に対しては、すでにヘイトスピーチ問題が顕在化しています。一部のクルド人が違法・触法行為をしたからといって、すべてのクルド人が犯罪者であるかのようなレッテル貼りや誹謗中傷はあってはならない。正規の資格を持ち、真面目に暮らすクルド人にとっても、法を犯すクルド人は迷惑でしかありません。だからこそ、クルド人の犯罪を見逃したり、逮捕しても不起訴にしたりするようなことはあってはならない。犯罪者であっても「クルド人だから」という理由で擁護したり、被害を受けた日本人を蔑《ないがし》ろにしたりする報道は、逆に差別意識を助長し、法を守る多くのクルド人を生きづらくさせていることに気づくべきです。本書の目的のひとつは、クルド人だからという理由で、彼らの犯罪や違法・触法行為を大目に見たり擁護したりする政治家やメディア、「専門家」、市民団体の問題を提起することです。

イスラム過激派テロについても同様です。大多数のイスラム教徒にとってもイスラム過激派テロリストは敵にして脅威であり、ほとんどの場合、イスラム過激派テロの犠牲者はイスラム教徒です。

日本の政府やメディア、検察や司法当局は、いまだに非常にテロに対して甘いのが実情です。世界標準と比べ、日本ほどテロに甘い国はないと言っても過言でない。これは日本の治安を悪化させ、日本人を危険に晒すだけでなく、イスラム教について間違ったイメージを喚起し、大多数のイスラム教徒に不利益を与えることにもなります。本書はこうした注意喚起が目的でもあります。

法を守りルールを尊重し真面目に暮らすイスラム教徒やクルド人が差別されたり、ヘイトスピーチの標的になったりしないためにも、犯罪者は正しく処罰し、テロは断固として許さないと、言動で示していく必要があります。

「多様性」の名の下に、日本社会はすでに変容し始めています。「多様性」という巨大な「トロイの木馬」の中が、イスラム教という強力な宗教で満たされているという皮肉から私たちが目をそらしても、問題は魔法のように消えてなくなりはしない。

皆さん、そろそろ目を覚ましましょう。日本を守るための目覚めの時は、もう来ています。

※なお、本文で引用した記事中の人名については、プライバシーに配慮し、一部伏せた部分があります。

目次

はじめに――「多様性」の名の下にイスラム教徒を受け入れる日本……2

第1章 日本人がイスラム教徒に関心を持てば共生できるのか

第1節 イスラム教徒は「多様性の尊重」と共生できるか……18

「日本人がイスラム教徒に関心を持てば共生できる」と主張する大学教授／入管のイスラム教徒にハラール食提供を求める立憲民主党議員／イスラム諸国には「多様性」はあるのか／男性医師に抵抗感を示すイスラム教徒女性／千葉県は多様性尊重条例でイスラム教も尊重するのか／大阪地裁「イスラム教国出身の同性愛者を難民認定せよ」判決の矛盾

第2節 イスラム教徒は日本の学校教育と共生できるか……42

ラマダン、礼拝、体育、給食……特別扱いされるイスラム教徒の子供たち／岐阜県のこども園の「イスラム教育」を絶賛するNHK／モスクに行きイスラム文化を学ぶ中津市の日本人教員／服装を理由にテニス部入部を阻まれたイスラム教徒女子生徒の闘争／千葉県野田市イスラム学校建設計画／イスラムへの懸念を「イスラム排外主義」と断ずる千葉県知事／茨城県の小学校のハラール給食への懸念

第2章 ガンビア人地蔵・神社破壊事件から考える他宗教との共生……81
なぜガンビア人は地蔵を破壊したのか／地蔵・神社破壊から始まる日本でのジハード／拘束力のない日本ムスリム協会の声明／神戸のお地蔵さん破壊男はなぜ不起訴なのか

第3章 イスラム教徒の土葬問題を追う……97
土葬墓地を作りたいイスラム教徒と忌避する住民／土葬墓地建設を要求する別府ムスリム教会／別府ムスリム教会代表のAPU教授と立憲民主党議員による土葬墓地建設陳情／土葬墓地建設に反対する住民を否定的に報じる毎日新聞／宮城県石巻市の土葬墓地建設問題を報道するTBSの思惑／宮城県のムスリムの土葬墓地建設運動に寄り添う朝日新聞／立憲民主党

〝活動家〟議員による土葬墓地推進／イスラム教徒に寄り添い土葬問題を報じるNHK女性記者／イスラム教徒が火葬された事例／日出町の土葬墓地問題で杵築市住民が大分県に行政指導を求める／日出町土葬墓地建設予定地を視察して目撃した宗教戦争の最前線／APU教授の「日本は21世紀にイスラム教徒の国になる」発言と実践／土葬墓地反対派町長誕生と今後の行方

第4章 イスラム移民・難民を受け入れた国はどうなっているか

第1節 イスラム化するイギリス……152
多様性を推進してイスラム教徒が急増／英内相がポリコレ廃止を提言／性の多様性の授業で小学生が抗議／「イスラム主義者は英国をいじめ、服従させている」／民主主義最大の敵としてのイスラム主義

第2節 イスラム化するヨーロッパ……176
【フランス】続発する北アフリカ系イスラム教徒男性による暴動やテロ／政府が公立学校でアバヤやスカーフの着用を禁止／スカーフを外すよう指示した校長が殺害予告され辞職 【ドイツ】市営プールで「女性のトップレスOK」にイスラム教徒が激怒／ブルーモスク閉鎖命令とイランの工作活動／〝多様性フェスティバル〟無差別テロ事件が示した多文化共生の現実 【ベ

ルギー】激増するモロッコ系移民【スウェーデン】パレスチナ人女性市長誕生【EU】EU議会選挙で反移民・難民政党が躍進

第3節　イスラム化する東アジア……215
【タイ】イスラム教徒と結婚した仏教徒がイスラム教に改宗【韓国】モスク建設に反対する住民が豚肉パーティー／モスク建設に豚の頭で対抗

第5章
埼玉県川口市クルド人問題が示す移民受け入れの現実……227
川口市の病院で〝トルコ人〟100人が乱闘事件／市議会が「一部外国人による犯罪の取り締まり強化」を求める意見書を可決／かわいそうなのは不法滞在の子か日本国民か／殺人未遂のクルド人不起訴問題と政治家のマッチポンプ／難民申請するクルド人はトルコで迫害されているのか／トルコのクルド人テロ組織との戦いと日本／日本政府がクルド武装組織PKKをテロ組織リストから削除／クルド人テロ組織PKK関係者・団体への支援を続ける人たち／トルコが資産凍結した在日クルド人が国立大研究員として科研費を得る／自民党議員の「『トルコがクルド人弾圧してない』はプロパガンダ」発言／日本人と異なるイスラム教徒の女性観・異教徒観／川口

市民を見捨てる日本の政治家たち／イランからのカネでテロをするスウェーデンのクルド人犯罪組織／殺人未遂で逮捕・強制送還されたクルド人の再入国／在日クルド人〝東京外大講師〟詐称問題

第6章　労働者不足対策でイスラム移民・難民を歓迎する日本

第1節　移民政策を進める政府と財界……296
「日本は外国人に選ばれる国になれ」と言う経団連／財界トップ3の儲け至上・国民無視の移民認識／移民で人口減は抑制されるか／「育成就労」という移民制度で変わる日本社会／来るべきイスラム教徒の宗教2世問題／外国人問題への言論を封殺する大手メディア／外国人労働者に占めるイスラム教徒の割合は急増する

第2節　自称「難民」を「かわいそう」で受け入れていいのか……332
「難民条約からの脱退」という選択／「自称難民」増加によるテロリスト増加のリスク／難民申請中に「難民ビザ」で「特別活動」

おわりに――日本が「イスラム化」する日……351

第1章

日本人がイスラム教徒に関心を持てば共生できるのか

第1節　イスラム教徒は「多様性の尊重」と共生できるか

「日本人がイスラム教徒に関心を持てば共生できる」と主張する大学教授

読売テレビ『ウェークアップ』が「日本で増加するイスラム教徒 大阪の片隅で… 『ニシヨドスタン物語』」（２０２１年12月11日）という番組を放送したそうです。ディレクターの植村勇太氏が書いた特集記事には、次のようにあります。

〈日本に目を向けてみると、１９９０年にはおよそ3万人だった国内のイスラム教徒人口は毎年増え続け、今では23万人にまで増えている。在日イスラム教徒に詳しい早稲田大学の店田廣文名誉教授に話を聞いた。

「日本に働きに来る人が多くなっていることが増加の一番の要因です。日本は安心安全で暮らしやすいため、日本で結婚をして母国に帰らず、そのまま住み続けるという人も多い。人口も10年前の２０１０年と比べると倍増しています。今、国内のイスラム教徒の数は毎年１

割増しのペースで増えているため、将来的には30万、40万になってもおかしくありません」〉

毎年1割増ということは、100万人を超すのもそう遠い未来ではないでしょう。

一方で日本人の人口は急激に減少しています。移民の血筋を持つイスラム教徒の数が増えれば、人口に占める移民の割合、イスラム教徒の割合は急速かつ飛躍的に増加します。

しかも店田氏によると、「日本に働きに来る人が多くなっていることが増加の一番の要因」だという。日本が受け入れている外国人労働者の中には、イスラム教徒が相当数いるのです。

外国人労働者と一括りにして考えると問題がぼやかされますが、外国人労働者であろうと何であろうと、イスラム教徒が日本に増えているという現実は、単に外国人が増えているという現実とは別に考えなければなりません。なぜならば、イスラム教徒は自らの居住する自治体、社会、国に対して、さまざまな要求をするのが常だからです。

これは「差別」ではありません。現実です。これは、イスラム教が本質的に政治を志向する宗教であることに起因します。イスラム教徒は、自分の暮らしは、社会は、そして世界はこうあらねばならない、という明確なビジョンを持っている。彼らが持っているというよりは、彼らはそのようなビジョンを神からの啓示、命令として信じているのです。

だから、彼らはモスクを作る。土葬墓地を作る。イスラム学校を作る。公立学校に行く場合には特別扱いを要求する。

この記事の中でも、在日イスラム教徒は次のように述べています。

「なくてはならないもの。イスラム教は幸せなもの。一番幸せなことや」

これはイスラム教徒ではない日本人とは共有できない信条です。そしてそれは単に心の中の信条に留まらず、さまざまな形で外側に表れ、外側を変える方向、行動へと向かう。私たちはそれを明確に理解しておかなければならない。

私が常に強調しているように、イスラム教徒は私たちとは世界観が違います。人生観も違う。何が幸せか、何が善で何が悪か、それらもまったく違うのです。こういう人たちが周囲に増えていくということは、相当な覚悟が必要です。トラブルを避けるための知識も必要になる。トラブルになった時の対応法についても、共有していく必要があります。

ところが、在日イスラム教徒の話になると必ずと言っていいほどメディアに登場するこの店田氏は、「日本人がイスラム教徒に関心を持てば全部ＯＫ」だと適当なことを言います。

「今後はもっと全国の地域にイスラム教徒のコミュニティが出来ることが予想されます。無関係と思っている人も多いかもしれませんが、気が付けば家の近くにモスクができていた…ということも考えられる。イスラム教徒と共存して生きていくためには、身近に住むイスラム教徒の生活や文化に関心を持つことが必要です。その意識を持つことで外国人との共生が日本社会でも実現していくのではないでしょうか」

日本人がイスラム教徒に関心を持てば、日本でイスラム教徒との共生が実現するという主張の論理が、私にはまったくわかりません。

ヨーロッパでイスラム教徒との共生が失敗し、各国首脳が「多文化共生は失敗した」と明言するようになったのは、ヨーロッパ人がイスラム教徒に関心を持たなかったからだ、とでも言うのでしょうか。これは完全な論点ずらしです。

店田氏はいつも同じことを言っている。日本人がイスラム教徒に関心を持て、理解しろと、それればかりです。新聞もテレビも、イスラム教徒というデリケートな問題を扱う場合には、この人の主張を丸呑みする。「そうだ、日本人がイスラム教徒に関心を持ち、理解すればいいんだ！　そうすればうまく共生できるんだ！」で終わりです。

そんなわけがない、と私は言いたい。私はそれについて、これまで散々論じてきました。それでもマスメディアは「大丈夫、うまくいく！」という「希望」にすがり付きます。そこで思考停止する。それを視聴する一般人にも、そのぼんやりとした「希望」が浸透する。

そんなものはまやかしの妄想にすぎないと気づいた時には、すでに遅いのです。私たちはその事例を、ヨーロッパ諸国で目撃している。日本がそうならない保証など、どこにもない。

こうしたマスメディアの浅慮は、当該記事の最後に如実に表れています。

〈それぞれの宗教は違っても、お互いの文化を尊重することができれば、共に暮らす社会を

創ることができる。そんな「共生」社会がいま、日本各地で生まれようとしている。〉

なるほど、この論理によると、土葬墓地建設をめぐってイスラム教徒と地元住民が対立するのは、「お互いの文化を尊重」しないからだということになる。イスラム教徒だけが住む街ができ、そこはほぼイスラム法が支配していて、警察も立ち入れないような危険地帯になっており、結婚も離婚もイスラム法だけに則って行われ、学校は公立なのに、教える内容はイスラム教徒の意向に左右され、その国の言葉すら話せない人がたくさんいるような、そういったヨーロッパ諸国の現状は、「お互いの文化を尊重」しなかったからだと。

お互いの文化を尊重すれば成立する共生社会なるものは、現実には存在しません。私はいまだに日本の大手メディアが、イスラム教徒との共生を「寄り添い」や「優しさ」や「尊重」で実現できるとてつもなく甘いものだとしか捉えていないことに、危機感を覚えます。

（2022年7月4日）

入管のイスラム教徒にハラール食提供を求める立憲民主党議員

立憲民主党の石川大我参議院議員が、愛知県にある名古屋出入国在留管理局（名古屋入管）を訪れ、「イスラム教の戒律に沿ったハラル食の提供を要請」したそうです。中日新聞が、「ハラル食の提供要請　立民議員、名古屋入管『検討』」（2022年7月30日）という記事で報じました。

私は、この短い記事に多くの問題を見出します。第一に、この記事は非常に雑です。雑というかウソが書かれている。記事にはこうあります。

〈イスラム教の戒律では、禁忌とされている豚肉のほか、豚に由来する成分が入った食品や料理酒を使った食事の摂取は禁じられている。牛肉や鶏肉も、イスラム教に沿った手法や器具で調理していなければ食べられないとされる。〉

「イスラム教の戒律」というのは、イスラム法のことでしょう。しかし、イスラム法には規範があり、その解釈理論と運用法がある。それは一律に決まっているわけではありません。

例えば、入管に収容されているということは、状況的に食べ物の選択肢が一つしかないことを意味します。イスラム教ではそのような場合、何を食べてもいいと解釈される場合が多い。なぜならば、それを食べなければ死ぬわけで、命というのは神がそれを守らねばならないと命じている普遍的原則の一つだからです。

要するに、「豚を食べるな、酒を摂るな」という戒律よりも「命を守る」ことの方が優先されるということです。これは、イスラム法の解釈の原則です。

また、「イスラム教に沿った手法や器具で調理していなければ食べられない」などという規範はありません。イスラム法が定めるのは屠殺《とさつ》の方法です。調理の方法ではない。

石川議員は、「収容されているイスラム教徒の三十代男性の支援者から相談を受けて（入管を）訪問、（中略）面会した男性は、石川議員に『戒律上、肉類など食べられないものが多く、二カ月で体重が八キロ減った。空腹で夜中に目が覚める』と訴えた」と記事にはあります。

これは非常におかしい。まず、このイスラム教徒の支援者は、なぜいきなり立民議員に相談するのか？　まずはイスラム教指導者に相談するのが筋です。そうすれば通常は、「心配せずに出されたものを食べなさい」と言うはずです。あやしいものは食べるな、それで死ぬなら致し方ないなどという判断はイスラム法上、下されるはずがないのです。

それに鶏肉や牛肉も、キリスト教徒の処理したものは食べていい、というのがイスラム法の原則です。入管が国産の鶏肉や牛肉を使った食事を出しているのか、もしくはブラジルの鶏肉やオーストラリアの牛肉を使っているのか、私にはわかりません。もし後者なら、それは基本的にイスラム法上まったく問題なく食べられます。イスラム法を知るイスラム教指導者なら、そう教えるでしょう。いや、そうでなければおかしい。

この支援者は、収容者の窮状を救うことより、これを政治問題化させることを優先させているように見えます。記事にはこうもあります。

〈名古屋入管では昨年三月、スリランカ人女性ウィシュマ・サンダマリさん＝当時（33）＝

が収容中に衰弱した末に死亡。出入国在留管理庁の調査では不適切な対応があったとし、業務の改善を進めている。〉

入管、特に名古屋入管を非人道的で差別的で横暴な「権力」の象徴であると印象付けようとしている趣を、私は垣間見ます。立民お得意の「反権力」に、イスラム教徒の問題を利用しているのではないでしょうか。

大分県で土葬墓地を作ろうとしている別府ムスリム教会も、同じく立憲民主党の白眞勲《はくしんくん》という元参議院議員と共に、厚生労働省に「多文化共生公営墓地」を作るよう陳情に行っています。

在日イスラム教徒は、何か問題があると立憲民主党に申し入れをし、それをメディアが大々的に報じ、政治、社会問題化させる、という一連の流れがあることが推測されます。

（2022年7月31日）

イスラム諸国には「多様性」はあるのか

日本のメディアでは、「多様性」をめぐる問題でイスラム教徒を取り上げる傾向が顕著です。それによると、多様性のある社会を実現するため日本人はイスラム教徒に寄り添わねばならない、とされている。そうしない者は差別主義者だ、と糾弾する論調すら一般的です。

では逆に、イスラム諸国の「多様性」はどうなっているのか。外国人はどう扱われるのか。わかりやすい事例を、最近インドネシアで発生した事件から取り上げてみます。

先日、インドネシアのアチェで、オーストラリア人のサーファーが逮捕されました。酒に酔って裸で外に出て暴れ、取り押さえようとした地元の人を殴ってケガをさせたからです。

アチェは２０１４年から、イスラム法による統治が行われる自治区となっています。

イスラム法はコーランとスンナを二大法源とする「神の法」です。アチェのイスラム法統治は、イスラム過激派テロ組織「イスラム国」が実践していたそれよりは穏当なものですが、それでも飲酒や同性愛や賭け事などは身体刑に処されます。

穏当とはどういうことかというと、例えば「イスラム国」では同性愛者は高い建物から突き落とされて死刑に処され、イランでは絞首刑に処されるが、アチェでは公衆の面前で鞭打ち刑になる、といった具合です。

これは外国人にも異教徒にも適用されます。ですからこのオーストラリア人は、外国人でキリスト教徒であるにもかかわらず、飲酒と暴力で逮捕されたわけです。起訴されれば、暴力に関しては彼がケガを負わせた被害者の負傷の程度により、懲役2年半から5年に処される可能性があります。また飲酒に関しては、有罪になった場合、鞭打ち40回の刑に処されることになります。

要するにアチェでは、外国人だろうと異教徒だろうと、容赦無くイスラム法が適用され、刑罰に処されるわけです。

２０２２年にカタールでサッカーW杯が開催された時も、我が国では同性愛は違法です、我が国に来る人はそれをわきまえ尊重してください、とカタール人たちは言っていました。

私はイスラム法の良し悪しについて語っているのではありません。イスラム諸国には彼ら独自の法があり、それが外国人にも適用されているという事実について語っているだけです。

日本に来る外国人には日本の法が適用されるべきではない、なぜならかわいそうだからだとか、外国人のために日本の法を変えるべきだ云々という主張が、いかに見当はずれであるかということがおわかりいただけるでしょう。

ただでさえ、日本では昨今、日本で罪を犯した外国人がなぜか起訴されない、というケースが多発しています。同じ罪を犯しても、日本人は起訴され有罪判決を受けるのに、外国人は起訴されず放免される。日本人は自分の家族の葬儀や墓の代金を自分で負担しなければならないのに、なぜか外国人の墓代は行政が負担しろと主張する。日本人はどの国に行くにもパスポートを持参し、長期滞在するにはビザを取得しなければならないのに、日本に来る外国人はパスポートもビザもなくても受け入れるべきだ、と主張する。

これは多様性でもなければ平等でもない。日本には、多様性を利用し、日本を外国人特権社会に改造しようと暗躍している人たちがいると懸念されます。

（２０２３年5月1日）

男性医師に抵抗感を示すイスラム教徒女性

ＮＨＫが「県内に暮らすイスラム教徒女性『女性医師少なく診察に抵抗』」（２０２３年8月13日）という記事を出しています。冒頭には次のようにあります。

〈富山県内に暮らすイスラム教徒の女性を対象に、病院で診察を受ける際の悩みなどについて市民団体がアンケート調査を実施したところ、「女性の医師が少なく、診察を受けるのに抵抗がある」などの回答が多く寄せられたことがわかりました。〉

なるほど。イスラム教徒女性は、女性の医師ではないと診察が受けられないと訴えているらしい。では、どれほど多くのイスラム教徒女性が悩んでいるのかと思いきや、そもそも調査対象は23人のみとのこと。

〈診察を受ける上での悩みについて聞いたところ、「女性の医師が少なく、男性の医師に体を触られることなどに抵抗がある」といった答えが多く寄せられたほか、「ことばの壁を不安に感じる」などの回答があったということです。〉

とあります。これは私が常々強調していることですが、イスラム教徒と日本人とでは、価値観や倫理観がまったく異なります。特に性に関わることについてはまったく異なる。

イスラム教では異性と握手することすら忌避されます。禁止と考える人も少なくない。医師の診察となれば、普段衣服で覆い隠している体を見せたり触れられたりするわけですから、なおさらです。

しかしこれは、イスラム教徒の事情です。日本には日本の事情がある。日本では性別を理由に診察を拒否するという事例はそう一般的ではありません。女の医師は信用できない、などと言ったらそれは女性差別と認定されるでしょうし、男の医師に体は見せたくないと言えば、じゃあ勝手に女の医師を探しなさいと言うしかない。

日本には日本の価値観や倫理観、文化がある上に、現在、日本ではジェンダーレスなる「性別を問わない」価値観を社会全体で推進しようとしています。一方で男女を区分しない価値観を推進しながら、もう一方で男女を断固として区分し握手すら厳禁という価値観を信じる外国人を大量に受け入れようとしているのが、今の日本です。

その上、その異質な価値観を尊重しなければならない、そうしないと日本は選ばれない国になってしまう、外国人が疎外感を感じるようなことがあってはならない、そうしないと治安が悪化する、とメディアは脅すようなことを言う。まったく整合性がとれません。

問題は、外国人の言い分を丸呑みしようとするところです。これでは相手に翻弄されるだけになってしまう。主体性がない。イスラム教徒女性が、「女の医師がいないと困る」というと、「ほれ大変だ、女の医者をよこせ！」となる。これは問題です。

そうではなく、医師というのは専門家であり、あなたは病気やケガの治療に必要だから医師の診察を受けるのでしょう、そこに男だとか女だとかを持ち出してはならないのが日本のルールです、そんなものにはこちらは応じられない、と言うべきなのです。日本人が言って聞かないならば、イスラム教の宗教指導者がそう諭せばいい。

イスラム教は案外と融通の利く宗教です。それを知らない市民団体だかNGOだかが、イスラム教徒女性がかわいそうだと大騒ぎし、それをNHKがさらに大きな声で騒ぎ立てる。

多文化共生というのは、何でもかんでも外国人に合わせ、外国人の言いなりになることで実現されるようなものではないはずです。共生というのは、どちらかがどちらかに一方的に阿《おもね》ることではないはずです。日本の「共生」論にはその視点が欠落している。

イスラム教徒女性が日本で医師の診察を受けない理由としては、「ことばの壁を不安に感じる」というものもあったそうです。ならば勉強すればいい。日本に住むならなおさらです。あらゆる病院が多言語対応するなどというのは到底無理です。AIが導入されても、病院という非常に微妙で繊細な問題を扱う場での使用には一定の限界があると予想されます。

日本に住むなら日本のルール、しきたりで社会生活を営んでもらうべきであり、日本語を学ぶべきなのです。それを原則とせず、何でもかんでも外国人の側に合わせせろという今の政府の「外国人受け入れ政策」は、遅かれ早かれ破綻するでしょう。というか、もうすでに破綻しているのだと思います。

（2023年8月19日）

千葉県は多様性尊重条例でイスラム教も尊重するのか

千葉県でいわゆる「多様性尊重条例」なるものが成立しました。NHKの「千葉県『多様性尊重条例』が成立 どんな条例？ パートナーシップ制度など規定せず〃理念〃掲げる」（2023年12月19日）によると、千葉県の熊谷俊人知事は、「多様性尊重条例」の制定を公約に掲げており、今回それが成立したことを受け、

「多様性を尊重する理念を多くの議員の方々と共有し、スタートに立つことができた重要な節目だと思います。条例の意義を広く周知し、具体的な政策を実施していくとともに、誤解に基づく懸念に対して理解してもらえるようにしたいと思います」

と述べたとのこと。

私個人としては、そもそもこの条例が、多様性なるものの本質を理解せず、それが「いいもの」であると前提し、その尊重を無邪気に推進していること自体に問題があると考えます。

この多様性尊重条例の「趣旨」に次のように書かれています。

○　私たちの社会は、年齢、性別、障害の有無、国籍及び文化的背景、性的指向及び性自認など様々な違いがある人々で構成されている。

○　全ての人々が、多様性を尊重することの重要性を理解し、互いに認め合い、連携し、協力することが、相互作用と相乗効果を生み出し、社会の活力及び創造性の向上につながるという認識の下に、あらゆる人々が差別を受けることなく、一人ひとりが様々な違いがある個人として尊重され、誰もが参加し、その人らしく活躍することができる社会をつくっていく必要がある。

○　現在、人口減少やグローバル化の進展、技術の革新など、様々な社会環境の変化が同時かつ複合的に発生しており、こうした変化に的確に対応していくためには、多様性がもたらす活力や創造性が重要となる。

私はここであえて「文化的背景」という点に着目したい。千葉県いわく、すべての人が多様な文化的背景を尊重すれば社会に活力と創造性が生み出される、だからそれを尊重しなければならないということになっています。しかし、この認識は果たして正しいのでしょうか。

文化というのは、その人の生き方です。生き方などというものは、それこそ人によって多様です。私の研究しているイスラム教という宗教は、信者に対し、生まれてから死ぬまで、ありとあらゆる言動を、イスラム教の教義に従って行うことを義務付けています。イスラム教徒にとってはイスラム教の教義に従って生きることが当たり前であり、彼らはイスラム教こそが自由であり、イスラム教の教義に従って生きることこそが自由だと信じています。

ですからイスラム教においては、全身を黒い布で覆い隠した女性こそが「解放された自由な女性」だということになる。イスラム教における「自由な女性」は、啓典「コーラン」やハディースなどで、次のことを受け入れなければならない義務があると定められています。

まず、イスラム教における「自由な女性」は、自分に男の半分の価値しかないことを認めなければならない。なぜなら「コーラン」第4章11節、第2章282節にそうあるからです。

またイスラム教における「自由な女性」は、父親や夫など自身の「後見人」に絶対服従しなければならない、服従しない場合には殴られても致し方ないと認める必要がある。なぜなら「コーラン」第4章34節にそうあるからです。

イスラム教における「自由な女性」は、夫が自分を離婚し他の女と取り替えたい場合には、それを認めなければならない。なぜなら「コーラン」第4章20節にそうあるからです。

イスラム教における「自由な女性」は、女は出産と育児のための存在だということを認めなければならない。なぜなら「コーラン」第65章6節にそうあるからです。

イスラム教における「自由な女性」は、女が不浄な存在だということを認めなければならない。なぜなら「コーラン」第5章6節にそうあるからです。

イスラム教における「自由な女性」は、女が知性の点でも信仰心の点でも劣っており、地獄の住民の大半は女であることを認めなければならない。なぜなら真正なハディース（ブハーリー304／6‐9）にそうあるからです。

イスラム教における「自由な女性」は、女が犬やロバと同等であることを認めなければならない。なぜなら真正なハディース（ブハーリー514／8‐161）にそうあるからです。

イスラムの文化を尊重するというのは、これらの規範を尊重するということです。つまり、全身を布で覆い隠しているのが自由な女性であり、自由な女性の価値は男の半分であり、男に服従しなければならず、逆らったら殴られるものだと受け入れ、夫に捨てられても仕方ないと受け入れ、自分は出産と育児のための存在だと認め、知性も信仰心も劣っていると認め、犬やロバと同等だと認めなければならないと、そういうわけです。

千葉県民のすべてが、あるいは日本国民がこうした文化を尊重することで、いったいどうやって「社会に活力と創造性が生み出される」というのか、私にはまったくわからない。

もちろんこれは、イスラム教の女性についての規定のほんのごく一部であり、イスラム教にはこのほかにも、我々の文化、規範、法に抵触する戒律が山のようにあります。

我々のように、イスラム教徒ではない者にも直接関わってくる規定も多くあります。例えば先に、全身を布で覆い隠した女性こそが解放された自由な女性なのだとイスラム的にはみなされると書きましたが、イスラム教では、このように全身を覆い隠し、なおかつ、男性親族に伴われている女性だけに尊厳があるとみなします。なぜなら「コーラン」第33章59節に、尊厳のある女性だと認められるためには長衣をまとえとあるからです。長衣をまとわず、ヒジャーブをしない女には尊厳が認められず、悩まされても仕方がないとある。これは、性的な攻撃を受けても仕方がない、その女が悪いのだ、という意味だと解釈されます。

また、真正なハディース（ブハーリー1088／18-9）にあるように、「神と最後の審判の日を信じる女性が一昼夜旅行することは、マフラムと一緒でなければ許されない」とされている。マフラムというのは、父親や夫などのことです。

要するにヒジャーブをせず、長衣もまとわず、男の親族の付き添いもなく外を歩いているような女は、尊厳のない女なので、何をやってもいい奴隷女だとみなされるのです。

「コーラン」第4章3節には「右手の所有物」という概念が出てきます。「右手の所有物」というのは奴隷女の意味であり、これはイスラム法で正しい概念として規定されています。

アズハル大学の女性教授スアード・サーレフ氏は、戦争で敵側の女性を捕らえたイスラム教徒は、彼女たちを「右手の所有物」、つまり性奴隷として所有することができる、それは異教徒の女を辱めるためであるとし、イスラム教徒の男たちは自分の妻と性交渉できるのと同様に「右手の所有物」と性交渉できると解説しています。

加えて「コーラン」第5章51節はイスラム教徒に対し、異教徒を仲間とするなと命じている。あるいは「コーラン」第3章28節は、自らの身を守るためならば不信仰者を友にしてもいい、つまり不信仰者を利用するならばかまわない、ともあります。

さらには、特に近代のイスラム教指導者たちは、イスラム教で最高の善行と規定されるジハードについて、武装闘争だけではなく、西側諸国への移住や、布教、出産、恋愛などもジハード、つまりイスラム教による世界征服に寄与するための努力なのだと教えている。

イスラム教徒が多く移住した欧米諸国で、イスラム教徒男性による異教徒の女子や女性に対する強姦事件が無数に発生している背景には、こうしたイスラム教の教義があると考えざるをえない。彼らは異教徒の女を強姦することが、イスラム教徒の男としての権利、あるいは義務であると信じている場合があるわけです。これもまた、彼らの文化です。

千葉県民が、あるいは日本国民がこうした文化を尊重することで、いったいどうやって「社会に活力と創造性が生み出される」というのか、やはり私にはまったくわからない。

千葉県議会では、自民党が「女子トイレや公衆浴場での安全安心な環境を守る」など「特段の配慮」を熊谷知事に申し入れたようですが、多様性尊重の問題は、女子トイレや女子風呂の問題に矮小化されていいものではありません。多様性を尊重すれば社会に活力と想像力が生み出される、などという現実乖離した妄想に国全体がとらわれれば、日本が「異文化」に侵略される日は遠くないでしょう。

（２０２３年12月21日）

大阪地裁「イスラム教国出身の同性愛者を難民認定せよ」判決の矛盾

産経新聞が「北アフリカの出身国で同性愛者だと迫害　亡命のため来日した30代男性に難民認定判決」（２０２４年7月4日）という記事を出しました。冒頭には次のようにあります。

〈北アフリカの出身国で同性愛者だとして迫害され来日した30代男性が、日本政府の難民不認定処分は不当として取り消しなどを求めた訴訟で、大阪地裁（徳地淳裁判長）は4日、請求を認め国に難民認定するよう命じる判決を言い渡した。

訴状などによると、男性はイスラム教の国出身。法律で同性との交際が禁止されており、逮捕者も出ているという。男性は同性との交際を知った家族によって監禁されたり、車でひかれそうになったりして身の危険を感じ、亡命のためビザを取得して令和元年に来日した。〉

これはおかしい。北アフリカのイスラム教国といえば、エジプト、リビア、チュニジア、アルジェリア、モロッコのいずれかです。これら5か国はすべて、「同性愛行為」を犯罪と法で規定しています。同性愛者だと認識していたり、同性を好きだという気持ちを持っていたとしても、それは逮捕要因とはなりません。あくまでも「同性愛行為」が処罰の対象です。

しかも当該人物は、国家権力によって「迫害」されたわけではなく、あくまでも家族によって虐《いじ》められたと言っている。要するに家庭内暴力、DVです。同性愛を認めない家族からDVを受けたのでビザを取って来日し「同性愛者として国で迫害されているので難民認定してほしい」というのは、どう考えても辻褄《つじつま》が合わない。

だからこそ、入管は当該人物を難民だと認定しなかったわけで、これを大阪地裁が「おかしい、国は彼を難民と認定しろ」と判断を下した根拠がまったくわかりません。

この判断にはさらにおかしなところがあります。

日本は今後、大量の移民を受け入れると政府が決定しています。労働力不足だから、少子高齢化しているから、というのが理由です。

その際の原則は、「多文化共生」です。これは相手の文化をとにかく尊重する、というものです。日本が受け入れる外国人の中には、イスラム教徒が大量にいます。現在でもすでに、インドネシアから「実習生」としてたくさんのイスラム教徒が日本に働きに来ている。

この場合、相手の文化を尊重するというのは、イスラム教を尊重するということです。イスラム教では、同性愛行為は死罪だと定められています。ということは、日本は国家として、在日イスラム教徒が「オレは絶対に同性愛を許さない」と「信じる」文化も、同性愛者は処刑すべきだと「信じる」文化も尊重することになる。

だから私は、多文化共生なんて安易に言ってはいけないと、繰り返し主張しているのです。「LGBT理解増進法なるものを作って、「LGBTを理解しましょう！」と推進しつつ、「LGBTとかありえません、処刑すべきです」というイスラム教徒をどんどん受け入れ、「彼らの文化も尊重します」というのは相矛盾する。一つの社会が、LGBTを尊重しつつイスラム教の文化を尊重する、というのは不可能なのです。

ちなみに、性は人の数だけある、LGBTを尊重しろと言いながら、女性の社会進出を図れだの、男女のジェンダーギャップを埋めろだの、性は男女の二つしかないことを前提にした政策を推進するのも矛盾です。明らかなのは、日本では相矛盾する政策が同時並行的に進められている事例が多発しているということです。

この先に待ち受けているのは、日本社会の疲弊と分断です。正反対のベクトルの政策を同時に進めれば、社会はめちゃくちゃになる。大混乱して、無駄な労力とカネが使われ、人々はどうすればいいのかわからなくなり、利権者が蔓延《はびこ》り、みんなが疲れ果て、最後によくわからないイデオロギーを掲げる人々が大儲けして高笑いする。日本政府の政策と司法判断は、日本を間違いなく弱体化させます。

ＬＧＢＴに関しては、活動家たちが、日本はＧ７で最もＬＧＢＴが迫害されている国だと主張していることも忘れてはなりません。彼らは同性婚が認められていないのは日本だけだと言って、同性婚の法制化を推進している。日本では私たちは迫害されている、と訴えてカナダに「亡命」し、「難民」認定された日本人の同性愛者もいました。

一方で、自分は同性愛者なので日本で難民認定してくれと言ってくるイスラム教徒がおり、入管で認定を拒否しても、地裁が認定しろと判断を下す。もうめちゃくちゃです。

だからこそ、私はこういった事件が発生した時にいちいち、整理をしておきたい。

ＬＧＢＴについては、日本には伝統的にＬＧＢＴを迫害するという文化はないし、そのような社会でもない。その点において、日本は、伝統的に、宗教的に、社会的にＬＧＢＴを迫害してきた欧米やイスラム諸国とはまったく異なります。

難民については、日本が批准している難民条約というのは何が「迫害」なのかを明確に決めておらず、ゆえに当人が「迫害だ！」と言えば何でも迫害になる可能性があり、無尽蔵に「自称難民」が日本にやってくるのを食い止めるすべがない。個人的には、日本は難民条約を脱退し、日本にあった難民受け入れ基準を設けるべきだと思います。

これが私の基本的な考え方です。

大阪地裁の判断が標準化したら、イスラム教徒は「自分は同性愛者だ！」と言えば、もれなく日本で難民として受け入れられることになる。日によってジェンダーが変わる人や、ジェンダーについてはっきりわからない人、バイセクシュアルの人たちも難民として受け入れる必要が出てくる。

難民は受け入れるのに莫大なコストがかかります。そのコストを引き受けなければならないのは、私たち日本人です。受け入れた難民の生活費、住居費、医療費、子供がいれば教育費も税金で賄われることになる。

人道の名の下に難民を受け入れるのは素晴らしい善行です。しかしその善行はタダではできない。私たちは、莫大なコストを覚悟して、その善行に臨まなければならないのです。

（2024年7月4日）

第2節　イスラム教徒は日本の学校教育と共生できるか

ラマダン、礼拝、体育、給食……特別扱いされるイスラム教徒の子供たち

河北新報が「学校にムスリムの子を受け入れるなら？　食事や礼拝…　宮城県国際化協会が事例集」（2022年4月4日）という記事を出しています。

宮城県には2020年12月末時点で在留外国人が2万2890人おり、約1700人がイスラム教徒で、多くはパキスタン、アフガニスタン、インドネシア出身者のようです。

宮城県国際化協会は、イスラム教徒の生徒を受け持った経験のある県内の小中学校教諭約10人に聞き取り調査をして、この事例集をまとめたとのこと。ウェブサイトでも公開されているいる同事例集の冒頭には、次のようにあります。

〈近年、社会の多様化が進んでおり、宮城県の小中学校で学ぶイスラム圏出身の児童・生徒が増えてきています。この事例集は、イスラム圏出身の児童・生徒に対し、受け入れる学校

ではどのような配慮を必要としたのか、どのように対応をしたのかなど、様々な事例を紹介しています。〉

ここでまずはっきりしているのは、イスラム教徒の生徒には特別な配慮や対応をしなければならないと同協会が認識している事実です。宮城県在留外国人のうちイスラム教徒の割合は1割未満であり、決して多数派ではないにもかかわらず事例集を作成した。一方で、同協会はキリスト教徒やヒンドゥー教徒の生徒に関する事例集を公開してはいません。

私はその正否を問いたいわけではなく、イスラム教徒というのはなぜか特別扱いされねばならないものとして認識されており、実際に特別扱いされているという事実です。

では、学校でイスラム教徒の生徒はどのような特別扱いを受けているのか。例えばラマダンについて、この事例集によると、イスラム教徒の親からの要請に応じた例として次のようなものが挙げられています。

○　ラマダン中は別室に移動し、教員と会話したり、お祈りをしたりして過ごしていました。（小学校、中学校）

○　ラマダン中は午前中のみ授業を受け、早退しています。（中学校）

○　ラマダン中は体調に配慮して体育は見学するようにしています。（中学校）

なるほど、かなり特別です。ラマダンの期間は約28日です。その間、ある生徒は別室で教員と会話したり祈ったりし、別の生徒は毎日早退し、体育だけ見学する生徒もいるわけです。つまり場合によっては、ごく少数と思われるイスラム教徒の生徒のためだけに先生や教室が使用されている。毎日早退するならば、先生が補習を提供している可能性もあります。

早退や体育の見学についても、クラスの3分の1、あるいは過半数がイスラム教徒になれば、かなり大きな問題になります。公立の学校でも、イスラム教徒のラマダンに配慮し、約1か月の授業や行事を行わなければならなくなる可能性があるということです。

私は極端な話をしているわけではなく、イギリスやフランスではこれはすでに発生している状況であり、場合によっては生徒のほとんどがイスラム教徒という公立学校もある。そうなると全カリキュラム、全日程的にイスラム教徒中心となり、イスラム教徒ではない生徒の利益が失われることになる。これは公教育のあり方として妥当なのか考える必要があります。

ことはラマダンだけではありません。欧米の学校で頻発するイスラム教徒の生徒の問題は、すでに日本の学校でも見られることが、次の事例から明らかです。

○　だいたいの授業は問題なく参加していますが、男子・女子生徒とともにダンスだけは

できないということで参加していません。（中学校）

○空き教室や会議室をお祈りのスペースとして提供しました。（小学校）

○「ムハンマド」「〇〇ッラー」といった名前を下駄箱や上靴に書くのを嫌う場合があります。神の名を足や泥で汚したくないということでした。その場合、それらが付かない名前（ムハンマド　ハムザさんならハムザ）だけを記入するのがよいようでした。（小学校）

○理科の学習時、生物や宇宙について説明をする際、宗教上の教えとは違うと主張する児童がいました。（小学校）

○女子生徒に対して、男性教員が1対1で指導するのは困るということだったので、女性教員が対応するようにしています。（中学校）

○断食月が明ける日は特別な日で休んでお祝いするようです。事前にその日がいつなのかを保護者と確認しておきました。（中学校）

○女子児童は家庭内で炊事、洗濯、掃除など家事全般の手伝いが忙しく、家庭学習の時間がないと言っていました。（小学校）

○平日の夕食後、毎日1時間から1時間半ぐらいイスラム教の経典（コーラン）のアラビア語を勉強していて、なかなか宿題や家庭学習まで手が回らないということがあるようです。（中学校）

○修学旅行時、やはり大風呂にみんなで入るのはできないということだったので、部屋のシャワーを利用しました。（小学校、中学校）

○各学年ひとクラスずつの小さな学校でクラスメートがずっと固定だったこともあり、こどもの間でもイスラムに対する理解ができていました。ある年クリスマス会の話が上がったときもパキスタン人の児童に対しクラスメートの子どもが配慮して「お楽しみ会」という形で行うことにしました。（小学校）

○男女が同じプールに入ることについて保護者の理解が得られず、水泳の時間はすべて見学している女子児童がいます。（小学校）

○夏の暑いとき、部活等の炎天下であってもヒジャブを着用したままでした。（中学校）

○保護者によっては小学校の低学年からヒジャブを着用させることもあるようです。（小学校）

○給食は牛乳だけ利用して、あとはお弁当を持参しています。（小学校、中学校）

○給食センターから提供される米飯は他の調理には利用されることのない専用の釜で炊いたものだという説明を保護者にしたところ、米飯は食べてもよいということになりました。（中学校）

これらは概ねすべて、イスラム教の教義に関わる問題です。日本の学校の授業や行事、給食がイスラム教の教義に抵触するという理由で、イスラム教徒の親が特別扱いを要求し、学校が応じている様子がわかります。

一方、要求に応じなかった例としては、次のようなものが挙げられています。

○　お祈りの前に外の水道を使って足を洗っています。冬場は寒いのでお湯を提供してほしいとの要望がありましたが、それはできないと回答したあとはそれ以上は言わなくなりました。（中学校）

○　お祈りの際に利用している空き教室は暖房設備がないので寒いと言われましたが、さすがにそのためにストーブを用意するわけにもいかないので我慢してもらっています。（中学校）

このあたりも、イスラム教徒がある程度増えれば要求に応じるのかもしれません。この事例集では、「話し合いがとにかく大事」と強調しています。

〈児童・生徒本人や保護者の考えを確認し、文化や宗教を尊重しながら、学校としてどのような対応ができるか話し合うことが大切です。〉

話し合いは大切です。話し合って解決できれば、そうあるべきでしょう。問題は、話し合いで解決できない場合です。そうした要求がイスラム教徒の数で押し切られたり、マスメディアやＮＧＯなどが「差別だ！」云々と言って圧力をかける場合も当然想定されます。

これはありえない架空の話ではなく、現実の問題なのです。

（２０２２年４月６日）

岐阜県のこども園の「イスラム教育」を絶賛するＮＨＫ

岐阜県のこども園で、「多文化教育」としてイスラム教のお祈りの仕方を教えたり、粘土でモスクを作ったりしているとして、ＮＨＫの『ハロー！　ネイバーズ』という番組の「〃幼児への多文化教育〃の可能性」（２０２４年５月７日）という特集の切り抜き映像が、ＳＮＳ（ソーシャル・ネットワーキング・サービス）のＸでシェアされていました。全体像を見たいと思いインターネットで検索してみたところ当該ページを発見したのですが、クリックすると削除されています。他の放送分は記録が残されているのに当該番組は削除されているというのは、いかにも奇妙です。もしかしたらX投稿で当該番組が話題になり、批判されたので、削除したのかもしれません。

ところが、再度グーグルで検索をしてみると、なんと、この多文化教育を行っていた当の

こども園がインスタグラムをやっており、そこでこの特集の映像をまるっとシェアしているのを見つけてしまいました。番組は、

〈NHK「今、全国の小学校で外国ルーツの児童がクラスに馴染めず仲間外れになるなどの問題が起きています。そうした中、岐阜市の認定こども園では幼児の段階から他国の文化に触れさせて、違いを認める心を育む教育に取り組んでいます」〉

というリードで始まります。このこども園には30人の外国の子供がいて、出身国は8か国。インドネシア、パキスタン、バングラデシュといった国名が挙げられ、女の子は就学前の段階から早くもヒジャーブを装着していることがわかります。このこども園では、「外国人＝イスラム教徒」の要素が色濃いことがよくわかる。

幼稚園の段階から女子にヒジャーブをつけさせるというのは、基本的に女の子自身の「選択」でも何でもありません。親がヒジャーブをつけさせているのです。この背景にあるのは、「女というのは全身が恥部だ、だから隠さなければならない」というイスラム教の教えです。

エジプトやモロッコといった、相対的に「穏健」なイスラム教の国においては、多数派のイスラム教徒は、幼児の段階では女子にヒジャーブをつけさせません。幼児はまだ、「性の対象」ではないと考えるからです。イスラム教の教義では、女子は第二次性徴を迎えると成人女性になると考える。成人し、「性の対象」になったら当然、恥部を隠さなければならない、

だからヒジャーブは必須なのだ、と考えます。

一方、女子は生まれた瞬間から全身が恥部なので全身を覆い隠さねばならないと信じるイスラム教徒もいる。多数派よりも厳格に教義を実践する彼らは、イスラム世界ではサラフィーとかイスラム主義者とか、原理主義者と呼ばれることもあります。

私が留学していたモロッコでは、幼児からヒジャーブをつけている子を見ると、「あれは同胞団の子だ」と言われたものです。同胞団とは、20世紀初頭にエジプトで誕生し、世界中に拡散したイスラム過激派テロ組織であるムスリム同胞団のことです。そこには「やりすぎ」という感覚がある。イスラム教徒はヒジャーブを何歳から、どんなやり方で被っているかを見れば、だいたい、どのような信仰を持つイスラム教徒かを判断することができるのです。

こども園やNHKが「理解すべき」と言っているイスラム教を、こども園やNHK自体が理解できているのか、私は疑問に思う。幼児段階からヒジャーブを被せていることの意味も、それが決してイスラム社会では一般的ではないことも、誰も知らない可能性があります。

恐るべきことに、このこども園は「幼児にイスラム教を体験させる」と称して、日本人の女の子にヒジャーブを被せています。それを見た男子が「ボクもそれやりたい!」と言い、男の子にもヒジャーブを被せている。これは、女の子の全身が「恥部」であり、だからこそパンツを履くように髪の毛や全身を布で覆わなければならないという意味であり、ふざけたり面白がったりして軽々に「実践」していいような「文化」ではないはずです。

髪の毛をヒジャーブで覆わないと、それを見た男たちがたちまち欲情してしまい、その女を襲って姦通という大罪を犯してしまうので、それを防ぐために女はヒジャーブを被らなければならないのだ、というのがイスラム教の「文化」です。ヒジャーブを被るということは、この考え方、この文化を理解し、肯定し、受け入れる、ということです。

日本は男女平等の国です。女だけに、「男を欲情させないために髪の毛や全身を布で覆い隠せ」と義務付ける「文化」を日本社会が是認することは、男女平等に反する。

フランスの国民連合を率いるマリーヌ・ル・ペン氏は、レバノンのイスラム教指導者との会談に際し、ヒジャーブを手渡されて被るよう言われ、拒否したことがあります。これは、女性だけにヒジャーブ着用を義務付ける規定には服さないという明白な意思表示です。

ちなみに私も、イスラム教指導者と会う前にヒジャーブやニカーブを着用するよう命じられたことが何度もあります。非常に屈辱的ではありますが、私は仕事を円滑に進めることを優先し、かつその時に居住していたイスラム教国の文化を尊重して、言われるがままに被っていました。その時のエピソードは拙著『エジプトの空の下』（晶文社）に記した通りです。

ちなみに、男にヒジャーブを被せるのは、これはこれで「性的倒錯」としてイスラム教では禁じられています。「イスラム教を理解するのだ！」と言って、イスラム教で禁じられていることも平気でやってしまうというのは、無知ゆえの暴挙とでも申しましょうか。

驚くべきことに、この園に通うイスラム教徒たちは、園児の段階からラマダンの断食もしていたそうです。これもまったく一般的ではありません。

イスラム教徒はラマダンの時に断食する義務があります。しかし、未成年者はその義務を免れる。小さい子は、少しずつ断食に慣れるよう訓練していきます。幼稚園段階からいきなりランチ抜き、というのはイスラム教の国でもなかなか聞いたことはない。

ちなみに、私の娘は幼稚園児期にエジプトに住んでいましたが、周りのエジプトの子たちはラマダン時期も皆、ランチを普通に食べていました。そのくらい、園児の時点でいきなりランチ抜き、というのは一般的ではないということです。

このこども園の先生は、「子供は違いに興味をもっている。壁を作っているのはむしろ大人の方だ」とか言っていますが、子供はそもそも、「なんで？　なんで？」と何にでも興味を持って質問するものであり、違っていても「そういうもんか」と勝手に理解するものです。「思い込みみたいなところを乳幼児期からなくしていけるといい」と言っていますが、「イスラム教はこうだ！」という間違った思い込みをしているのは、あなたの方ですよ、先生。

このこども園はなんと、毎年「モスクの訪問」もやっているそうです。モスクを訪れ、イマーム（礼拝の導師）が「アッラーフ・アクバル！」と言って祈るのを子供たちが見る。

アッラーフ・アクバルは日本語では「神は偉大なり」と訳されることが多いですが、文字通りの意味は「神は最も偉大なり」です。神は何よりも偉大だ、神の命令だけに従わなければならない、我々は神以外のどんな権威にも服さない、という誓いの言葉です。

これは単なる祈りの言葉ではありません。戦いの際、ジハードの決行の前に叫ぶ言葉でもある。番組のナレーションでは「日常にない環境が刺激をもたらします」と言いますが、宗教とは何かを理解せず、自分の宗教が何かも知らない子供たちをいきなりモスクに連れていき、これはすばらしき「文化」だと教え込むことは大いに問題があります。

これは文化であると同時に宗教です。アッラーフ・アクバルは、神こそが価値の源だという誓いの言葉です。これは人間を中心とし、自由や平等、民主主義を普遍とする私たちの価値観とは相入れません。民主主義は「人が人を統治する」体制ですから、「神が人を統治する」というイスラムの対局に位置します。だからイスラム主義者は民主主義を嫌悪し敵視する。

しかしそんなことお構いなしに、NHKは次のようなナレーションでこの場面を賛美する。

「そして礼拝の時間。その真剣さに、のめり込んでいきます」

男子が早速、礼拝の真似を始める。無邪気に礼拝の真似事をする幼児を褒めれば、幼児はそれが「いいこと」だと学習する。幼児であればあるほど影響を受けやすい。実に危険です。

このこども園はいったい何のために幼児にイスラム教育を施し、NHKは何のためにこれを全国放送で称賛しているのでしょうか？

こども園もＮＨＫも、イスラム教徒は「普通に暮らしている」と、私たちと「オンナジ」だと強調している。後ろには、ヒジャーブの上に帽子を被っている子供たちが映っています。先生は「違うからこそうまくチームワークでやっていける」と多文化共生主義者のお手本のようなことを言っていますが、これが多文化共生主義者の間違っているところです。

そもそも「違い」というのは、日本人の中にもあります。日本人だってみんな違う。一人ひとり違う。ところが多文化主義者は、日本人とイスラム教徒の「違い」こそが尊い「違い」なのだと言い、そういう「違い」があることがすばらしいのだと絶賛する。

「女は生まれつき全身が恥部なので髪も全身も覆い隠せ」という文化と、「女も男もみな平等」という我々の文化はたしかに違います。しかし、違うからこそうまくチームワークでやっていける、という意味が私にはまったく理解できません。

このこども園はなんと、イスラム教の集団礼拝も園児たちにやらせていました。これは完全にアウトです。宗教儀礼を実践するのは、クリスマスの歌を歌ったりハロウィンの仮装をしたりするのとはわけが違います。ところがＮＨＫのスタジオは、「いやすごい！　多文化教育、進んでますね!!」と大絶賛。これが問題のある教育であり、アウトだろうという意識が、ＮＨＫには完全に欠如していることがわかります。あるいはアウトだとわかった上で、意図的に「すばらしい！」とやっているのであれば、それこそ悪しき印象操作、洗脳報道です。「イスラムはすばらしい！」とやっているのはＮＨＫだけではありません。あらゆるテレビ、新聞が「イスラムはすばらしい！」とこれまで数十年間やり続けてきました。

私はこれが今、メディアの枠を飛び出し、なんと幼稚園児にまで直接「イスラムはすばらしい！」教育が及ぶようになってきたことに、驚愕しています。驚愕というか、まあ遅かれ早かれこうなるだろうとは思っていましたが、私が思っていたよりもだいぶ進行が早い。

そしてこれは、親御さんたちが怒っていい、怒るべき案件だということを強調しておきたいと思います。これは特定イデオロギーの刷り込み、問題のある宗教教育です。

（２０２４年７月５日）

モスクに行きイスラム文化を学ぶ中津市の日本人教員

ＮＨＫが「〝イスラム文化学ぶ〟中津市の小中学校の教員が『モスク』見学」（２０２４年7月27日）という記事を配信しています。

私は先日、大分県日出町のイスラム教徒用の土葬墓地建設予定地を視察するために大分県に行ったばかりでもあり（**第3章**参照）、内容を見てみると、冒頭にはこうありました。

〈外国人の居住者が増加傾向にある大分県中津市で、小中学校の教員などがイスラム文化に

ついて学ぶため、26日イスラム教の礼拝施設、「モスク」を見学しました。〉

外国人が増えているといってイスラム文化を学びにモスクに行く、ということは、外国人の中でもイスラム教徒が増えているのか、あるいはなぜか複数ある外国文化の中でイスラム文化こそが学ぶに値するということになっているか、ということでしょう。

〈中津市の教員などが訪れたのは市内にあるイスラム教の礼拝施設、「中津モスク」です。一行はまず、イスラム教徒が日没後に行う礼拝の様子を見学しました。〉

なるほど、中津市にはすでに「中津モスク」というのがあるようです。「まず礼拝を見学」というのもなかなかに奇妙です。礼拝というのは宗教儀礼です。単なる文化ではない。

文化という言葉には、時代とともに変化するもの、という含意がある。しかしイスラム教の礼拝は、時代とともに変化などしません。1400年前から今に至るまで変わっていないし、今後1000年経っても変わりません。なぜなら彼らの礼拝は、神の言葉、啓示、宗教法によって規定されており、それを変えることは人間には許されていないからです。

イスラム教の礼拝は、イスラム教徒が神だけに服従すること、神以外のどんな権威にも屈さないことの証です。イスラム教徒が礼拝をまず見てほしいと言ったなら、それは「皆さんも神に服従しましょう」というメッセージを日本人に伝えたい、という意味です。

イスラム教徒にとっては、これは自然なことです。彼らはイスラム教だけが正しい教えであり、イスラム教を信じない者は地獄に行くと信じている。だからこそ、日本に住むイスラム教徒は、日本人を救うためにみんなイスラム教徒になってほしいと願っているのです。だから彼らは日本人をモスクに歓迎する。どうぞ我々の礼拝を見て、真実に目覚めてください、と、希求しているのです。この先生たちがわかっているのかどうかはわかりませんが。

私が驚いたのは、この後です。

〈このあと、モスクを運営する別府ムスリム教会のカーン・ムハマド・タヒル・アバス代表が、イスラム教では1日に5回の礼拝が欠かせないことなどを説明しました。〉

日出町に土葬墓地を建設しようとしている別府ムスリム教会の代表カーン氏（**第3章**参照）です。ＮＨＫをはじめとするメディアは、土葬墓地問題以外でもしきりに彼を登場させる。しかもこのように、「多文化共生に積極的に貢献するすばらしい人物」としてです。

カーン氏は、イスラム教では1日に5回の礼拝が欠かせないと言っていますが、時間の融通が利くことや、まとめて礼拝することも可能であること、小さな子供には義務付けられていないことなどについては話したのでしょうか？　真面目な学校の先生は、「1日5回礼拝義務！」と聞けば、それでは学校でも子供たちが礼拝できるようにしなければと考えてしまいそうです。実際、記事にはこうある。

〈また、学校で礼拝の場所を作る場合、どうすればよいかという質問に対しては、きれいな

場所であればかまわないと答えていました。〉

これは私が常に言っていることですが、イスラム教徒のためだけに配慮して礼拝の場所を作るとか、イスラム教徒だけに礼拝の時間を認めるというのは、公立学校で徹底すべき公平性や平等に反すると思います。もしイスラム教徒のためだけに場所や時間を認めれば、それは他の人たちにとっては不公平だと映る。あの人たちだけズルい、という気持ちが社会を分断させると私は考えます。

ところが今の日本社会では、公立学校がイスラム教徒に配慮して礼拝の場所を用意したり、礼拝の時間を認めたり、礼拝のために学校を中抜けしたり、断食に配慮したりすることが「正しいこと」「よいこと」だとされている。特定の人だけが配慮される歪《いびつ》な社会への第一歩です。

中津市によると、市内には先月末時点で2300人余りの外国人が住んでおり、中にはイスラム教を信仰する家庭の子供が市内の小中学校に通うケースも増えているとのこと。なるほど、やはりイスラム教徒の子供が公立の小中学校に通うケースが増えているようです。

そして学校の先生がイスラム「文化」を勉強しようとモスクに行き、礼拝を見学して「礼拝は1日5回義務です」と教わり、やはり礼拝の場所を作ろう、もっとイスラムに配慮しよう、こうしておけば正しいし安心だ！　となるわけです。

見学会を企画した市内の小学校に勤務する外園孝子教諭（多文化に生きるこどもネットワー

ク大分事務局）は、「お互いに知らなかったことを知ることができて理解につながったと思う」と話し、タヒル代表は「1回だけでなく定期的に交流できればお互いのことがもっと理解できると思う」と話していました。

非常に奇妙なのは、多文化共生というのは、なぜか日本人の側が一方的にモスクに行ってイスラムを学ぶということになっている点です。イスラム教徒は神社や寺に行くのでしょうか？　おそらくないでしょう。なぜならイスラム教はそれを良しとしないからです。

お互いのことを知ると言いながら、イスラム教について日本人が一方的に教え込まれ、譲り、歩み寄るということの構造。これ自体が、多文化共生とか多様性というのは、実は日本文化を弱体化させるための方便だということを物語っていると私は思います。

（2024年7月28日）

服装を理由にテニス部入部を阻まれたイスラム教徒女子生徒の闘争

中日新聞が「〈GWに考える〉1　『違うと思ったら声を上げ行動を』」（2022年5月2日）という記事を出しています。冒頭には次のようにあります。

〈権利を奪われそうになったら声を上げて――。金沢市の国際高等専門学校三年の生徒は、そう訴える。エジプト人の両親を持つイスラム教徒。聖典「コーラン」の教えに従い頭や体

を覆うが、中学時代、これを理由にテニス部への入部を阻まれかけた経験があるという。そこから得たものとは。〉

ヒジャーブを理由とした差別と勇敢に戦い、権利を奪還したイスラム教徒女子高専生は次のように言っている。

〈身の周りには差別や不平等が意外にいっぱいあります。「違うんじゃないか」と思ったときは声を上げて行動することが大事。小さな変化が重なれば大きな変化につながります。そう感じた自分の体験を一月の全国高専英語プレゼンテーションコンテストで発表し、第一位と日本国際連合協会会長賞を獲得しました。〉

コンテストで1位を獲得し、中日新聞が記事にしていることから理解できるのは、彼女は極めて「正しい」ロールモデルだと評価されているということです。

彼女にとって日本という国、日本の社会は、差別や不平等が「いっぱいある」ところです。そして声を上げて行動すれば、社会を変えていくことができる、私はそれを実践した、みんなももっと声を上げて社会を変えていこう！　と呼びかける。

なぜこれが「正しい」ことなのか。それは、どういった考え方、行動が「正しい」ものかを評価・判断する人たちが、彼女を「正しい」と高く評価したからです。

彼らは、今ある社会、世界を「差別と不平等に満ちたところ」と理解しています。この社会、世界の中核をなす概念は「権力」です。権力者が世界を支配しているからこそ、差別が生まれる。差別された者たちは、連帯して、世界を支配する権力と「闘争」し、今あるシステムを破壊し、支配からの「解放」を勝ち取らねばならない。そうすれば我々は、真に「平等」な「理想社会」を実現させることができる――。彼らはこう信じています。

これは典型的な左翼イデオロギーです。日本やアメリカの教育界やメディアはこのイデオロギーの信奉者によって運営されているので、そこで高く評価される人、ロールモデルとされる人は、自ずと左翼イデオロギーを持ち、それに則って行動する人ということになります。

左翼イデオロギーのプロトタイプは階級闘争ですが、20世紀にすでに階級闘争というのは現実味を失い、その後、階級闘争に代わって、すべてを「権力」で読み替え、抑圧されたプロレタリアートの代わりに、権力によって差別された「いろんな人々」の連帯によって権力を打倒しよう！　という思想がいろいろなイデオローグたちによって編み出されていきました。

ここでの「権力」は、アメリカでは白人キリスト教徒男性です。日本の場合、「権力」は日本人男性ということになる。日本人男性の現実など関係なしに、イデオロギー的に権力だと規定されてしまえば、日本人男性であるだけで、それはもう権力であり、支配者であり、差別の加害者だということになってしまうのが、この思想の特徴です。

代表的なのが哲学者のミシェル・フーコーやジル・ドゥルーズ、政治学者のシャンタル・ムフです。いやいや、フーコーなんて、世界というのは「権力」という視点から見ればすべてその構造が理解できるのだとか言いながら、自分自身がその「権力」を大いに行使して、イスラム教徒の少年を買春していたわけですから、彼自身が矛盾に満ち満ちた存在です。私は、権力を批判しながら自ら権力を濫用する者の吹聴するイデオロギーなど信じない。しかし左翼は、矛盾をものともしないのも特徴です。

彼女は不当な差別に立ち上がり、テニス部でヒジャーブをし、脚を出さないまま活動する権利を獲得した。ヒジャーブは世界各地で政治化して久しい問題です。彼女は日本でその「闘争」に勝利し、メディアに絶賛された。

彼女は女性とイスラム教徒と在日外国人という三つの「被差別アイデンティティ」を保有している。インターセクショナリティ的には、これを数多く持つ人ほど多様な差別を受けるので、その分、社会で優遇されなければならないと考えられています。彼女が今後、どのような「活動」をし、「活躍」していくのか。実に興味深いです。

（2022年5月3日）

千葉県野田市イスラム学校建設計画

Xで「越谷シチズン」さんというアカウントが、次のようなポストをしていました。

〈野田市にムスリムの学者になるために子供たちが学ぶ学校を作るとか言ってるけど大丈夫？　外から来る子供たちもここで寝泊まりできるんだって。市民は知ってるのかね？〉（越谷シチズン @citizen_koshig　2024年7月21日）

私はこの動画を見て、すぐに気づきました。この動画に登場しているのは杉本恭一郎という、NPO法人千葉イスラーム文化センターの代表などを務めている人物です。

東葛毎日新聞社のウェブサイトに、千葉イスラーム文化センターに関する「ムスリムって?!『千葉イスラーム文化センター』訪問」（2021年2月2日）という記事がありました。

〈イスラームと聞くとテロや紛争などとセットで思い浮かべ、誤解や偏見とともに語られることが多い。それは、私たち日本人にとってイスラームが未だよく知られていない宗教だからであろう。「ムスリムは家族や絆を大切にする穏やかな人たちです」と、杉本さん。〉

杉本氏はイスラム教徒で、日本において熱心にイスラム教の布教活動を行っています。越谷シチズンさんのシェアした動画で、杉本氏は次のように言っています。

「今日はね、（千葉県）野田市に来ています、ここでクルアーンを覚えて将来ムスリムの学者になる子供たち、その学校を作るプロジェクトが始まる、インシャアッラー」

野田市というのは千葉県の北西部、埼玉県と茨城県に挟まれた地域にあります。すぐ西は埼玉県の春日部市や越谷市、その西にはクルド人問題で揺れる川口市があります。

イスラム学校（マドラサ）はイスラム学を習得するための学校で、伝統的には寄宿制で、アラビア語、「コーラン」の暗唱（ヒフズ）、コーラン解釈学（タフスィール）、ハディース学、イスラム法学（フィクフ）など、イスラム法（シャリーア）を体系的に学び、イスラム法の専門家もここで養成されます。

イスラム世界では勉強する場所＝マドラサであり、伝統的には学問といえばイスラム学しかなかったわけですが、近代に入り普通教育がイスラム世界に導入されると、マドラサの役割は相対的に小さくなり、一般に「コーラン」暗唱塾のような場所になっていきました。

杉本氏は野田市に、伝統的なマドラサ、イスラム法学者やイマームといったイスラム教の専門家を養成するマドラサを創設するつもりのようです。

イスラム学の源は「コーラン」です。「コーラン」は神の言葉であり、イスラム学では神の言葉は絶対であり、人間はそれを修正することも廃棄することもできないとされています。イスラム教は信者に対し、神に絶対服従し、神の言葉を淵源とする神の法、シャリーアに従って生きることを義務付ける。イスラムというのはアラビア語で「服従」という意味です。イスラム法は、日本の文化や伝統、常識、日本で執行されている日本の法とはまったく違う。

杉本氏が作ろうとしているマドラサで、この相違、矛盾についてどう整合性をとり、どのように子供たちに教えるつもりなのか、私にはわかりません。

私には危惧があります。というのも、私が杉本氏を知ったのは、杉本氏が、ザーキル・ナイクというインド人イスラム過激派説教師の『Dr.ザキル・ナイクが語るイスラームの新常識』（国書刊行会）という本を日本語に翻訳し、そのナイクの弟子として知られていたからです。

拙著『イスラム2・0』（河出新書）では、ナイクについてこう紹介しました。

〈ナイクは二億人を超す視聴者を持つとされるピースTVというチャンネルの運営者で、世界一影響力があるとも言われる超人気テレビ説教師にしてYoutuberでもあります。一方で、「必要があれば自爆は認められる」「全てのイスラム教徒は（ビンラディンのような）テロリストであるべき」「私は原理主義イスラム教徒であることを誇りに思う」「性奴隷は合法」といった発言で知られるように、彼の説教は原理主義的で過激なため、それが理由で二〇一〇年にはイギリスとカナダで入国禁止とされました。

実はナイクも、二〇一五年一一月にJMPF（日本ムスリム平和連盟）の招待を受けて来日しています。この際、東京大学、同志社大学、九州大学などで合計五回の講演会を実施、全国から彼を一目見ようとイスラム教徒が殺到しました。講演会場でナイクに促された複数の日本人が次々とその場でイスラム教に改宗する、「感動的な」映像も残されています。

ナイクの「悪名」が世界に知れ渡ったのは、二〇一六年のダッカ・テロ後です。現地メディアは、「テロ実行者七人のうち二人がナイクの説教に影響されたと証言」と伝えました。バングラデシュ当局は直ちにピースTVの放送を禁止、祖国インドは宗教的な嫌悪を広めテロを促進しているとしてナイクを訴追、パスポート停止処分にしました。スリランカ当局も同時テロ後、ピースTVの放送を禁じました。現在マレーシアで亡命状態にあり、インド当局は身柄引き渡しを要求しているものの、マレーシア当局は拒否しています。

一方、日本にはナイクを師と仰ぐ日本人が運営するモスクや、彼を招待し講演会を企画する団体もあれば、彼を信奉する熱狂的ファンも多く、彼に心酔してイスラム教に入信した人までいます。インドのメディアは、日本当局がなぜナイクのような危険人物と関係する人や組織を野放しにしているのか理解に苦しむ、という報道をしています。〉

杉本氏はこのナイクの本をわざわざ翻訳して出版するくらいですから、ナイクの思想、ナイクのイスラム解釈に共感している可能性があります。もしも、ナイク的なイスラムを日本のマドラサで子供たちに教え広めていくとしたら、それは非常に危険です。

「ビルとキャンティーン（食事するところ）、それからICTのラボを作る、それから運動場もね、駐車場も作りたい、という予定ですね」

杉本氏は独特の話し方で次のように続けます。

「ここがタアリム・クルアーン、マドラサのビルですね。ここで子供たちが、小学校、中学校、高校に行きながらクルアーンも覚えることができる、イスラムの勉強もできるんですね。で、外から来る人たち、ここはもう、フルボーディングになってます。つまりここで寝泊まりして、イスラムのことを学びながら、学校に行きます。だからトオ《ママ》から来る人も学ぶことができるんですね、インシャアッラー」

子供たちはここで寝泊まりしながら、公立の小中高に通うことが前提になっているようです。日中は学校に通い、それが終わった後、マドラサでイスラム学を学ぶという生活になるようです。「トオから来る人」というのは、「遠くから来る人」という意味でしょう。

「この土地、４００坪あります。だいたい１３００平米くらい。広いですね。これでトータルで４０００万。後はこのビルのリノベーション？　のために、あと３０００万か、かかるので、トータル７０００万のプロジェクトになります。今だいたい１８５０万ありますね。なのであと５０００万ちょっと足りないです。なのでみなさん、インシャアッラー、これ、サダカ・ジャーリア、インシャアッラー、頑張って協力して、寄付、よろしくお願いします」

５０００万円を寄付してほしいと呼びかけています。「サダカ・ジャーリア」というのは、アラビア語で「持続的なサダカ（自発的喜捨）」という意味で、そのサダカをした人が死んだ後も効果が持続し、神の下でも高く評価される善行とされています。

困っている同胞イスラム教徒を助けるための寄付、マドラサを建設するための寄付というのはまさに、サダカ・ジャーリアと呼ぶにふさわしいわけです。

私が先日視察した日出町の土葬墓地建設（**第3章**参照）でも、5000万円必要なので募金を呼びかけていると聞きました。6月には共同通信が、日本でモスク建設計画が続々と立ち上がり、「国境を越えた相互扶助の精神」で寄付が集められていると報じていました。

マドラサ建設も、土葬墓地建設も、モスク建設も、それ自体に法的問題はない。一方イスラム地域では、異教の礼拝所建設などは法で禁じられている場合がほとんどです。

問題は、日本のこの自由、そして規制のない法が、日本の文化を一掃し別の文化で置き換えようと企んでいる人々の存在というものを想定していない点です。むしろ「多文化共生」とか「多様性」とかいって、異文化を日本に呼び込み、日本でその異文化を流布させることを、政府や自治体が手助けし、マスコミがそれを「いいこと」として広めている。その先に待ち受けているのがどんな世界なのか、彼らは想像することもない。

これから先の日本では、「日本にいるのに日本にいる気がしない」と感じる日本人が徐々に、確実に増えるでしょう。欧州諸国の失敗を今、日本は繰り返し始めています。

（2024年7月22日）

イスラムへの懸念を「イスラム排外主義」と断ずる千葉県知事

千葉県知事の熊谷俊人氏が２０２４年８月22日、Ｘに以下のポストをしました。

〈少し前よりイスラム排外主義の方々から不思議な意見を頂きますが、多くの方がご承知のように我が国は政教分離であり、私も千葉県庁もイスラム教の施設建設を主導することも妨害することもありません。

これは首長の党派性・イデオロギーに関係なく、日本全ての行政において同様の原則です。

私や千葉県がイスラム教の学校建設を推進している等々の事実に基づかない風説を流布するアカウントがあることは承知しています。イスラム教だけでなく、全ての宗教に対して便宜を図ることも、不利益を与えることもあってはなりません。

最高裁判例もあり、私たち日本の行政は政教分離について極めて厳格に運用しています。

なお、それぞれの土地には都市計画の「用途地域」などで建築可能な建築物の種類が指定されており、それに基づき神社等の宗教施設も建設可能だったり不可だったりします。

宗教施設に限らず、合法的なものを行政の一存で不可にすることはできませんし、不可なものを行政が可能にすることもできません。

Ｘがインプレッション数に応じて利益が得ることができるようになり、誤った情報で扇動するアカウントが目立つようになっていますが、そうしたアカウントに惑わされることなく、事実を元に議論するようにしたいですね。〉

熊谷氏は、イスラム教の学校建設について説明を求める人のことを、「イスラム排外主義の方」とレッテル貼りし、批判していると言えます。「イスラム排外主義」というのは聞きなれない言葉ですが、おそらく熊谷氏はイスラム差別主義とかイスラモフォビアといった、イスラム教徒を差別し排除しようとするイデオロギーを指してこう言っているのでしょう。「イスラム教の学校建設について説明をお願いします。千葉県民の声を無視しないでください」と求める人に、知事自らが「イスラム排外主義」のレッテル貼りをするというのは、こういうことを言うな、という圧力として働きます。

イスラム教の学校建設について知事に質問するだけでイスラム排外主義のレッテルを貼られるということは、イスラム教のモスクや礼拝施設やハラールやラマダンやその他のことについては、質問するだけでイスラム排外主義なのだ、という知事の判断を示唆している。

これは、日本に先んじて「多様性」を推進してきたヨーロッパ社会で確認されてきた「現象」です。イスラム教について質問したり、話題にしたり、問題を指摘したり、議論したりするだけで「差別主義者」のレッテル貼りをされる。だから社会のみんながそれを避けるようになる。イスラム教徒が問題を起こしても、イスラム教徒を逮捕すると差別主義者のレッテル貼りをされ批判されるので、警察や行政もそうした犯罪を見過ごすようになる。

イギリスのロザラムで、パキスタン系移民の男らによる大規模で長期間に及ぶ少女らへの性的虐待が長年見過ごされたのも、ドイツのケルンで起こった「移民系」による大規模レイプ事件が警察と行政によってなかったことにされそうになったのも、主な原因はこれです。

イスラム移民について言及するだけで「差別主義者」のレッテル貼りをされ、仕事を失ったり、社会的に葬り去られ、居場所を失ったりする恐れがある。だからみんなイスラム移民の問題についてはため息をついて下を向くだけで、問題があると訴えることすらしなくなる。

誰しも保身が第一です。自らの身の危険を冒してまで、問題を告発しようとする人はほとんどいない。いたとしても、その人は差別主義者としてレッテル貼りされ、非難され、葬り去られるわけです。

こうしてヨーロッパ諸国は次第に変質した。犯罪が増え、治安が悪化し、社会福祉が食い尽くされ、自治体は財政難に陥り、風景は一変し、人々は故郷を離れざるをえなくなった。

熊谷知事はこの事実を知ってか知らずか、まったく同じことを繰り返しています。この質問者が本当に千葉県民なのかどうかはわからない。しかし私は、熊谷知事がわざわざこの質問を引用し、「イスラム排外主義」とレッテル貼りして吊し上げているのは、一般人に対する不当な圧力であり、権力の濫用であるように思う。

熊谷氏は、同じポストの中で、「私も千葉県庁もイスラム教の施設建設を主導することも妨害することもありません。イスラム教だけでなく、全ての宗教に対して便宜を図ることも、不利益を与えることもあってはなりません。最高裁判例もあり、私たち日本の行政は政教分離について極めて厳格に運用しています」などと述べている。

これで事足りるはずが、なぜか彼は冒頭に、「少し前よりイスラム排外主義の方々から不思議な意見を頂きますが」と書いている。

イスラムについてのあらゆる質問や疑問や懸念や意見を封じ込めるという目的以外に、この冒頭の句の目的があるとしたら、それは何なのか、熊谷氏に問いたいところです。

日本では今、モスクやマドラサや土葬墓地といったイスラム教施設が次々と建設されています。これらの建設は違法ではありません。違法ではありませんが、こうした施設が建設され、そこにイスラム教徒が集まり、あるいは集住するようになると、自ずとコミュニティは変質します。その変質は必ずしも地元住民にとって好ましいものとはかぎらない。

しかし多様性推進者は、それを認めようとしません。多様性推進者は、あらゆる異文化は素晴らしい、異文化をどんどん受け入れれば日本社会はどんどん豊かになり、競争力が増すのだと主張する。しかしそんなわけがありません。

世界には無数の文化がある。日本人にとってそれらのほとんどは異文化です。異文化の中には日本の文化、慣習、法とはまったく相容れないものがたくさんある。近代の普遍的価値とされる自由主義や民主主義と相容れない文化もたくさんあります。それらをただただ素晴らしいものとして受け入れろと社会に押し付けているのが、今の日本の行政であり企業です。

千葉県も多様性尊重条例なるものを成立させました。イスラム学校について質問する人は、熊谷氏の目にこの多様性尊重条例に違反する排外主義者として映るのかもしれません。

しかし私はこう思います。本当に多様性を尊重するつもりならば、日本人の文化、地元住民の利益や安心も考慮し、配慮されて然るべきだと。知事はこんなふうに「あんたは排外主義者だ」などとSNSでレッテル貼りするのではなく、こうした不安に「寄り添って」、住民とイスラム教徒の間を取り持ち、ヨーロッパ社会のような分断や乗っ取りが起こらないようにあらかじめ手を打つべきだと。

しかし、「イスラム排外主義」と一般人を吊し上げている熊谷知事を見ると、日本も間もなく、ヨーロッパ諸国のようにイスラム移民をめぐる問題で社会が大きく揺さぶられることになるだろうと、思わざるをえません。

この問題は決して小さくない。古来、移民は国を大きく変え、あるいは滅ぼすことさえあったことを、私たちは今一度認識しておく必要があります。

（２０２４年８月24日）

茨城県の小学校のハラール給食への懸念

毎日新聞が「ムスリムの児童も一緒にごはん　茨城2町でハラール給食」（2024年9月8日）という記事を掲載し、これをイラン国営メディアPars Todayの日本語版アカウントがXにポストしたことで、ちょっとした炎上騒ぎになっています。

Pars Todayの投稿を見れば確認できますが、そこについているコメントのほとんどがハラール給食提供に否定的で、いわゆる「ヘイトスピーチ」認定されかねない過激なコメントも散見される。

この毎日新聞の記事はＹａｈｏｏ！ニュースにも転載されていますが、こちらについているコメントも、概ねハラール給食提供に批判的です。コメントの多くは、

「多様性というならばムスリムが日本の食文化にあわせるべき」
「ムスリムだけに配慮するのはおかしい」
「政教分離の原則に違反」
「日本人にハラールを強要するな」

といった主旨です。

私はこの現象に、いくつもの問題点、そして危険性を見出します。

第一に、この茨城県の小学校は、おそらくイベント的な軽いノリで、ハラール給食を提供

しているのだろうとうかがわれる点です。

公立小学校の学校給食では、タイ料理やインド料理などのように、世界の料理を模したようなメニューが、イベント的に提供されることがあります。今回はその一環として、ハラール給食を出したのではないかと思われます。

しかし、ハラールというのは文化というよりは宗教です。宗教の戒律に従ったものであり、単なる食文化ではない。

昨今、公立学校ではクリスマスのイベントを行うのも避けられています。特定の宗教の行事をやるべきではないという配慮からです。ならば、ハラールもやってはならないはずです。クリスマスはダメでハラールはOKというのは、どう考えてもおかしい。

第二に、この茨城県の小学校は、ハラールについてよく理解していないのにハラール給食を出してしまっている点です。

イスラム教の食の基本は、ハラーム（禁じられたもの）以外はすべてハラール（許されたもの）だ、というものです。ハラール認証という制度があって、ハラール認証されたものだけが食べてもいいハラールなのだ、というのは間違った解釈です。

そして、何がハラーム（禁じられたもの）かというのも、これはイスラム教全体で共通のルールがあるわけではありません。

例えば、今回のハラール給食のメニューは、

・イカ天ぷら
・たまご丼の具
・ごはん
・みそ汁
・リンゴジュース
・冷凍ミカン

とありますが、イカはイスラム教スンナ派のハナフィー派ではハラーム（禁じられたもの）です。ハナフィー派はスンナ派の中で最も信徒が多く、イスラム教徒の3割くらいはハナフィー派だと一般には言われている。地域としてはインドやパキスタン、中央アジアがハナフィー派の影響の強いところです。

つまり、この茨城県の小学校に通うムスリムの生徒たちの中に、インドやパキスタン出身の子供たちがいたとしたら、その子たちにとってイカはハラールではなくハラーム（禁じられたもの）の可能性があり、この給食は全然ハラールではないということになります。

また、たまご丼には、みりんは使用されていないでしょうか？　みりんも一般にはハラーム（禁じられたもの）とされます。

ハラールについてよく知りもしない人が、「これがハラール給食だー！　ドヤー！」と提供しているものが、派閥によってはハラーム（禁止）とされる食物なわけですから、これは厳しい。

ハラール問題を軽視してはなりません。「これはハラールです！」などと軽々しく言ってしまったら最後、それが実はハラームだったと判明した時には、大変な問題になります。「騙された！」と訴訟沙汰になる可能性すらある。よく知らない人が軽々しく立ち入ってはならないのが、ハラールの世界です。

第三に、これをイランの国営メディアが転載し、日本というのはイスラムに寛容な国だというプロパガンダとして利用されてしまっている点です。

これは、「なるほど、じゃあ日本に行こう」とイスラム教徒を動機づけることにもなるし、日本をイスラム化するのは簡単だと思わせることにもなる。

メディアというのは、プロパガンダの装置に容易になりうる。単に小学校が一つのイベントとして、あるいは多様性の尊重の一環としてやったハラール給食が、他国によって、まったく違う趣旨のプロパガンダに利用されるということがあるのです。実際、今回の毎日新聞の記事はそういう使われ方をしている。

第四に、ハラール給食提供が、ネット上で大きな批判を呼び、炎上している点です。イスラム教徒を特別視し、特別扱いすると、日本の一般国民の中でイスラム教徒に対する嫌悪、敵意が強まるだろうということを、私は過去に何度も指摘してきました。だから特別扱いはしないほうがいいのです。

しかし、なぜか多様性の文脈では、他の宗教ではなく、イスラム教だけが特別扱いされねばならないものとして浮上してくる。そして、たしかに、いつも、常に、多様性と言えばイスラム教徒が登場する。そしてイスラム教徒に配慮することこそが多様性の実践だということになり、それをした学校や企業が高く評価され、メディアで称賛されるという現象が確認できる。

しかし、それを見た一般の国民は、ネット上で不満を露わにし、イスラム教徒への敵意を隠さなくなる。これはすべての人にとって不幸なことです。完全に「誰得?」の世界です。

ネットでも指摘している人がたくさんいましたが、毎日新聞のこの記事に掲載されている子供たちの写真を見ると、「ハラール給食を楽しむ児童」というキャプションに反し、楽しそうにしている子供が見当たらない。「あーあ、今日の給食は肉ナシかあー」といったところでしょう。おまけに、前方に写っている子供は、インドやパキスタンの出身だと推察されます。そうしたらまさにハナフィー派の可能性がありますから、イカは厳禁です。

子供は理解していないかもしれませんが、親がハラール給食として出されたものの中にイカがあるのを発見すれば、良くて「あーあ」とガッカリするか、悪くすると学校に怒鳴り込んでくる可能性もある。

今後はますます、ハラールとは何かを理解しないまま、何となく「多様性への配慮だ！」といって「ハラール給食出しました！」みたいな学校が増えることでしょう。

そしてそのたびに、毎日新聞や朝日新聞やＮＨＫが、これを「多様性への配慮だ。素晴らしい」と称賛するのでしょう。

（２０２４年９月15日）

第2章

ガンビア人地蔵・神社破壊事件から考える他宗教との共生

なぜガンビア人は地蔵を破壊したのか

神戸新聞が「お地蔵さん3体引き倒しお供えもぐちゃぐちゃに　容疑でガンビア籍の男逮捕　神戸・垂水《たるみ》」（2023年5月3日）という記事を出しました。冒頭にはこうあります。

〈ほこらに置かれていた石の地蔵を引き倒して壊したとして、兵庫県警垂水署は3日、器物損壊の疑いで神戸市垂水区に住むガンビア国籍の無職の男（29）を緊急逮捕した。

逮捕容疑は同日午前9時半ごろ、JR神戸線垂水駅近くにある「池姫《いけひめ》地蔵尊」（同区陸《くが》ノ町《ちょう》）に置かれた高さ40～50センチの地蔵3体を手で引っ張って倒すなどし、破壊した疑い。〉

映像では地蔵の首の部分が破壊されていることがわかります。記事はこう続きます。

〈池姫地蔵尊を管理している女性（73）によると、地蔵は昭和初期ごろ、近くのため池を埋め立てた際に池の底から見つかったもの。地域住民らがほこらを建てて祭っていたという。病気回復などに効果があるとされ、遠方からも参拝者が訪れるという。女性は「お地蔵様だけでなく、ろうそく立てやお供え用のコップもぐちゃぐちゃ。どうしてこんなことをしたのか、許せない」と憤った。〉

どうしてこんなことをしたかというと、それはおそらく、破壊したガンビア人がイスラム教徒で、イスラム教の教義では偶像破壊が正しいことだとされているからです。

これは丁寧に説明しないといろいろと誤解を招くところがありますが、ガンビアは人口の

９割以上がイスラム教徒です。ということは、この男もイスラム教徒である可能性が高い。

イスラム教の教義で、偶像の破壊が正しいとされているのは事実です。しかし、すべてのイスラム教徒が、偶像を見たらすぐさま破壊するかというと、そんなことはまったくありません。それでもたしかに、破壊を実行するイスラム教徒も一部いる。破壊する場合、その理由として宗教の教義による可能性がある、ということです。

日本では過去にも、イスラム教徒が仏像を破壊した事例があります。１９８８年1月、鳥取大学に留学していたケニア人イスラム教徒が、道祖神や水子地蔵など60体以上を押し倒したり地面に叩きつけたりして次々と破壊し、現行犯逮捕されるという事件が発生しました。

２０１４年６月には慶應義塾大学大学院に留学していたサウジアラビア人イスラム教徒が、東京都の浅草寺で仏像４体を破壊し逮捕されました。

これについてイスラム法学者でイスラム教徒の中田考氏は当時、

「サウジ人はこれくらいで丁度いい」

「イスラームの基本とは、偶像崇拝が殺人や強盗や強姦よりも悪い決して許されない大罪であり偶像破壊が他の一切の道徳に優先するとい《ママ》事」

等々とツイートしていました。仏像破壊はイスラム的に正しいと擁護したと言えます。

しかし日本では、お地蔵さんや仏像を破壊する行為は犯罪です。ケニヤ人留学生やサウジ人留学生は、その後、帰国したようです。起訴された形跡はありません。

内心でどのような価値観を持っていようと認められる、というのが自由社会の原則です。イスラム教徒が日本に来てお地蔵さんや仏像を憎むのは自由です。しかし、それを破壊してはならないし、それは日本では犯罪行為であることを理解する必要がある。

私は以前から、たとえイスラム教的に正しい行為であろうと、日本の法では仏像の破壊、女性や子供、ＬＧＢＴに対する人権侵害、暴力、殺人などは犯罪なので、これらを犯した人間は犯罪者として取り締まるべきだという考えです。

それは彼らがイスラム教徒だからではありませんし、ましてや差別でもありません。イスラム教徒であろうとなかろうと、日本に住む以上は日本の法律を遵守しなければならず、違法行為を犯した者は平等に取り締まるのが法治の原則だからです。

日本では外国人犯罪者が不起訴になるケースが続いていますが、その妥当性は非常に疑わしい。ましてや、こうした犯罪行為を社会や政治のせいにしたり、あるいはこれを利用して「だから入管法改正反対！」という方向へ導こうとしたりする論調は看過できません。

（２０２３年５月４日）

地蔵・神社破壊から始まる日本でのジハード

ＭＢＳ（毎日放送）が「賽銭箱を蹴り破壊する外国籍の男『神様はアッラーしかいない』と参拝者に発言」（２０２３年5月23日）という記事を出しました。冒頭にはこうあります。

〈神社の賽銭箱などを壊したとして逮捕された外国籍の男。防犯カメラが犯行の一部始終を捉えていました。神戸市垂水区にある「瑞丘（みずおか）八幡神社」を撮影した映像。それを確認すると、5月3日の午前9時半ごろ、黄色い服を着た男が境内に現れました。すると…置いてある賽銭箱を蹴りました。器物損壊の疑いで逮捕されたのは、アフリカのガンビア共和国籍で垂水区に住む無職の容疑者（29）です。〉

私は記事をここまで読んで、「あれ？」と思いました。先日、同じ神戸市垂水区で同じくガンビア人がお地蔵さん3体を破壊する事件があったことを思い出したからです。

グーグルマップで今回破壊された瑞丘八幡神社と、先日破壊された池姫地蔵尊の位置を確認してみると、３００メートルほどしか離れていないことがわかります。

こんな近距離にある日本の伝統宗教施設が、立て続けに、しかもガンビア人によって破壊されるというのはあまりにも偶然がすぎると思い、お地蔵さん事件を詳しく報じていた神戸新聞の「神社のさい銭箱など、蹴ったり投げたりして破壊の疑い　ガンビア国籍の男を再逮捕　神戸・垂水」（２０２３年5月23日）という記事を確認してみました。

すると、やっぱりそうです。お地蔵さん破壊男と、賽銭箱破壊男は、同一人物だったので

す。神戸新聞によると、

〈神社境内のさい銭箱などを壊したとして、兵庫県警垂水署は23日、器物損壊の疑いで、神戸市垂水区に住むガンビア国籍の無職男（29）＝処分保留で釈放＝を再逮捕した。調べに「何も言うことはない。逮捕は違法だ」などと話し、容疑を否認しているという。

逮捕容疑は3日午前9時半ごろ、瑞丘八幡神社（同区高丸1）の境内で、さい銭箱やちょうず舎に水を流す竹筒など計3点（約5万5千円相当）を蹴ったり、投げたりして破壊した疑い。同署によると、男がこの直後、同神社から南西に約350メートル離れた「池姫地蔵尊」（同区陸ノ町）の地蔵3体を壊したとして、同容疑で同署が男を逮捕していた。発生時間や場所が近接しているため捜査したところ、男の関与が浮上したという。〉

なるほど、この男はまず瑞丘八幡神社で賽銭箱などを破壊、そのあとお地蔵さんを破壊、警察はお地蔵さん破壊の容疑で男を逮捕したものの処分保留で釈放、その後、賽銭箱破壊男とお地蔵さん破壊男が同一人物だとわかり、男を再逮捕したわけです。

お地蔵さん破壊事件についてはすでに書きましたが、今回の事件と報道により、深淵なる事実があきらかになりました。

第一に、このガンビア人の男（29）は、イスラム教徒だということです。MBSの取材に対し、瑞丘八幡神社の宮司は「本当に残念ですね、その一言に尽きます。（当時、参拝していた女性は）『（神様は）イスラム教のアッラーしかいないから、ここに神様はいないのでここで祈るな』と言われたと、うかがいました」と言っている。

間違いなく男はイスラム教徒です。宮司の証言からは非常に重要なことが理解できます。それは、この男が破壊行為をジハードとして実行した可能性が高いということです。

男は神社に参拝に来ていた女性に対し、

「神はアッラーしかいない」

と言った。これはイスラム教の信仰告白にもある「アッラーの他に神なし」です。

イスラム教はアッラー以外の神を崇拝したり祈ったりすることを「多神教」という最悪の罪と規定します。神社に参拝しに来た女性は、男の目から見ると、最悪の罪人です。

多神崇拝を一掃し、世界をイスラムによって統治するのがイスラム教の目標であり、そのために実行するよう強く促されるのがジハードです。もちろんすべてのイスラム教徒がジハードの名の下に暴力を実践するわけではありません。しかし、中には実践する人もいる。私たちの目から見たらそれは「テロ行為」ですが、彼らはそれを神に命じられたジハード、自分に課せられた義務だと信じている。

今回のお地蔵さん破壊、賽銭箱破壊も、このガンビア人の男はジハードとしてやった可能性が高いと私は考えます。ジハードは異教、異教徒に対するあらゆる攻撃が含まれます。地蔵や神社への攻撃は我々の宗教、そしてそれを信じ実践する我々日本人に対する攻撃だと理解し、「その先」に備えなければ、いつか「人間」がその対象になりかねない。

私はかつて『イスラム2・0』という本を書きましたが、この本の冒頭で2019年4月にスリランカで発生したイスラム過激派によるホテルなどを狙った同時多発テロについて解説しました。このテロの犠牲者は250人以上、日本人も1人亡くなっています。

このテロは、主犯格のザフラーン・ハーシムという男がユーチューバーだったという点で特異でした。ザフラーンはユーチューブ動画で、次のようなことを発言し、広めていました。

「イスラム教徒に反対する者は、誰であれ殺されるべきだ」

「ヒンドゥー教徒もキリスト教徒も仏教徒も不信仰者だ。不信仰者はイスラム教徒の統治を認め、忠誠を誓うという条件の下でのみ生存が許される」

ザフラーンはユーチューブでこうしたヘイトスピーチを繰り返していただけではありません。同時多発テロを実行したのは2019年ですが、その前年の2018年には、ザフラーンのグループは大量の仏像を破壊した容疑でスリランカ警察の捜査を受けていました。

ザフラーンが忠誠を誓っていたイスラム過激派組織「イスラム国」も、教会やイエスの像や絵の破壊、彫像や墓石の破壊の様子を映像で記録し、ジハードとしてビデオで公開してきました。タリバンが2001年にバーミヤンの石仏を破壊したこともよく知られています。

彼らにとって異教に関わるものを破壊するのは宗教的義務です。しかし、これは日本の法律においては犯罪です。神社でお参りする女性に「祈るな」と恫喝したのは、日本国憲法第20条で保障されている信教の自由の侵害です。このガンビア人の行為は、彼にとっては宗教上の義務でも、日本では違法行為だということを、日本政府は周知すべきです。

処分保留のまま釈放すれば、彼はまたジハードを繰り返す可能性が高い。そしてそれが「モノ」を対象にしたジハードであり続けるとは限らない。さらに彼のジハードが、他の在日イスラム教徒に影響し、ジハードが拡大する可能性も否定できません。

（2023年5月24日）

拘束力のない日本ムスリム協会の声明

日本ムスリム協会という団体が、先日、イスラム教徒と思われるガンビア人が神社で賽銭箱を破壊したり地蔵をなぎ倒して逮捕されたことについて、次のような声明を出しました。

〈昨今、日本国内における宗教施設の器物損壊容疑で、外国籍のイスラーム教徒と見られる人物が逮捕される事件がありました。

日本ムスリム協会は、このような行為が宗教的観点から見ても誤った行為であり、厳正な法的手続きを経て犯罪が成立した場合には、法的処罰を受けるべき一件であると考えます。

クルアーンに「あなたが信仰する者よ、約束を守りなさい」（5：1）とある通り、イスラームは契約や約束を重要視する教えです。日本でもその他の国でも、滞在し居住する国の法律や決まりを守るという契約のもと、訪問したり生活をしたりする権利があるという原則があります。器物損壊罪という法的な罪のみならず、人々の心の拠り所である宗教施設の所有物を故意に損ねることは倫理的な罪でもあります。

また、クルアーンには「あなたがたは、かれらがアッラーを差し置いて祈っているものを誇ってはならない」（6：108）ともあります。他宗教において崇敬の対象となっている人やものに対する侮辱は禁じられており、その損壊となれば尚更です。当協会はこのような犯行を非難すると共に、国内で同様の事件が起きないよう、引き続き信徒に向けての指導教育を推進していく所存です。〉（日本ムスリム協会@MuslimTaro　2023年5月24日）

このツイートには、「良かった」とか「安心した」といった書き込みが見られます。おそらくこれらの人々は、日本ムスリム協会というのは日本にあるイスラム教徒を代表する、その取りまとめのような権威ある組織であり、そこが「ノー」と言えばイスラム的に「ノー」なのであり、日本人としても安心していいと、そう思ったのでしょう。

残念ながら、ここにはいろいろな誤解があります。第一に、日本ムスリム協会はそのような組織ではありません。日本ムスリム協会は日本にある多数のイスラム教団体の一つにすぎず、権威や権力はありません。特に同協会は日本人イスラム教徒の作った組織ですから、在日外国人イスラム教徒に対する影響力はほとんどないと推測されます。

なおこの組織に属しているイスラム教指導者アハマド前野氏は、ツイッターで私のことをブロックしています。理由は定かではありませんが、私はかつて日本ムスリム協会が、異教徒に対するヘイトスピーチと暴力を煽る説話で有名なザーキル・ナイクという説教師を来日させ、東大など全国各地で講演させ、その場で複数の日本人をイスラム教に改宗させ、その際、このアハマド前野氏がナイクの通訳をしていたことについて本に記したことがあります。

ナイクは祖国インドで逮捕状が出ており、イギリスやカナダでは入国禁止とされ、マレーシアに亡命している。他宗教との共存とはまるで正反対な、敵意を煽り、暴力を勧める、そういった説教をしてきた人です。これは日本ムスリム協会の実態のほんの一面です。

第二に、日本ムスリム協会であろうとどのイスラム団体であろうと、そこがいかなる声明を出したとしても何の拘束力もありません。「コーラン」などに言及し、いかにもイスラム教は一致してこの男の行為を認めないのだと言わんばかりですが、それはまったく異なります。「コーラン」には、このガンビア人の行為を正当化する章句がいくらでもある。ハディースにもいくらでも典拠はあります。だから、日本ムスリム協会の声明は単なる意見の一つにすぎない。あなたはこう言っているが「コーラン」にはこうもありますね、預言者ムハンマドはこうも言っていますねと反証を出せばそれで終わりだという、そういう世界です。

「コーラン」やハディースには相矛盾する記述がいくつもあります。イスラム教徒たちは、人間の目にそれらが矛盾に見えるのは、人間の知能が神に比べて大幅に劣っているからだ、と理解します。その上で、人間が神の法を運用するために、これらの相矛盾する啓示を体系化する努力をしてきた。その結果として構築されたのがイスラム法の体系です。

例えば、日本ムスリム協会は「他宗教において崇敬の対象となっている人やものに対する侮辱は禁じられており、その損壊となれば尚更です」と言っている。

しかしイスラム教の最終目標は、イスラム教以外の宗教を一掃し、イスラム教による世界征服を成し遂げることです。例えば「コーラン」第8章39節には「迫害と奸計がなくなるまで、また宗教のすべてがアッラーのものとなるまでかれらと戦え」とあります。

拙著『エジプトの空の下』でも紹介したように、イスラム教徒は次のように言って異教を攻撃することを正当化します。

あなたたちはイスラム教を迫害したり攻撃したりしないと言っていますが、それは間違っています。イスラム教はそもそも世界で唯一の正しい宗教です。あなたがそれを受け入れないということはすなわち、神の秩序であるイスラムを攻撃していることになる。だから我々は「防衛」のために、あなたたちと戦う義務も権利もあるのです。それが神の命令です――。

これが「イスラム教の論理」です。イスラム教の論理のこの基本構造、基本的性質を知らない人は、日本ムスリム協会の声明を見て安心するかもしれません。

しかし実はこれは、何の安心材料にもなりはしないのです。これは当該のガンビア人を裁くことも、反省させることもできない。ましてや他のイスラム教徒に、このガンビア人と同じことをしないようにさせる効力もない。せいぜい、何も知らない日本人を安心させ、油断させるくらいの効果しかない。というか、それがこの声明の目的だと、私は理解します。

（２０２３年5月27日）

神戸のお地蔵さん破壊男はなぜ不起訴なのか

神戸市垂水区でお地蔵さん3体と、神社の賽銭箱を破壊したガンビア人の男について、神戸新聞は「神社のさい銭箱を壊した疑い、ガンビア人の男を起訴　地蔵損壊は不起訴に　神戸地検」（２０２３年6月14日）で次のように報じています。

〈神社境内のさい銭箱を壊した疑いで兵庫県警垂水署に逮捕されたガンビア国籍の無職の男㉙＝神戸市垂水区＝について、神戸地検は器物損壊罪で起訴した。男は神社近くの地蔵3体を壊した容疑でも逮捕されていたが、地検は、この器物損壊容疑については不起訴処分とした。処分理由は明らかにしていない。いずれも13日付。〉

私は法律の専門家ではありませんし、なぜ不起訴なのかもわかりません。

しかし、いくつかわかることはある。その一つは、日本ではお地蔵さんを公然と破壊しても罪に問われないという先例ができたということです。この男がお地蔵さんを破壊した証拠はあるにもかかわらず、起訴されなかったということは、罪に問われなかったわけです。

日本の刑法にはいわゆる「礼拝所不敬罪」というものがあります。刑法188条第1項には、「神祠《しんし》、仏堂、墓所その他の礼拝所に対し、公然と不敬な行為をした者は、6月以下の懲役若しくは禁錮又は10万円以下の罰金に処する」とあります。

礼拝所不敬罪が成立するには、①行為の対象が神や仏を祀った場所や墓や礼拝所である、②その行為が公然と行われた、③その行為が不敬だった、という三つの条件が必要とされるわけですが、お地蔵さんは①に該当すると言えます。②に関しては、お地蔵さん破壊行為は、その時は人は見ていなかったかもしれませんが、礼拝所不敬罪の「公然と」の要件を満たすには、人々が「これは不敬行為だ」と覚知できればいいわけで、その場に人が存在している必要はないとされています。昭和43（1968）年の次のような最高裁判例があります。

［事件名］礼拝所不敬、窃盗、窃盗未遂
［判示事項］深夜墓碑を押し倒した行為が刑法第一八八条第一項にいう公然の行為にあた

るとされた事例

［裁判要旨］県道につながる村道に近接し、他人の住家も遠からぬ位置に散在する場所にある共同墓地において、墓碑を押し倒した被告人らの行為は、たまたま、その行為が午前二時ごろに行なわれたもので、当時通行人などがなかつたとしても、刑法第一八八条第一項にいう公然の行為にあたる。

お地蔵さん破壊事案は、この判例から類推するに、やはり②にも当てはまると考えられる。③に関しても、これは人々の信仰の対象だったお地蔵さんの前掛けをはぎとり、首をへし折っているわけですから、該当するのは明らかです。

ということは、お地蔵さん破壊案件は単なる器物損壊ではなく、礼拝所不敬罪にあたる可能性もある。これは有罪となれば「6月以下の懲役若しくは禁錮又は10万円以下の罰金」にあたる罪です。証拠も十分にある。

にもかかわらず、ガンビア人は不起訴とされ、その理由も明らかにされていない。

なぜ私がこの問題にこだわるかというと、第一に、この行為の根源にあるのは、このガンビア人のイスラム教信仰だと強く疑われるからです。他宗教の信仰対象を自らの信仰に立脚して破壊する行為は、単なる「憂さ晴らし」でお地蔵さんを破壊するのとはわけが違う。

これに類する事例は世界に多数あり、これについてイスラム過激派はジハードだと宣言している。これを甘く見て、処分せずに見過ごすのは危険だと思う。

第二に、お地蔵さんを破壊しても罪に問われないとするならば、それはどんどん破壊してもいいという、そういうメッセージを発し犯罪を誘発することになりかねないからです。

お地蔵さんというのは、本当に破壊してもいいのか？　いいわけがありません。それは感情的にそうであるだけでなく、刑法上でも罪だと規定されています。

では、なぜ検察は不起訴としたのか。理由が明らかにされていませんが、私はこうした扱いがお地蔵さんや仏像、墓石といったものの破壊行為を助長することを懸念します。

京都の福知山市では、神社に対する連続放火とみられる事件も起こっています。誰がやったのかはわかりません。しかし、こうした行為はやってはいけないのだということを、法の執行以外に知らしめる方法はないように思います。法の執行が回避されれば、それはやってもいいというメッセージを発しているに等しい。

外国人だから不起訴にするのだとすれば、それは不当な「特権」を認めていることになる。外国人であろうと日本人であろうと、礼拝所不敬罪は問われるべき罪であるはずです。

外国人に対する不起訴処分が連続していることについて、私は大いに危惧します。

（２０２３年６月20日）

第3章　イスラム教徒の土葬問題を追う

土葬墓地を作りたいイスラム教徒と忌避する住民

土葬するための墓地を作りたい在日イスラム教徒と、それを忌避する住民との間のトラブルが報じられることが多くなりました。

読売新聞は、「ムスリム墓地巡り周辺住民と隔たり、土葬用の土地の確保難しく」（2020年10月14日）という記事を出しています。取り上げられているのは、大分県日出町《ひじまち》の事例で、記事には、〈「別府ムスリム協会」のカーン・ムハマド・タヒル・アバス代表は「時間がなく、私たちはとても困っています」と理解を求めた〉とあります。

一方、住民は、墓地予定地の約１km下に、農業や畜産業で利用するため池があることを問題視し、墓からの水がここに流れ込むのは衛生面で不安だと主張しています。

「日本では土葬が禁止されている」と思っている人もいるようですが、法で禁止されているわけではありません。ただ、厚生労働省の平成29年度の報告によると約99・97％が火葬とされているので、圧倒的多数が火葬であるのは間違いありません。

私がツイッターで土葬関連のニュースをシェアすると、必ず「なんでわざわざ日本に来て土葬させろとか言うんだ！」とか、「イスラムの国に帰れ！」といった怒りのコメントがたくさん付きます。こうしたコメントはヘイトスピーチにあたるので厳に慎むべきです。

そもそも、こうしたコメントをしてしまうのには、いくつかの誤解があるようです。なぜ外国人イスラム教徒が日本にやって来るかというと、多くの場合、第一にカネのためです。彼らの多くは、そもそもカネを稼ぐために日本にやって来るのです。

カネを稼ぐために日本に来たのなら、日本の文化に馴染むべきだ、郷に入っては郷に従えだろというのが日本人の感覚ですが、イスラム教徒の場合は違います。彼らは日本だろうとどこだろうと神の命令に従い、イスラム教を実践しなければならないと信じているからです。

だから日本でイスラム教団体を作り、モスクを作り、イスラム学校を作り、ハラール食材店を作り、土葬墓地を作る。これにより日本のイスラム化が進みます。彼らはこうすることによって、イスラム教徒にとっての果たすべき義務を全うしているのです。イスラム教は、全世界をイスラム化することを最終目標とする宗教だからです。

在日イスラム教徒は、10年ほど前までは10万人と言われていましたが、現在は20～30万人と言われています。間違いなく急増しています。土葬墓地だけでなく、学校やモスクの問題も、今後、日本で増え続けていくでしょう。

私は、すでに日本にはこれだけのイスラム教徒がいて、しかもその数が急増しているという現実から目を背けるべきではないと思います。「イスラムの国に帰れ！」などという非現実的なことを感情的に叫んでも、それはイスラム教徒へのヘイトスピーチであるだけでなく、問題の解決には一切寄与しません。

墓地に関しては、例えば山梨県には日本ムスリム協会の所有するイスラーム霊園がありま す。実際に建設された実績があるということです。一方、栃木県足利市では、住民の反対でイスラム墓地建設計画が頓挫したという事例もあります。

イスラム教徒に限らず、外国人移民を在留期限を設けることなく日本に受け入れるということは、彼らの福祉を日本の国が担わなければならないことを意味します。彼らは、いつまでも元気に働く「労働力」ではありません。私たちと同じ人間であり、病気もするし、年をとれば介護も必要になります。結婚し、子供が生まれれば、教育を受ける必要もあります。死ねば墓地が必要になるのです。これが多様性、多文化共生の現実です。

（2020年10月15日）

土葬墓地建設を要求する別府ムスリム教会

2022年1月、大分放送が「ムスリム土葬墓地問題　イスラム教の葬儀とは」（1月18日）という報道をしました。VTRは次のように始まります。

〈イスラム教の土葬墓地を大分県日出町に作る計画を巡って、地元で賛否が分かれる中、今月に入り、大分県出身のイスラム教徒の男性が亡くなりました。計画地近くの墓地を間借りして行われた男性の土葬の葬儀に密着しました。〉

「墓がないイスラム教徒はかわいそうじゃないか！」と同情を誘うような悲しげなBGMが流され、別府ムスリム教会のカーン・ムハマド・タヒル・アバス代表はこう主張します。「彼はもうすぐ亡くなることをちゃんとわかっていたが、それでもとてもリラックスしていた。全然心配していなかった」

亡くなった人が本当にリラックスしていたのかは、誰も知りません。ただ、「リラックスしていた」と言うカーン代表の主張が電波を通して伝えられている、この事実が重要です。

〈参列者は遺体を埋葬するときお祈りのような言葉を口にしています。その意味とは——。

（別府ムスリム教会　カーン・ムハマド・タヒル・アバス代表）「『ラーイラーハイッラッラー』アッラー以外は神様はいない　最後の言葉で言うとすごくいいことです」〉

大分放送はイスラム教の布教に協力的なようです。イスラム教賛美はさらに続きます。

〈遺族や友人のほかに駆けつけたほとんどの人が亡くなった男性と面識がありません。イスラム教ではコミュニティーの繋がりが強く、たくさんの人たちが協力して葬儀を執り行うのです。

（亡くなった男性の友人）「見ず知らずの人が魂の友達ということで、すごくハートフルな葬式だと感じました。土葬の葬式はやっぱり宗教的なものでその人達の考え方や思いがあるでしょうからぼくはいいんじゃないかな」〉

イスラム教の葬儀はハートフル……。イスラム教徒は私たち日本人が失ってしまった古き良き価値観を保っていると仄めかすのは、拙著『イスラム教再考』（扶桑社新書）で批判した、日本のメディアと「専門家」のイスラム報道の偏向の典型例です。

ここからVTRは「イスラム教徒はかわいそうだ！」「土葬を嫌い、イスラム教徒を追い詰めているのは日本だけだ！　日本は遅れている！　差別的だ！」と畳み掛けます。

〈（イスラム教徒男性）「午前9時半に遺体をとりにいって拭き上げて葬式を終えると6・7時間でしょ。１０００キロ離れたところだとさらに大変。大分県なら大分県に1個墓があるほうがいい」〉

〈（別府ムスリム教会　カーン・ムハマド・タヒル・アバス代表）「イスラム教の人たちはフランス・アメリカ・イギリスどこでも今住んでいます。みんな土葬で埋葬しています。本当は今日できても遅いですよ。できるだけ早く墓地がほしい」〉

日本人も親族が亡くなれば、6〜7時間どころか何日間もかけて弔います。離れたところに住んでいる親族が亡くなれば、仕事や学校を休んで葬儀に駆けつける。これが日本の文化です。そんなことには関心も示さず理解もせず、自分たちの大変さだけをアピールし、日本人に理解しろと要求するのは、多文化共生のあるべき姿とはかけ離れていると私は思う。

それに、ここは日本です。フランスでもアメリカでもイギリスでもない。日本には日本の伝統と歴史と文化と宗教がある。日本は、自由や民主主義という近代的価値観を受け入れましたが、基底には日本の独自性が脈々と流れている。私たちは、米英仏になりたいとは思っていないし、外国人に日本は米英仏をめざせと言われる筋合いも当然ない。

　大分放送は地元の人々の反応について、次のように伝えています。

〈別府ムスリム教会は２０１８年から大分県日出町南畑《みなみはた》で１００人分の遺体を埋葬する土葬墓地を計画し、町と事前協議を続けています。計画地のおよそ１・２キロ先に水源地があるため、地元・高平《こうびら》区の住民が反対。計画地から少し離れた町有地を代替案として、町も調整を進めています。ただ、この代替地もおよそ５００メートル先に別の水源地があり、２キロ下流にある大分県杵築《きつき》市山香《やまが》町《まち》の久木野尾《くぎのお》ダムへの影響を懸念する声があります。ダムの近くにある下切《しもせつ》区の住民は、

（住民）「まさか自分のところに来るとは。人数とかいろいろ情報がないのでどれくらいの土葬するのか全然わからないし」〉

　ＶＴＲ前半の同情を誘うようなＢＧＭは、この「住民の当惑」のセリフの背後には流れません。要するに、視聴者はイスラム教徒には同情すべきだが地元住民には同情するなということでしょう。極めてわかりやすい、あからさまな印象操作です。

　大分の土葬墓地の件は、なぜかメディアでやけに頻繁に取り上げられています。メディア

や当該イスラム教徒たちは、報道されればされるほど、自分たちの主張＝「多様性を受け入れろ！　そのためには土葬墓地を造らせよ！」が広まってよいと思っているかもしれませんが、私はあまりそうは思いません。

「イスラム教徒＝土葬墓地を造らせろと要求する人たち」という印象が広まれば広まるほど、日本人の中のイスラム教徒に対する苦手意識が強まるでしょう。近所に住んでほしくない、隣人にしたくないと強く思う人も増えるでしょう。

多文化共生とは、イスラム教徒の要求を地元住民に押し付けることではないはずです。多文化共生推しのメディア報道で外堀を埋め、土葬墓地建設を実現させようとする戦略は、私は間違っていると思います。

（２０２２年１月24日）

別府ムスリム教会代表のAPU教授と立憲民主党議員による土葬墓地建設陳情

ＡＢＥＭＡ　ＴＩＭＥＳが、「教徒23万人に対し、土葬のできる墓所は全国に９カ所のみ…日本はイスラム教徒の願いを叶えられる国になれるのか」（２０２２年２月10日）という記事を出しています。大分県の別府ムスリム教会が土葬墓地を欲しがっている件です。

ＶＴＲは、別府ムスリム教会代表のカーン氏の「イスラム教では火葬を固く禁じているため、仲間たちと土葬のできる土地を10年にわたって探し購入した。ところが、地元住民の反対を受け、1・5㎞離れた場所に候補地を移したが、そこでも猛反対に遭ってしまう」というコメントを紹介。

〈カーンさんによると、住民たちは土葬によって飲料水や農業用水の汚染を懸念しているといい、候補地のある日出町も、衛生面での問題はないとしつつも、住民の不安が大きいとの反対意見を議会で採択した。「私はずっと日本に住んでいるから、日本の良さもよく分かっているけれど、他の外国人は心が痛いと思う」（カーンさん）〉

このカーン氏は、別府ムスリム教会の代表であり、かつ別府市にある立命館アジア太平洋大学（APU）の教授でもあります。

日経BPの2015年の記事「APUの学生たちと、イスラム系の人のためのムスリムフレンドリー　マップ　ベップシティを作りました！」によると、別府市は「ムスリム　フレンドリー」な街をめざしているそうで、別府市役所の当時の課長が次のように語っています。

〈別府市の人口は約12万人。小さな都市です。そこに2000年、国際大学であるAPUが開学し、留学生と卒業して地元で働いている人などを合わせると4000人以上の外国人が暮らす町になりました。しかも国も人種も宗教もばらばらです。〉

〈当初、既存の別府市民の方々がいきなり外国人住民が増えたことに不安を感じることがあ

るのではないか、と行政のほうでも気にかけていました。でも、それは杞憂に終わりました。〉

課長は、外国人との間で問題は発生しなかったと主張しているわけです。しかし、この記事を読むと、別府市が懸念していたのは食べ物（ハラール）と、温泉混浴問題であり、土葬墓地には言及していません。問題として想定していなかったのでしょう。

この記事によると、「APUの留学生、教員にはムスリム系の方たちがたくさんいる」そうです。別府市はムスリムフレンドリーなのに、なぜ墓の問題は隣町で発生しているのか。なぜムスリム教会は隣町の土地を買うことになったのか、そのあたりの事情は私にはわかりません。ただ、日出町住民から見れば、別府の問題を日出町に押し付けられた、という印象を受けるのではないかと推察することはできます。

カーン教授は日出町で土葬墓地を作るだけでなく、国が全国各地に「多文化共生墓地」を作るべきだ、と厚労省に対して陳情しています。2021年6月の佼成新聞の記事「『多文化共生公営墓地』の創設を　別府ムスリム協会が厚労省に陳情　WCRP日本委が賛同」（2021年6月24日）には次のようにあります。

〈大分・別府市の「別府ムスリム協会」代表のカーン・ムハマド・タヒル・アバス代表（立命館アジア太平洋大学教授）が6月17日、厚生労働省を訪れ、田村憲久大臣に宛て「埋葬の自由を認め合える社会」の実現と「多文化共生公営墓地」の創設に関する陳情書を提出した。

日本ムスリム協会の徳増公明会長、世界宗教者平和会議（WCRP／RfP）日本委員会の篠原祥哲事務局長が同行。白眞勲参議院議員（立憲民主党）が同席した。〉

この「多文化共生公営墓地」については、こう書かれています。

〈陳情書では、日本政府が現在、外国人の受け入れを促す政策を実施していることを踏まえ、多文化共生社会の実現に向け、各都道府県に「多文化共生公営墓地」の建設を要望した。国の責任により、信仰に基づく埋葬を実施できる公営墓地を全国につくるか、既存の公営墓地の一区画を土葬区画として整備することを求めた。〉

国の責任でカネも土地も国が出せと。なぜなら多文化共生社会の実現には土葬墓地が必要だからだと。そしてこれを後押ししているのが立憲民主党の議員だというわけです。

日出町の土葬墓地問題の奇妙な点は、地元住民の懸念は「水質汚染、衛生面での問題」であるにもかかわらず、イスラム教徒側は「多様性を認めろ」と主張しているところです。別に住民は、イスラム教が嫌だという話などしていない。ところがイスラム教徒側は、あたかも住民がイスラム差別をしているかのように話を持っていく。典型的な論点のすり替えです。

このことは、ABEMAに登場しているブラジル国籍のアンジェロ・イシ武蔵大学教授なる人の主張で、さらに明らかになります。

〈人間というのは国籍や出身に関係なく、幸せに生きることを求める権利があるはずだ。最

期についても、できるだけ尊厳のある形で死ぬ、そして葬られる権利があるはずだ。〉

地元住民は水質汚染を心配しているのですが、イシ教授はこう続けます。

〈日本の市民の間では、外国から来た人たちの生き方とか文化とかこだわりに対する無理解、無関心、情報不足があって、不要な不安、恐怖心を抱いてしまっていることもある。〉

悪いのは全部日本人のせいだ、というわけです。さらに続きます。

〈色んな国の人たちが日本で共生していくためには、〝足し算の論理〟が必要だ。つまり、〝火葬か、土葬か〟という二項対立、二者択一ではなく、火葬がスタンダードなのであれば、そのままでいい。ただし、日本にやってきた外国人も〝郷に入れば郷に従え〟で葬られるべきではないということだ。例えば外国人が多く住んでいるような地域には1カ所でもいいから、希望する形の営みができるように配慮するという足し算を行うことが建設的だと思う。〉

多文化共生ならば、土葬の墓地を作れ、足し算が必要だ、それが多様性だ、と主張する一方で、土葬の墓地が近くにあると水質汚染が心配だという地元住民の不安は「無理解、無関心」だと一蹴する。これは彼の主張する足し算の論理に矛盾します。

日本の法律では、国が特定の宗教を優遇することは禁じられています。にもかかわらず、多文化共生と言えばもっぱらイスラム教徒が欲している土葬用墓地を国に作れと要請することも正当化されるのであれば、それは公平性や平等の原則に抵触すると言わざるをえない。

日本人にとっても墓や葬儀の問題は切実です。もし国が日本人の墓問題よりイスラム教徒の墓問題に率先して取り組むとなれば、疑問に思う国民は少なくないでしょう。

ＡＢＥＭＡによると「カーンさんは、日本文化に惹かれ日本国籍を取得。家族ともども、日本で最期を迎えたい」そうです。日本文化に惹かれ日本国籍を取得したはずの彼が、日本文化との「折衝」の最前線に立っているというのは、何とも皮肉です。

（２０２２年2月12日）

土葬墓地建設に反対する住民を否定的に報じる毎日新聞

毎日新聞が、「ムスリム土葬、遠い理解　静岡など全国7カ所　23万人居住、墓地足りず新設に住民反対の地域も／静岡」（２０２２年11月27日配信）という記事を出しました。「遠い理解」という見出しからは、理解しない日本人を責める趣旨がうかがえる上に、冒頭には次のようにあります。

〈全国に20万人以上いるといわれるイスラム教徒（ムスリム）が「墓」の問題に直面している。イスラム教では死者は土葬するのが一般的だが、9割以上が火葬される日本には遺体を埋められる墓地があまりない。専用墓地の新設に周辺住民が抵抗し、計画がなかなか進まない地域も。長く日本で暮らすムスリムからは、行政による墓地開設を望む声が聞かれた。〉

「周辺住民が抵抗」というのは、多様性を受け入れない、無知蒙昧で頑固で差別主義的な日本人を非難しているように私には読み取れます。

記事は次のような、「長く日本で暮らすムスリム」の声を取り上げます。

〈「既存の墓地には限りがある。災害などで一度に多くのムスリムが亡くなることもあり得る」。名古屋市内でモスクを運営するサラ・クレシ好美さんが将来の不安を口にする。自身もイスラム教徒。パキスタン出身でやはりイスラム教徒の夫は今年、65歳を迎えた。〉

これは納得がいきません。墓というのはイスラム教徒に限らず、多かれ少なかれすべての人にとっての不安材料です。だからといって日本人は行政に墓を作れと要請したりしない。

しかし、在日イスラム教徒は心配だから墓を作れと行政に要請して、それを毎日新聞や朝日新聞やNHKなどがしきりに報じる。おそらくそこには、「土葬の墓を作りたいムスリムの心配を理解しない無知蒙昧で差別的な日本人」と、日本人を貶める目的があると疑われる。

「土葬に抵抗する無知蒙昧で差別的な日本人」像を提示し、それはダメだと啓蒙する。差別に反対する正しい日本人は、土葬墓地建設に賛成するのが当然だ、というわけです。「リベラル」なメディアがこぞってこのムスリム土葬問題を取り上げる事情は、おそらくこれです。

記事には、「在日ムスリム問題」が記事になる時に非常に高い確率で登場する「在日ムスリムに詳しい早稲田大の店田名誉教授」が登場します。

〈在日ムスリムに詳しい早稲田大の店田名誉教授によると、愛知県には全国で3番目に多い約2万2000人のムスリムが暮らすが、県内に遺体を土葬できる墓地はない。このため、多くが静岡県や和歌山県にある専用墓地に遺体を運んでおり、負担になっているという。〉

「負担」というのはムスリムへの同情を誘う語です。記事には日出町の事例も出てくる。

〈土葬への忌避感から、住民が墓地新設に反対している地域も。大分県日出町では2018年ごろから墓地新設が協議されているが、周辺住民が「ため池の水質が汚染される」「農業への風評被害を招く」などと反対し、計画は今も宙に浮いたままになっている。クレシさんが運営するモスクも墓地の建設を検討した時期があったが、結局頓挫した。〉

記事は「忌避感」を示し「反対」する住民を批判し、かわいそうなムスリムに寄り添う姿勢が明白です。次のパラグラフにはさらに驚かされます。

〈日本の風習にならい、お盆の時期に墓参りに訪れるムスリムは年々多くなっている。クレシさんが切実な思いを語る。「日本に根付いているムスリムはたくさんいる。公営墓地のような形で行政が整備してくれたらいいのだが……」〉

お盆というのは日本の宗教行事です。イスラム教には基本的に墓参りの習慣はありません。イスラム教では他宗教の行事や慣習を真似るのも厳禁です。にもかかわらず毎日新聞がお盆を持ち出しているのは、日本人の情に訴えるためでしょう。

しかも記事最後には、立命館アジア太平洋大のカーン教授が唐突に登場します。〈立命館アジア太平洋大のカーン・タヒル教授（国際経営学）は「今後、日本でもさらに多様な国の人が増えるだろう。異なる文化を持つ人々との間で生じる課題を共に解決していくことが必要だ」と指摘した。〉

カーン教授は日出町で土葬墓地を作ろうとしている別府ムスリム教会の代表ですが、毎日新聞はそれには触れず、あたかも公正な第三者の有識者であるかのように取り上げています。このように当該記事には随所に不自然な記述が見られます。それは毎日新聞に、このムスリム土葬問題を特定の目的のために利用しようという事情があるからだと推察されます。

（2022年11月29日）

宮城県石巻市の土葬墓地建設問題を報道するTBSの思惑

TBSが「『そのまま置くわけにもいかない』イスラム教徒団体が〝土葬〟できる霊園整備を石巻市に要望〝地域にイスラム教徒技能実習生約250人暮らす〟宮城」（2023年4月25日配信）という記事を出しました。冒頭には次のようにあります。

〈イスラム教徒でつくる団体が25日、海外からの技能実習生が多く暮らす宮城県石巻市に、「土葬」を可能とする霊園を整備するよう要望しました。〉

土葬墓地建設と言えば、近年では大分県の日出町の件がよく知られていますが、今回は宮城県石巻市に土葬墓地を作ってほしいと石巻のイスラム教徒団体が市に要望している。

どちらもＴＢＳが取り上げて報道しています。日出町の件は、テレビも新聞も含めマスメディアがどこも取り上げているのですが、ＴＢＳの熱の入れ方はひとしおです。日出町の件もこの石巻の件も、ＴＢＳは判で押したようにいつも同じストーリーで土葬墓地の件を伝えます。まず土葬できなくて困っているイスラム教徒を取材する。次にイスラム教徒がかわいそうだと視聴者の情に訴える。最後に「多様性の点からイスラム教徒に配慮すべき」とか「外国人労働者を日本は必要としているのだから土葬墓地も必要だ」と土葬の必要性を強調する。

実際、今回の記事にも次のようにあります。

〈イスラム教徒は宗教上の理由から土葬を必要とします。しかし、東北6県に土葬が出来る墓地はないため、埼玉県などで埋葬しているということです。

宮城イスラム国際共同霊園をつくる会ソヨド・アブドゥル・ファッタ共同代表：「遠いところに運ばなければならないし、お金もかかるし、みんなに迷惑をかける大変な思いをする。そのまま置いておくわけにもいかない」〉

遺体を遠くまで運ぶのは大変だ、カネがかかる、みんなに迷惑がかかる、遺体をそのまま置いておくわけにもいかないとソヨド氏が主張し、それをＴＢＳがスピーカーの役割を担って全国に伝え、「イスラム教徒はかわいそうだ!」と訴える。

ＴＢＳの土葬報道の問題は、日本の全国民が土葬墓地を受け入れ、土葬墓地建設を推進するのが正義だと決めつけている点です。こうなると土葬墓地建設に反対する人は全員、悪者だということになる。実際メディアは、日出町の土葬墓地建設に反対する地元住民を、偏見に満ちた悪い奴であるかのように報じている。要するに彼らは、土葬墓地問題をめぐり、推進派に善人、反対派に悪人のレッテルを貼り、両者の分断を煽っているわけです。

私がおかしいと思うのはこの点です。なぜ土葬墓地を作りたいイスラム教徒が圧倒的な善であり、反対する地元住民が悪なのか。本来ならば、あるいは日本の常識で考えれば、地元住民の意向が最も尊重されるべきであり、両者の合意形成が優先されるべきであるはずです。

ところが、メディアはここにリベラル思想を持ち込む。それは、マイノリティ(少数派)の意向こそ優先されなければならない、というものです。ここから、それに反対するマジョリティ(多数派)は抑圧者だ、差別の加害者だ、悪だというレッテル貼りが生じる。実はメディアは土葬問題を利用して、リベラル思想の押し売りをしているわけです。

こうなると、土葬墓地を作るかどうかという問題が、リベラル思想を受け入れるのか拒否するのかという問題にすり替わる。土葬墓地を求めていたイスラム教徒はいつの間にか、リベラル思想の代表者、リベラル活動家のような位置付けになる。実際には、イスラム教徒というのはリベラルでも何でもないわけです。ところが、メディアによってリベラルの旗手であるかのように祭り上げられる。

これで地元の問題が解決されるならいいのでしょうが、メディアが地元に圧力をかけ、反対意見をねじ伏せ、そこに土葬墓地が作られたとしても、禍根が残ります。イスラム教徒というのは、メディアを利用し、要求をゴリ押しする強引で傲慢な人たちなのだという悪い印象が延々と残る。これが「多文化共生」の理想的あり方だとは、私には思えません。

しかも、石巻に関しては、

〈石巻市の公設墓地については、焼骨以外の埋蔵を制限する条例が定められています。〉

とある。条例で土葬を禁止しているのです。ところが、齋藤正美市長は、

〈「土葬墓地の整備は現時点ではかなえられない」としながらも、「民間の協力が得られれば、市としても手伝う」と述べました。〉

と言っている。ルールを変えると言うことでしょうか。記事の最後にはこうあります。

〈石巻地域では、イスラム教徒の技能実習生が、およそ250人暮らしています。〉

イスラム教徒労働者を受け入れるということは、彼らの人生を受け入れるということです。ならば土葬墓地を用意しろという彼らの主張にも一理ある。

問題は、墓のことなど勘案せず安い労働力が欲しいからと安易にイスラム教徒労働者受け

入れに舵を切った日本政府にある。しかしその政府を選んだのは、私たち日本国民なのです。

（2023年4月26日）

宮城県のムスリムの土葬墓地建設運動に寄り添う朝日新聞

朝日新聞が、「遺体空輸なら150万円『支払えない』ムスリムたちの切実な願い」（石橋英昭、2023年4月28日）という記事を出しています。石巻市のムスリムが、土葬墓地設置を市に要請している件です。冒頭には次のようにあります。

〈日本で暮らすイスラム教徒（ムスリム）にとって、お墓の問題は切実だ。宗教上の理由で火葬はできず、土葬が認められる墓地は国内で数が限られる。まだ1カ所もない東北地方のムスリムたちが、行政に対応を求めて声を上げている。〉

とにかくムスリムは困っている、かわいそうだ、だから行政が対応せよ、という主旨は先述のTBSと同じですが、朝日新聞の記事にはその経緯が詳細に書かれています。

〈今年1月2日夜、仙台市内のインド料理店で、コックのインド人男性が心臓発作を起こした。接客中、急に苦しそうに座り込み、搬送先で死亡が確認された。男性はムスリムだった。

火店を経営するのは、バングラデシュ人のマズンデル・モファザル・カリムさん（66）。火葬にせず遺体をインドまで空輸すると約150万円かかる。連絡をとったインドの遺族は「支払えない」という。マズンデルさんは、土葬を受け付けている埼玉県本庄市の霊園を手配。輸送費23万円を負担して翌3日、ひつぎを送り出した。〉

なるほど、これが、先述のTBSの報じた次の発言につながるわけです。

〈宮城イスラム国際共同霊園をつくる会 ソヨド・アブドゥル・ファッタ共同代表：「遠いところに運ばなければならないし、お金もかかるし、みんなに迷惑をかける大変な思いをする。そのまま置いておくわけにもいかない」〉

つまり、「遠いところ」というのは埼玉県で、「お金がかかる」というのは23万円で、「みんなに迷惑」のみんなは店の経営者だということです。これで行政に土葬墓地を整備しろと要請するのはまったく釈然としない。葬式や埋葬にカネがかかるのは日本人も同様です。「お墓の消費者全国実態調査（2021年）」（ウェブサイト「いいお墓」）によると、一般墓の平均購入価格は169万円とされています。遺体をインドに空輸するよりも高額ですが、だからといって日本人は行政に墓地を整備しろと要請したりはしません。

宮城県には1500人以上のイスラム教徒が住んでいるそうです。記事には、

〈マズンデルさんは1990年に東北大留学生として来日。いまは永住者の資格を持ち、日本生まれの息子2人もいる。1500人以上いるとされる在宮城のムスリム最古参の一人だ。特にコロナ禍以降、「いつ誰が亡くなるかわからない」と、墓地のことが心配になっている。〉

とあります。ならば基金を作るなり、個々人で費用を貯金するなり、自助努力がまず必要とされるはずです。日本人もそうしている。

自助努力なんて嫌だ、従業員の埋葬経費を払うのも嫌だ、そうだ行政にやってもらえばいいんだ、いやむしろそれは我々「在日外国人」「マイノリティ」の権利であるはずだ！　というのが、彼らやメディアの論理であるように見受けられます。

奇妙なのは、TBSの記事では「宮城イスラム国際共同霊園をつくる会」がイスラム用の土葬墓地を要求していると紹介されているのに、朝日新聞の記事ではなぜか、

〈25日にはマズンデルさんら宮城県内のムスリムらが石巻市役所を訪れ、土葬墓地の建設を陳情した。市内で建設業を営むバングラデシュ人のソヨド・アブドゥル・ファッタさん(52)が中心となり、日本人ムスリムにも声をかけ、民族・宗教を問わず日本で安心して眠れる「国際共同霊園」を市がつくるよう要望した。〉

とある点です。あたかもイスラム専用墓地ではないかのように報道されているのは、朝日新聞の「配慮」なのでしょうか。また朝日新聞の記事では、実は2年前に土葬墓地建設が仙台市で断られた件についても言及されています。

〈マズンデルさんは2年ほど前、仙台市に「我々が資金を出し墓地を用意するので、土葬の許可を」と相談したが、色よい返事はなかった。同市によると、規則で「墓地区域が飲料水

の汚染など公衆衛生上の支障がなく、市長が特に必要と認めたとき」に限ると定めており、事実上難しいという。〉

なるほど、仙台市で断られたので、こんどは石巻市に陳情に来たわけです。しかし仙台でも、〈市内の市営墓地・霊園は、条例で「焼骨の埋蔵」のみとされ〉ており、〈市環境課によると、その場合も、県の通知などをもとに「周辺の土地環境に問題ないこと、住民合意を得ることが望ましい」としており、ハードルは低くない〉とされています。要するに市当局側はムスリムが「かわいそう」だから土葬墓地を作りましょうとはなっていないわけです。

在日イスラム教徒は23万人を超え、今後イスラム教徒を含む大量の外国人労働者を受け入れるのが既定路線となっている以上、日本でも土葬墓地整備は必須です。

日本に先駆けて大量のイスラム移民を受け入れた他国の事例を見てみると、例えばオーストリアのウィーンについては、このように書かれていました。

〈当初イスラム教の埋葬はウィーン中央墓地の一部にしか割り当てられておらず、その容量はすぐに使い切ってしまったため、新たな解決策が模索された。その後イスラム教団体とウィーン市との間で20年にわたる交渉が行われ、その結果２００８年にウィーン初のイスラム教墓地が開設された。２００９年3月27日に最初の埋葬が行われ、それ以来、イスラム教徒は伝統的な方法で埋葬されている。〉（https://www.islamische-bestattung.at/en/）

まずは公営墓地の一部をイスラム用に割り当て、その後イスラム墓地を作る。これも20年もの話し合いの結果です。費用ももちろんかかります。無料ではない。ウィーンの墓地に埋葬する場合には３２００ユーロ（約48万円）かかります。

イギリスやイタリアでも、ムスリム用の墓地の不足が問題になっています。２００２年にロンドン東部にオープンした国内最大のムスリム墓地「ガーデンズ・オブ・ピース」は、15年以内に1万区画のすべてが埋まったそうです。ブラッドフォードやバトリー、バーミンガムなど各地で、イスラム墓地の拡張が余儀なくされている。

イスラム移民が増えれば公営の土葬墓地を整備する必要性があり、また一度整備した後も、拡張し続ける必要性があると言えそうです。

（２０２３年４月28日）

立憲民主党〝活動家〟議員による土葬墓地推進

産経新聞が「『活動家に乗っ取られている』入管法で立民議員落胆」（２０２３年４月28日）という記事を出しています。衆議院法務委員会で審議されていた入管法改正問題で、「与党は立民の主張を一部取り入れ、難民認定を判断する『第三者機関』の設置検討を付則に記すなどの修正案を提示した」にもかかわらず、立憲民主党執行部は修正を蹴って反対する方針を正式決定、法案は同委を通過したそうです。

立民議員によると、「普段、顔も出さない議員ばかりが来て、的外れな反対論をまくしたてた」とのこと。「反対論者の多くは旧社会党系だったとして『この党は活動家に乗っ取られている』」と党の現状を嘆いているそうです。

活動家というのはいろいろな肩書きや社会的地位を持っているもので、それは政治家だったり、大学教授だったり、マスメディアの社員だったりする。立民議員のどのくらいの割合が活動家なのか、あるいは活動家に強く影響された準活動家なのかはわかりませんが、この記事からは、活動家議員が立民の決定に大きな影響を及ぼしているらしいことはわかる。

活動家議員と言えば、先日報じられた宮城県に住むイスラム教徒の団体が石巻市に対し、土葬できる墓地の整備を要請している件についても、言及しておきたいことがあります。

イスラム教徒が自治体に対し土葬墓地を整備するよう要請する背後にも、立憲民主党議員がいます。佼成新聞の「『多文化共生公営墓地』の創設を　別府ムスリム協会が厚労省に陳情　WCRP日本委が賛同」（2021年6月24日配信）には、次のようにあります。

〈大分・別府市の「別府ムスリム協会」代表のカーン・ムハマド・タヒル・アバス代表（立命館アジア太平洋大学教授）が6月17日、厚生労働省を訪れ、田村憲久大臣に宛て「埋葬の自由を認め合える社会」の実現と「多文化共生公営墓地」の創設に関する陳情書を提出した。

日本ムスリム協会の徳増公明会長、世界宗教者平和会議（ＷＣＲＰ／ＲｆＰ）日本委員会の篠原祥哲事務局長が同行。白眞勲参議院議員（立憲民主党）が同席した。
イスラームでは埋葬法を土葬と定めている。しかし、国内にムスリムの墓地は、東京の多磨霊園と神戸市外国人墓地を含め７カ所と少ない。別府ムスリム協会は10年以上前から土地を探し、２０１８年、大分・日出町に土葬の墓地を持つトラピスト修道院（カトリック）の紹介で同町の山中に土地を購入した。建設計画は法令に沿って行われたが、ため池の水質汚染や農業の風評被害を理由に一部住民から建設反対の声が上がり、建設許可は下りていない。別府ムスリム協会と町の協議が長く続いている。
今回の厚労省への陳情書提出は事態の進展を図るためのもの。陳情書では、日本政府が現在、外国人の受け入れを促す政策を実施していることを踏まえ、多文化共生社会の実現に向け、各都道府県に「多文化共生公営墓地」の建設を要望した。国の責任により、信仰に基づく埋葬を実施できる公営墓地を全国につくるか、既存の公営墓地の一区画を土葬区画として整備することを求めた。〉
立民の海江田《かいえだ》万里《ばんり》議員のフェイスブックに「立正佼成会新宿教会の方々が中心になり、白眞勲参議院議員の後援会を立ち上げてくれることになり、激励に駆け付けました。来年の夏に改選を迎える参議院議員候補予定者の後援会活動が活発化しています」とあるように、立正佼成会は白眞勲氏の後援会の一員です。だからこそ、佼成新聞が土葬墓地陳情の件を記事にし、白氏を登場させているのでしょう。

白氏は2022（令和4）年7月10日の参議院議員選挙で落選し、今は国会議員ではなくなったようです。その後、別の立民議員が土葬推進問題を引き継いだのかは不明ですが、厚労省に陳情に行ったメンバーの中に立民議員がいたというのは確かな事実です。

彼らは「埋葬の自由を認め合える社会」の実現と多文化共生公営墓地の創設を陳情したそうです。「自由を認め合える社会」とか「多文化共生」と言えばいかにも政治的に正しい要求をしているように聞こえるものの、実際にはその「正しさ」の下で土葬墓地を整備しろと要求しているのはほぼイスラム教徒だけです。

これは、多文化共生の名の下に礼拝所の整備を要求しつつ、実際に礼拝所を使用するのはイスラム教徒だけだという現状にも通じるものがある。

多文化共生という錦の御旗を掲げ、イスラム教徒に対する特別扱いを要求することは、日本国憲法の規定する平等原則に反するように私には思われる。しかしメディアや活動家は、いや違う、平等の実現のために土葬墓地が必要なんだと主張する。

土葬墓地が必要ならば、他の住民も含めて時間をかけて話し合いをし、合意を形成していく必要があるはずです。しかしメディアや活動家は、土葬墓地整備に反対する奴は差別主義者だとレッテル貼りして糾弾する。土葬墓地問題は今後、日本各地で発生してくることでしょう。その背後に、立憲民主党の「活動家議員」の暗躍が予想されます。

（2023年4月29日）

イスラム教徒に寄り添い土葬問題を報じるNHK女性記者

NHKが「大分 日出町 イスラム土葬の墓地開設 正式に合意へ」（2023年5月8日）という見出しで、「イスラム教徒の団体が大分県日出町に開設を計画している土葬の墓地について、団体側と地元住民側が開設に向けて、9日にも正式に合意することが関係者への取材で分かりました」と報じ、実際に5月9日、合意が成立しました。

NHKの記事の最後のパラグラフには、次のようにあります。

〈一方、墓地に予定されている町有地に隣接する杵築市の住民からは、風評被害への懸念やこの計画に対する日出町の対応への不信感などから墓地の開設に反対する声が上がっていて、今後は、墓地の開設を許可する町がどのような対応を取るのかが注目されます。〉

記事では隣の杵築市の住民が反対していることに言及している。実際にその後、杵築市の住民は反対運動を継続すると決めています。

大分合同新聞の「杵築市山香町側の住民、反対運動を継続　イスラム墓地の立地協定後、初の会合」（2023年5月13日）という記事の冒頭には次のようにあります。

〈日出町南畑でイスラム教の宗教法人が進める土葬墓地の建設計画を巡り、水源への影響を懸念する杵築市山香町上地区の住民代表が今後の反対運動の方針を協議した。〉

しかしNHKは、杵築市住民の反対運動継続については報じていません。いや、地域では報じたのかもしれませんが、少なくともインターネット上では確認できません。

その代わり、NHKの記事に連なる「これまでの経緯と取材はこちら」に、「『土葬はダメ？』海外取材に憧れた私が大分でお墓にこだわる理由、それは一人のムスリムとの出会いだった」（2022年2月21日）という記者の取材ノートがあります。これは、幼少期からアラブ・イスラムに憧れ、大学でアラビア語を専攻し、パレスチナに留学までした後、海外取材を夢見てNHKに入局した大室奈津美という記者が、情感たっぷり、思い入れ満載で日出町の土葬問題に取り組んでいることがよくわかる記事です。

彼女は「モスクの代表を務めるカーン・ムハンマド・タヒル・アッバースさん。この人こそ、私をお墓取材に引き込んだ張本人である」と暴露している。この人は、日出町での土葬墓地建設をめざす別府ムスリム教会の代表です。

大室記者がカーン氏にすっかり心酔していることは、次の一文から明らかです。

〈次から次へとふってくる業務に何もかも投げ出したくなるようなことも多い日々の中、

カーンさんと会って言葉を交わしたり食事をしたりすることは、疲れた私の癒やしだった。〉

大室記者はカーン氏に癒されていた。そしてそのカーン氏から直訴されるわけです。

〈「実は私たち、お墓がなくて困ってるんです。このことを日本の人たちに伝えて下さい」〉

自分の大好きなカーンさんが困っている。助けなきゃ！　大室氏はこの「思い」、この「お気持ち」で土葬問題を取材し、記事にしているわけです。中立も公正もありません。

〈生まれてくるはずだった家族を失った男性。それだけ遠いとお墓参りも大変だろう。そう思って問いかけると、男性は力なく首を振りながらつぶやいた。

「12年間、一度も行けていません。もう少し近くにお墓があれば…」

そのときの男性の顔を見つめながら、私は〝お墓問題〟を伝えようと心に決めた。〉

イスラムに憧れるＮＨＫの記者が、「イスラム教徒がかわいそうだ、私がこの問題を伝えなければ！」という気持ちで土葬問題を取材し、報道している。これは事実です。

しかもそれは、「あ、私たちとおんなじなんだ」という、「おんなじ」感覚に立脚している。

彼女の決意はとても強い。彼女はこう書いています。

〈彼女の中では家族が亡くなった悲しみと同じくらい、故人をきちんと葬ることができたという安堵の気持ちが大きいようだった。その様子を見て、自分の中で何かがストンと落ちていく感覚があった。

私たちと同じように、日本に暮らすムスリムの人たちもいつか亡くなる。それは10年、20年先かもしれないし、今日か明日かもしれない。その日に、無事に家族や仲間が眠ることができる場所があるのか、みんな不安を抱えている。〝死〟がやってきてからでは遅いのだ。

これは多くの人から注目を集めるニュースではないかもしれない。もっと話題を集める取材テーマが、世の中にはたくさんあるかもしれない。

でもせめてわたしだけでも、この人たちの悩みに寄り添って、向き合って、その声を伝えていく。もう、ぶれない。〉

彼女は、私だけでもムスリムに寄り添うんだと決意する。しかし、彼女は巨大な権力を持つＮＨＫの記者です。彼女のお気持ちが全国津々浦々に「正しい」報道として伝えられる。「もう、ぶれない」大室氏は、このモノローグを次のようにしめくくっています。

〈どうすれば、誰もが納得するかたちで、ムスリムの人たちが安心して埋葬できる場所を確保できるのだろうか？　この問いは現在進行形だ。この国が、この社会が多様化し、世界に開かれていく中で、これから全国各地どこでも同じような問題が起きてくるのではないかと思う。ときに文化と文化がぶつかるかもしれない。そこに答えを出すのは難しい。

けれど、難しいからといって、応えなくて良いということにはならない。これはどこか遠くの知らない国の話ではなく、私たちの足下で起きている現実なのだから。〉

彼女は「誰もが納得するかたち」と言いながら、杵築市住民の反対は勘案しない。

毎日新聞も「イスラム土葬合意『困っていること理解してくれた』大分・別府」（2023年5月11日）で、「よかった!」と喜ぶイスラム教徒（写真はカーン氏）の側について報じ、共同通信も「【速報】ムスリム墓地協定案合意　大分の協会、日出町住民と」（2023年5月9日）で、「合意した」とのみ伝えています。こちらの写真に写っているのも、大室氏が心酔するカーンさんです。

このように杵築市の住民はすっかり「取り残されて」いる。誰もが納得する形とか、誰一人取り残さないとか言いつつ、土葬墓地ができてイスラム教徒の願いが叶えられるとなったら、もう一件落着であるかのように扱う。それに対する反対意見になど目もくれない。

土葬墓地問題に向けられるメディアの目は、公正でも中立でもない。NHKの大室氏に象徴されるように、自分の好きな人、思い入れのある対象に寄り添う。特に彼女の場合、事実をありのままに報じるのではなく、「土葬墓地建設」のために尽力することが自分の記者としての役割だと思っているようでもあります。

土葬墓地建設に反対する人は、彼女にとっては邪魔者です。本来は、反対者の声は「取り上げられるべき少数意見」であるはずなのに、土葬墓地の場合、反対者はあたかも「イスラム教に偏見を抱く悪者」であるかのように扱われる。

日出町の土葬墓地の件は、今後、日本各地で発生するであろう「土葬墓地を作ろう」運動にも大きく影響することになると思います。

（2023年5月14日）

イスラム教徒が火葬された事例

河北新報が「ムスリム土葬墓地問題　東北は困難、遠方で埋葬〈眠りの地　どこへ（上）ため息〉」（2023年6月3日）という記事を出しています。

宮城県石巻市でイスラム教徒が市に土葬墓地を建設するよう求めた件についてはすでに記しましたが、河北新報が扱っているのも、これと同じ件です。河北新報も朝日新聞同様、当事者、つまりイスラム教徒の「思い」を強調します。記事冒頭には次のようにあります。

〈宗教上の理由で土葬を必須とする宮城県内のイスラム教徒（ムスリム）が、墓地整備に向けて動き始めた。土葬できる墓地がないとされる東北。地域社会が外国人労働者への依存を強める中、安眠の地を巡る当事者の思いや国内の事例を報告する。（石巻総局・松村真一郎）

今年1月2日の夜、仙台市青葉区のインド料理店で調理担当だった50代のインド人男性が心臓発作を起こした。座り込むように倒れ市内の病院で帰らぬ人となった。男性はムスリムだった。イスラム教では死後の復活のために遺体が必要と信じられ、火葬は禁忌とされる。〉

この事例も朝日新聞で紹介されていたものと同じです。しかしここにある「死後の復活のために遺体が必要と信じられ、火葬は禁忌とされる」には問題がある。死後の復活に遺体が必要ならば、例えば事故などで遺体が損壊してしまった場合や、火事や戦争で遺体が焼失してしまった場合には、その人は復活できないのか、ということになる。

しかしそうではありません。イスラム教徒は来世の存在を信じています。今のこの世はいつか終わり、その後来世がやってくると信じている。人間は死ぬと、その肉体から魂が離脱し、この世の終わりの日、終末の日に肉体と魂が再度結合する。そして死者たちは、生前の姿で蘇生し、お墓からどんどん出てきて神の「最後の審判」を受け、天国に行くか地獄に行くかが決められます。火葬禁止の所以です。イスラムでは、火は地獄の象徴なので、それで遺体を焼くというのは単に復活を否定するだけでない意味もあります。

一方、事故や火事や戦争など、意図せず遺体が焼失したり損壊したりした場合には、それ以前の姿で復活すると信じられています。そうした事故や火事や戦争などでの死というのもまた、神の意思であり、その真意は人間にはわからない、しかし神は慈悲深いお方である、という考えが根底にはあります。

この中には、やむをえぬ事情で火葬した場合も含まれるという解釈もあります。例えばコロナ・ウイルスの流行時、スリランカでコロナで死んだイスラム教徒の遺体を家族の許可を得ることなく火葬したことが問題になったことがありました。家族は怒る。しかしだからといって、「ああ、この人は火葬されたからもう絶対に復活できない」と失望するかというとそうではない、ということです。やむをえぬ事情がどこからどこまでを指すのか。それはイスラム法の解釈次第です。そしてその解釈の幅は非常に広い。

一方、日本にはこうした事例もあります。１９９４年、山梨県で身元不明の外国人が自殺した。しかも、自分で自分の首を切って自殺するという事態だった。身元不明で、しかも遺体がそのような状態なので、町は火葬した。ところが火葬した後に、その外国人の雇い主が現れて、イスラム教徒のイラン人だということが判明した。するとイラン大使館が、イスラム教では火葬は禁止だ、家族はショックを受けると抗議した（読売新聞１９９４年5月17日付「火葬後にイラン人と判明『イスラム教では禁止』大使館抗議」）。

これもまたおかしな話で、いやいや、そもそもイスラム教では自殺は禁止でしょ、とも言えるし、火葬したからといって復活しないというわけでもない。というか、火葬したのは不可抗力として、いや大丈夫、ちゃんと復活できます、と家族には伝えればいいわけで、それよりむしろ、この場合には、復活して最後の審判を受けた結果、地獄行きになる可能性がある、というのが問題になるはずなのです。ところが、イラン大使館は自治体に抗議している。

大分県日出町の問題もしかり。今、日本ではイスラム教徒の土葬墓地問題が徐々に深刻化しつつあります。しかし、それを伝えるメディアの側に、あまりにもイスラム教についての知識がない。当該自治体の職員や地域住民にも知識がなさすぎるように思います。

メディアの場合には、知識がないがゆえに、その報道によってあらぬ誤解を広めているという弊害もある。自治体や住民の場合には、知識がないことによって問題がこじれたり、解決が困難になったりする場合も考えられます。だからこそ「思い」のような情緒中心、お気持ち中心で、この問題を報じたり論じたり考えたりしてはならないと、私は思います。

（２０２３年６月４日）

日出町の土葬墓地問題で杵築市住民が大分県に行政指導を求める

大分県日出町でイスラム教徒用の土葬墓地建設が進められている問題で、建設に反対する隣の杵築市の住民が日出町に公開質問状を出したところ、「誠意が感じられない」回答が来たとして、杵築市住民が怒っています。ＯＡＢ大分朝日放送の「ムスリム墓地 公開質問状の回答に住民怒り」という記事には次のようにあります。

〈イスラム教徒向けの土葬墓地を建設する計画について、日出町に公開質問状を送っていた杵築市の住民らが会見を開きました。回答を受けて「誠意が感じられない」と話しました。

この計画は、別府ムスリム教会が日出町南畑の町有地に土葬墓地を建設しようとしているもので、5月、地元の高平地区と埋葬区画の数などを取り決める協定を結びました。

　一方で予定地の近くに飲料水の水源がある杵築市山香町の上地区の住民は建設場所の変更を求めています。6月1日、上地区の住民や水源を管理する組合の代表らが日出町の本田町長宛てに公開質問状を提出し、これまでの経緯や反対の声に対する考えなどを問い合わせました。町長は9日付で回答し、水源の水質に影響を及ぼすと考えていないことや説明会を開き杵築の住民の不安を払拭できるよう努めてきたことなどを主張しています。別府ムスリム教会は日出町に土地を購入するための申請を出すなど建設に向けた手続きを進めています。

　この後、杵築市住民は、日出町に文句を言っても埒《らち》が明かないということで、大分県に行政指導を求めると明らかにしました。NHKの「イスラム教徒の土葬墓地計画 反対住民が県に行政指導要請へ」（2023年6月12日）という記事には次のようにあります。

〈（土葬墓地建設に）反対する杵築市の住民が、県に対して手続きを進める町に行政指導をするよう求める方針を明らかにしました。別府市のイスラム教徒の団体が、日出町で計画を進める土葬の墓地をめぐっては、山あいの町有地に開設する方向で先月団体側と日出町の地元住民が合意し、計画から5年近くを経て大きく前進しました。

　町は団体側に町有地を売却する手続きを進める一方、隣接する杵築市の住民には風評被害への懸念や町の対応への不信感などから墓地の開設に反対する声が相次いでいます。

住民側は12日会見を開き、「杵築市民も関わることなのに日出町だけの判断で町有地の売却手続きを進めるのはおかしい」と町の対応を批判しました。

そのうえで、県に対して手続きを進める町に行政指導をするよう求める方針を明らかにしました。会見の中で住民の代表は「こんなに複雑な問題の判断を地方自治体に丸投げするのではなく県も関わるべきだ。今の予定地での墓地の開設をなんとか阻止したい」と話していました。〉

杵築市住民の主張は、この記事からでも明らかです。彼らの思いは、「地方自治体に丸投げするのではなく県も関わるべきだ。今の予定地での墓地の開設をなんとか阻止したい」という一言に集約されている。土葬墓地建設地は日出町にあるのだから、日出町で合意が成立すれば、お隣は何を言おうと関係ない、という姿勢は許されない、土葬というのはそういった類の問題であるという、そういう主張です。二つの町が関わる問題として県に持ち込まれた場合、県が何らかの行政指導に入るのか、ここもまた注目されるところです。

（2023年6月16日）

日出町土葬墓地建設予定地を視察して目撃した宗教戦争の最前線

2024年7月、大分県日出町に行ってきました。日出町は別府市の隣にあり、別府湾沿いの道路を北に進むと日出町に入ります。日出町までは空いていれば車で15分ほどです。

途中、「APU入口」という交差点を左に曲ると山道に差し掛かり、上っていくと「大型土葬墓地建設に対して絶対反対　上地区区長会・上地区住民自治評議会」という看板が見えます。土葬墓地反対の看板のようなものは、私が見たのはこの1か所だけでした。

コミュニティセンターで地元のA氏と落ち合い、車に同乗して案内していただきました。山道を進むと、元々の土葬墓地建設予定地が現れました。

私は、別府ムスリム教会がこの土地を購入し土葬墓地を建設する、と言い出したのが事の始まりだと認識していましたが、A氏曰く、この土地の所有者はムスリム教会と土地を売る契約を交わしたが、ムスリム側がいつまで経ってもカネを払わずにいたところ、土葬墓地をこの場所に作っては困るという反対運動が起こり、住民が町に陳情書を提出、町は町有地を譲るのでそこに建設してほしいとムスリム側に提案し、それで話がついた、とのこと。

土地を買い、自分たちは土葬墓地を作る権利があると主張していたはずが、実は前提から違ったようです。A氏も「知らなかった」と憤慨していました。

新しい土葬墓地建設予定地は、日出町にあるトラピスト修道院（**写真1**）のすぐ隣にあります。この修道院には、修道士のための土葬墓地があるのですが、すぐ隣が町有地になっており、その一部がムスリムに譲渡され、土葬墓地が建設されることになっています。

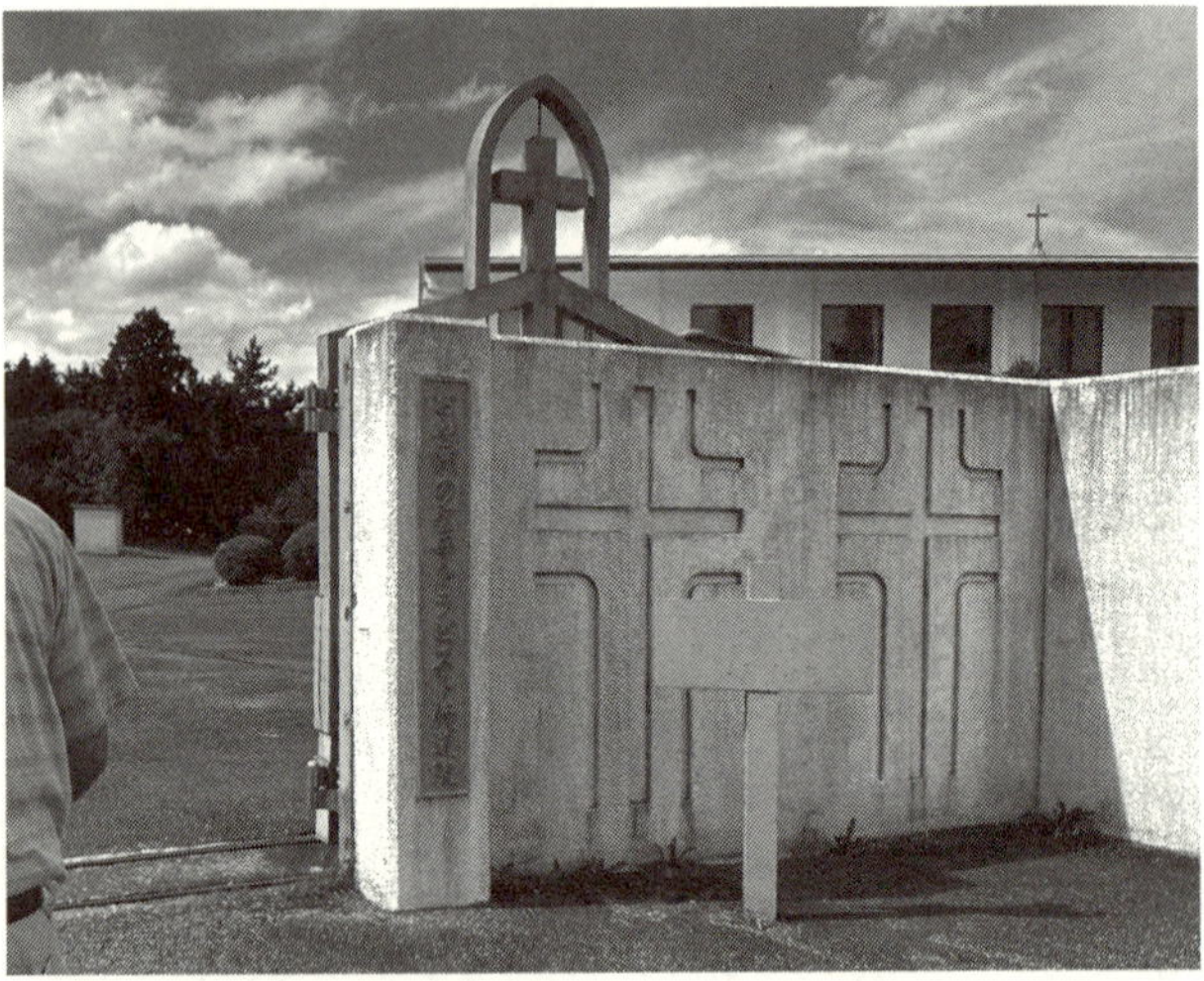

写真1　日出町にあるトラピスト修道院［著者撮影］

しかし、土葬墓地が建設されるまではムスリム用の土葬墓地がないということで、トラピスト修道院は墓地の一部をムスリムに提供してあげたそうです。修道士のための土葬墓地の手前の右側に2、3か所、盛り土がされ、白い看板のようなものが建てられている場所があります（**写真2**）。これがおそらくムスリムの墓です。

いずれ土葬墓地が建設されたら、ムスリムはトラピスト修道院に埋めてあるご遺体を掘り起こして埋め直すと言っているそうで、A氏はそれにも懸念を表明していました。ムスリムは死者が「生き返る」と主張している、そんなのおかしい、私ら日本人の感覚で

写真2　トラピスト修道院の信者のための土葬墓地だが、手前右側に白い看板のようなものが建てられており、ムスリムのための墓と思われる。[著者撮影]

は理解できない、と繰り返しおっしゃっていました。彼らと私たち日本人の死生観はまったく異なります。

A氏は、「火葬にしてくれりゃ、近くに別府霊園があっていくらでもそこに埋葬できるんだから、そうしてくればいいのに」とおっしゃっていました。私が、それは彼らの宗教上できないと言うと、「これじゃあもう、宗教戦争が起こるよね」とのこと。

宗教戦争、文明の衝突の最前線は、大都会ではなく日出町のような場所にあり、すでにそこの人々はその戦いを生きているのです。現地に来て、実際に戦ってらっしゃる方の話を伺うと、身につまされるものがあります。

日出町の地元住民が元々の予定地に土葬墓地を作ることを反対したのは、住民の使っている水の水源が予定地のそばにあったからです。日出町を含む大分県の一帯は、少し掘ればすぐ水が出るというくらい湧き水が豊富な場所で、飲料水や農業用水などはすべて湧き水を使っています。町のあちこちにこうした水源があり、住宅に水が引かれています。

むやみに土地を掘ったり、水を出してしまったりすると、湧き水に影響が出て水が出なくなったり、水流が変わってしまうことがある上に、上方に何かが埋められると水質に影響が出かねない。だから住民は土葬墓地建設に反対した、とのことです。

日出町の議員の中にも、土葬墓地建設に懸念を示した人がいたそうですが、町長が「条例がない」の一点張りで、土葬墓地建設を止めることはできないと言われ、それでは仕方がないと、場所を移動させることで譲歩したとのこと。「条例がない」というのは、日出町や大分県には、土葬墓地建設を禁じる条例がない、という意味です。

日本では土葬が法律で禁じられているわけではありません。ただし、自治体によっては土葬を禁じる条例を設けているところもある。日出町はそうではない。だから土葬を禁じることはできない、という「論理」なのだそうです。ゆえに場所を当初の予定地からこのトラピスト修道院横の町有地に変更することで妥協した。

日出町南畑高平区とムスリム側は２０２３年５月、以下の協定を締結しました。

○79区画の埋葬区画を設置し、同数を超えて設置しない。
○過去に別の遺体を埋葬している時は、直近の埋葬日から20年以上経過していなければ同一区画に新たに埋葬しない。
○九州各県に住所、居所をおいていた者の遺体のみを埋葬する。
○高平地区内において、既存の墓地を拡張せず、新規の墓地を設置しない。
○年に1度、墓地の地下の水質検査を行い、検査結果を高平区長及び日出町に提出する。
○水質検査に異常がみられる場合、検査結果に基づいて調査、検討、対策を行う。
○感染症を死因とする遺体など埋葬方法に留意すべき遺体は法令に則り適切に処理する。

そもそも日出町は、法律、条例等に基づき別府ムスリム教会の提出した墓地等経営計画協議書の審査を行い、基準に合致しているとして事前協議済書を交付しています。6月6日の町議会一般質問でも本田博文町長は「条例で、要件を満たせば許可せざるを得ない仕組みになっている」と述べている。日出町のホームページには、町内で墓地等を開設しようとする場合は、墓地、埋葬等に関する法律を踏まえ町長の許可が必要となり、許可にあたっては町との事前協議、経営計画の周知、近隣住民等との協議、経営許可の申請、工事完了届といった手続きが必要だと記載されています。

「要件を満たせば許可せざるを得ない仕組み」とはいえ、懸念されている問題は多々あるようです。土葬墓地と道路や水路、井戸などの整備に必要とされる5000万円ほどの金をムスリム教会はどこから調達するつもりなのか、全国からの寄付で賄うことになれば寄付をした全国のムスリムの遺体も日出町で受け入れることになるのではないか、ムスリムは日本人とは異なり墓参りの習慣はないと聞いた、ならば墓の管理は誰がどう続けていくのか……、A氏の不安は尽きません。

異なる文化を尊重することによって私たちの社会がより強く豊かになる、というのが「多文化共生」のモットーです。しかし、そんな保証はどこにもありません。

むしろそれにより、私たちの土地が奪われ、文化が失われ、社会は弱体化し、別の文化で置き換えられるということを、ヨーロッパ諸国の現実は教えてくれている（**第4章**参照）。ヨーロッパの場合、ヨーロッパ文化にとって代わろうとしているのは「多文化」ではなく、イスラムという「一つの文化」です。

日本もまた、同じ道をたどるのかもしれません。

（2024年7月9日）

ＡＰＵ教授の「日本は21世紀にイスラム教徒の国になる」発言と実践

「日本は21世紀にイスラム教徒の国になる」

日本国内で、ある人物がこのように述べた動画がバズっています。ある人物とは、立命館アジア太平洋大学（ＡＰＵ）の教授であるカーン・ムハマド・タヒル・アバス氏です。

動画は２０２２年10月31日にアップロードされたもので、福岡県で開催された「イスラム・セミナー」で、タヒル博士が行った「愛と平和のためのイスラム」という講演の一部のようです。彼はこの動画で、次のように述べています。

〈インシャーアッラー、日本は21世紀にはイスラム教徒の国になるでしょう。アッラー（神）の御加護がありますように。アッラーが私たちのこの仕事を助けて下さいますように。〉

「インシャーアッラー」というのはアラビア語で、「もし神がお望みならば」という意味です。イスラム教徒は未来のことを話す時には必ず「インシャーアッラー」と付け加えなければならない、というのがイスラム教の教義です。

「日本は21世紀にはイスラム教徒の国になるでしょう」などと聞くと、日本人はドキッとするでしょうが、これはイスラム教徒としてはごく普通の発言です。

というのも、神は最終的には全世界がイスラムの国になることをお望みであり、個々のイスラム教徒はそのために努力（ジハード）するのが義務であり、ゆえに日本に住んでいるイスラム教徒が日本をイスラム化するために努力（ジハード）するのは当然であり、早くそうなるといいね、と発言するのもごく普通のことだからです。

イスラム教徒にとっての「普通」と、日本人にとっての普通は、これほど違っている。日本人にとっては、日本が日本であり続けるのが普通であり、そうあってほしいと思うのが普通ですが、イスラム教徒にとっては日本がイスラム国家になるのが普通であり、そうあってほしいと思うのが普通なのです。

そして彼らは、それを普通で当たり前だと思っているだけでなく、それが日本人にとってもいいことだと信じているのも特徴的です。なぜならイスラム教では、イスラム教徒以外は全員、地獄に行くことになっているからです。日本人は今のままだとほとんどが地獄に行く。我々が日本人をイスラム教へと導き、それによって日本人を救おうと彼らは思っている。

だからこれは、ほぼ善意です。彼らにとっての善意が日本人にとっての善意とは限らない。日本をイスラムの国になどしたくない日本人にとって、こうした善意はありがた迷惑です。

これは日本に対する侵略だと憤慨する人もいるでしょう。しかし、これが多文化共生、多様性のある社会です。日本で今、政治家、財界人、著名人、学者たちがこぞってめざしている社会では、これが当たり前になっていくのです。

申し上げておきたいのは、カーン・タヒル氏が単に1年前のこの講演で「21世紀に日本はイスラム教国になる」と「言っている」だけではないということです。

彼は、ＡＰＵの教授であると同時に、別府ムスリム教会の代表でもある。彼はもう7年ほど、大分県日出町にイスラム教徒のための土葬用墓地を建設するための活動を続けています。

ＮＨＫをはじめとするほぼすべてのマスコミが、この問題を繰り返し報じ、カーン氏もテレビ画面や新聞紙面に頻繁に登場しています。報道は概ね、イスラム教徒に同情的です。

カーン氏は他にも、例えば2023年11月17日には、別府市内でパレスチナの旗や「パレスチナ解放」と書かれた垂れ幕を掲げるデモ活動を呼びかけ、実施しています。テレビ大分のＴＯＳオンライン『「子どもたちが亡くなっている」イスラエルとハマスの軍事衝突に反対訴え　ムスリム教会がデモ活動　大分』という記事には、

〈デモ活動を呼び掛けたのは別府市の別府ムスリム教会です。イスラム教徒や立命館アジア太平洋大学の学生など約100人が参加し、市内で約1時間にわたり停戦を訴えました。

◆別府ムスリム教会　カーン・ムハマド・タヒル・アバス代表

「子どもたちが亡くなっている。それを見たら心が痛い」〉

とあるので、カーン氏が呼びかけ、イスラム教徒やＡＰＵの学生100人が参加したのはおそらく間違いない。この記事では巧妙に隠されていますが、カーン氏は別府ムスリム教会の代表であるだけでなく、ＡＰＵの教授でもあります。その人が、ＡＰＵの学生に呼びかけ

て「パレスチナ解放！」というデモを別府市内で組織している。

ＡＰＵの教授であり、かつ別府ムスリム教会の代表でもあるイスラム教徒のカーン氏が、大分県に土葬墓地を作る活動や、パレスチナ解放のデモ活動を行い、福岡県では「21世紀に日本はイスラム教国になる」と講演している。土葬墓地はイスラム教徒の日本定住に必要不可欠ですし、パレスチナ解放は世界のイスラム化の一里塚です。日本ではすでに在日イスラム教徒によって、日本をイスラム教国にするための活動が、着々と進められているのです。

しかも、それをメディアが支援している。政界も財界もこれを後押ししている。なぜならこれこそが「多様性のある社会」「多文化共生社会」であり、「日本は多様性のある多文化共生社会になれば、もっと強く豊かな国になる！」と想定されているからです。

しかしこれは、安い外国人労働者が欲しくてたまらない人たちの方便です。「オレが儲けるために外国人労働者が必要だ！」と正直に言う代わりに、「外国人労働者が日本にたくさん来れば日本社会はもっと豊かになる！」とウソをついているだけです。

これは、ヨーロッパ諸国で政治家や資本家たちがやってきたこと、そのものです。こうしてヨーロッパ諸国は大量の移民難民を受け入れ、その結果、各々の国の文化が失われ、秩序が破壊され、治安が著しく悪化し、社会が分断し、不安定化した。

繰り返しますが、日本を、世界全部をイスラム化するのは、イスラム教徒にとっては宗教的義務であり、完全に「善意」です。その「善意」に、多文化共生云々という「善意」で答えれば、結果的に日本は遅かれ早かれ、本当にイスラム教国になる。

ヨーロッパ諸国の中にはすでに、人口の2割、3割がイスラム教徒という国が出てきています。イスラム教徒の人口増加の割合を勘案すると、彼らが過半数を占める国も21世紀中には出てくる可能性がある。

「日本は21世紀にイスラム教国になる」などと聞いても、真実味がなく、妄想だと笑い飛ばす人がまだ多いことでしょう。しかしヨーロッパでは、「我が国は21世紀にイスラム教国になる」という懸念はすでに、実現可能性の高い未来なのです。

（2024年2月3日）

土葬墓地反対派町長誕生と今後の行方

大分県日出町で町長選挙が行われ、土葬墓地建設に反対する元町議会議員の安部徹也氏が初当選を決めました。日出町の土葬問題については、私も現地を視察し地元の方に話を伺ったり、問題点を整理したりしてきましたが、今回新たに土葬墓地反対派町長が誕生したことにより、事態がどう変わるか、あるいは変わらないのかについて考えてみたいと思います。

これまで町長だった本田博文氏は、土葬墓地建設は「要件を満たせば許可せざるを得ない」

と述べ容認してきましたが、新町長の安部氏は「断固反対」と主張しています。

問題は、町長の意向が土葬墓地建設の可否に影響を与えうるのか、あるいは町長選の結果に反映されたというべき民意はこれに影響を与えうるのか、という点です。

7月31日発行の「ひじ議会だより」には、6月の町議会定例会の質疑のやりとりが掲載されていますが、ここで、今回新たに町長に選出された安部氏（当時は町議会議員）は土葬墓地建設について民意を確認してはどうかと質問し、町長は「町民に意見を聞くことは考えていません」と明言しています。

安倍氏「九州全域から永遠にイスラム教徒の方々のご遺体が運び込まれる大規模土葬墓地は日本ではこれまで類を見ません。土壌汚染や水質汚濁など自然環境に全く影響がないのですか」

住民生活課長「現在の計画であれば問題ないと判断しています」

「水質汚染の恐れはない」というのが、従来からの日出町の公式見解です。安部氏は質問を続けます。

安部氏「日出町民にとって必要性のない大規模土葬墓地は、現状住民の反対もあり、建設許可を出すべきではないと考えますが」

本田町長「条例を踏まえながら審査していくのが我々許可権者の仕事であり、町民にとって必要かどうか、また計画に反対かどうかは判断基準ではありません」

安部氏が質問している「建設許可」については、日出町のホームページには明言されていません。日出町のホームページの当該箇所には「墓地等経営許可について」という項目があり、こちらにはかつて、「経営許可」を出すのは町長であり、その際に必要な条件として「工事完了届」が出されていることとされていました。しかし、いつのまにかこちらの記載がなくなっています。「経営許可」については、

○　町との事前協議
○　経営計画の周知（墓地等経営計画の概要を記載した標識の設置、近隣住民等に対する説明会）
○　近隣住民等との協議
○　経営許可の申請

を条件に町長が出す、というのが現在の日出町の公式見解です。この四つが揃えば、町長（許可権者）は「許可せざるを得ない」し、「町民にとって必要かどうか、また計画に反対かどうか」は関係ないし、「町民の意見は聞かない」というのが、本田町長の考えでした。

安部氏「大規模土葬墓地計画は説明責任を十分に果たしておらず、多くの町民が理解していない中で将来的な影響が大きいことを考えれば、民意を確認する必要があるのでは」

本田町長「町民に意見を聞くことは考えていません」

これはなかなか難しい問題で、日出町としては「近隣住民」、具体的には高平地区の住民と事前協議もしているし、別府ムスリム教会と高平区は協議を行い、協定も締結している。本田氏は「近隣住民（＝高平の住民）の民意は聞いた」、安部氏は「町民（＝全地区の住民）の意見を確認すべき」という点に相違があるわけです。

条例に定められた「近隣住民等」というのは、墓地の110メートル以内に住んでいる人のことであり、これは具体的には高平地区の住民であり、高平地区の住民とは話をつけ協定を締結済みだ、というのは、たしかにそうだとも言える。

条例を文字通り解釈すれば、本田前町長の述べたことに間違いはないのかもしれませんが、それでは納得しないというのが安部新町長の考えであり、安部氏を選んだ日出町住民の大半の考えだと言うことができます。

ではこの民意をもとに、すでに日出町が「基準に合致しているとして事前協議済書を交付」し、すでに「別府ムスリム霊園」という名称もついて開設予定だと日出町HPにも記載されている当該土葬墓地の計画を、中止させることができるのか、というのが問題になる。

別府ムスリム教会の側からすれば、もう日出町から事前協議済書は交付されているし、近隣住民と協定も成立しているわけで、町長が交代したからといってこの計画が中止されれば、法的な手段で抗議してくることが当然予想されます。

今後日本では日出町のように、土葬墓地を作りたいというイスラム教徒と、それを必ずしも歓迎しない地元住民との間で対立が発生するという事例が、激増すると予想されます。

土葬墓地だけではなく、イスラム学校やモスク建設についても、今後は住民の反対運動が起こるかもしれない。現在のところ、目立った反対運動は確認されていませんが、それは私が感知していないだけで、住民の中には近所にモスクが建設されると聞いて不安に感じた人や、あるいは現在すでにあるモスクについて不安を抱いている人もいる可能性があります。

しかし土葬墓地にせよ、モスクやイスラム学校（マドラサ）にせよ、日本の法律で一律、建設が禁じられているわけではありません。条例などを満たせば、建設してよいことになっている。では、住民がそれに反対したり、今回のように、「近隣住民」との合意はあっても、広く町全体の住民がそれを懸念しているような場合には、それでも条例に基づいて建設が許可されるのか。

日出町が、あるいは訴訟になった場合には司法が、どのような判断を下すのか、事態を注視していきたいと思っています。

これは一つのローカルな問題ではなく、日本の未来を大きく左右する問題だと私は思います。

（２０２４年８月26日）

第4章

イスラム移民・難民を受け入れた国はどうなっているか

第1節　イスラム化するイギリス

多様性を推進してイスラム教徒が急増

イギリスで公表された２０２１年実施の国勢調査の結果によると、人口の６・５％がイスラム教の信者だと回答しています。イギリスというのは少々語弊があって、正確にはイングランドとウエールズの人口の６・５％です。しかし、これはイギリスの人口の９割を占めるので、ほぼイギリスと言ってもいいという意味でそう書きました。

イギリスにおけるイスラム教徒の人口は**図1**のように、２７０万人から３９０万人と急増していいます。割合で見ると10年で1・6％しか増えていないかのようにみえますが、２７０万人だったものが３９０万人になったということは、10年で44％も増えたとも言えます。

ヒンドゥー教徒も増えてはいるのですが、ヒンドゥー教徒は10年で０・２％しか増えていませんん。イスラム教徒が他の宗教の信者に比べて圧倒的に急増していると言える所以です。

図1　イングランドとウエールズのキリスト教徒、イスラム教徒、ヒンドゥー教徒人口の推移

	2011年		2021年	
	人口	比率	人口	比率
キリスト教徒	3300万人	59.3%	2750万人	46.2%
イスラム教徒	270万人	4.9%	390万人	6.5%
ヒンドゥー教徒	82万人	1.5%	100万人	1.7%

［Religion, England and Wales: Census 2021 より］

一方、自分で自分をキリスト教徒だと回答した人の割合は3300万人から2750万人へと激減しています。イギリスの人口は約6700万人ですから、キリスト教徒は過半数割れしているのです。

この結果について、国勢調査の副責任者は「我々が暮らす多文化社会がますます多様化していることを浮き彫りにしている」と評価しています。

しかし、私がこの数値から理解したのは、イギリスはイスラム化しているということです。「多様化」しているわけではない。もっぱら「イスラム化」しているということを、これらの数値は示しています。

イギリスのイスラム教徒の数については、アメリカのピューリサーチセンターが2016年時点で410万人（人口の6・3％）としています。そしてピューは、2050年にはイギリスのイスラム教徒の数は1300万人に増え、割合も人口の6・3％から16・7％に増加する、

要するに3倍近く増えると予測しています。

　イギリス全体でますますイスラム教徒が増え、キリスト教徒が減るわけで、そうすれば人口に占めるイスラム教徒の割合はますます急増します。これはイスラム化だと言っていい。

　イギリスは、自治体によってはすでに顕著にイスラム化しているところもあります。イスラム教徒の占める割合が高い自治体としては、**図2**を挙げることができます。

図2　イングランドとウエールズの
イスラム教徒の割合の高い主な自治体

自治体名	イスラム教徒の割合（%）
タワーハムレット	39.9
ブラックバーン	35.0
ニューアム	34.8
ルートン	32.9
レッドブリッジ	31.3
バーミンガム	29.9
スラウ	29.4
ペンドル	26.0
オールダム	24.3
マンチェスター	22.3

［Religion, England and Wales: Census 2021 より］

　イギリスではイスラム化だけでなく、人口の非白人化も進んでいます。国勢調査によると、14の地方自治体で白人の割合がすでに半数を下回っています（**図3**）。

　多様性を称賛する人は、「非白人が増えること」や「非キリスト教徒が増えること」をすばらしいことだと称賛します。イギリスを代表するリベラル紙であるガーディアンは、２０１０年の段階でレスターについて「ここではすべての人がマイノリティーだ」「レスターはまもなく英国で初めて非白人が多数を占める都市になる——市民はこの変化を歓迎している」という見出しの記事を出しています。

白人やキリスト教徒がすでに少数派に転じ、少数派だったはずのアジア系やイスラム教徒が多数派に転じた地では、さまざまな変化が起こっています。

例えば人口に占める非白人の割合が55%、イスラム教徒の割合が33%のルートンを訪れた、アメリカ人ジャーナリストのアンディー・ノー氏は、ウォールストリート・ジャーナル紙に寄稿したその時のルポで次のように記しています。

〈セントラル・モスクでパンジャブ語を話す気さくな青年たちに出会った。「ルートンを見に来たのか」と、一人が必死

図3　イングランドとウエールズの非白人の割合が半数以上の14の自治体

自治体名	非白人の割合（%）
ニューアム	69.2
ブレント	65.4
レッドブリッジ	65.2
スラウ	64.0
ハロー	63.5
タワーハムレット	60.6
レスター	59.1
イーリング	56.8
ハウンズロー	55.9
バーキング&ダゲナム	55.1
ルートン	54.8
ヒリングドン	51.8
クロイドン	51.6
バーミンガム	51.4

［Religion, England and Wales: Census 2021 より］

で英語で聞いてきた。若者たちは、町の中心部までついてくるようにと言った。〉

パンジャブ語はインドとパキスタンにまたがるパンジャブ地方で話されている言葉です。イギリスのルートンに暮らす彼らにとって母語はパンジャブ語であり、英語は「必死で」話せば話せるという、そういう位置付けであることがうかがえます。

〈数分もしないうちに、他の3つのモスクの前を通り過ぎた。窓ガラスが破壊され、閉鎖され、老朽化した教会を通り過ぎた……。どの店も宗教的な雰囲気が漂っていた。飲食店はハラール、フィットネスセンターは男女別、ブティックはマネキンの上に「控えめな」服装を飾っている。パキスタンの国旗は高々と掲げられていた。ユニオンジャックは見たことがない。男たちは最後に、小さなイスラム教のセンターがある目立たない建物に私を連れて行った。彼らはその導師と個人的に話をした。私は2階に案内され、彼に会った。導師は私に改宗する覚悟があるかどうか尋ねた。〉

ルートンはイギリスの中にあるパキスタンであり、そこで話されているのはパンジャブ語で、そこで優勢なのはイスラム教という宗教にしてイスラム的価値観なのだということを、アメリカ人ジャーナリストは確認した。

イギリスは多様性を推進した結果、イスラム化しつつあるのです。

（2022年12月21日）

英内相がポリコレ廃止を提言

イギリスのブラヴァーマン内相が過激派対策会議で登壇しました。この場で内相が提示したのが、「政治的正しさ（ポリティカル・コレクトネス、以下「ポリコレ」と略）」という概念自体を廃止すべきだという意見です。これはどういうことか、そもそもどういう文脈で飛び出した発言かというと、イギリスにはPREVENT（プリベント）というテロ予防プログラムがあるのですが、それが機能しておらず、それゆえイギリスではいまだにテロが発生しているという問題がある。

3年前に、プリベントのプログラムの見直しについて検証するよう依頼されたのがウイリアム・ショークロスという人です。彼はプログラムを検証した結果、これがテロ予防の機能を果たしていない理由として、

①　イスラム過激派対策ではなく、右翼過激派対策を重視してきたから。
②　イスラム過激派を「加害者」ではなく「被害者」として扱い、貧困対策やコミュニティへの統合といった「社会的サービス」でテロを防げると勘違いしてきたから。
③　イスラム過激派テロがイデオロギーに由来することを認めなかったから。

といったものを挙げ、これらの原因にはポリコレがある、つまりプリベントが、「人種差別だ！」とか、「反イスラムだ！」とか非難されることを恐れて、イスラム過激派テロと正面から向き合うことを避けてきたからだと指摘しています。

プリベントがテロを予防する役割を果たしてこなかったことは、過去6年間に起きた13件のイスラム過激派テロ攻撃のうち、デビッド・アメス議員殺害事件や、レディングの公園での3人の刺殺事件、リバプールの女性病院爆破事件など7件は、プリベントに照会されていたイスラム過激派の人物によって実行されたものであることからも明らかです。

ショークロス氏はこうした問題を指摘した上で、プリベントを改善するための34の提言をしました。そこには、当局はイスラム過激派テロの暴力そのものに取り組むより以前に、イスラム過激派のイデオロギー問題に取り組むべきことや、右翼の脅威を過大評価しイスラム過激派の脅威を過小評価する二重基準をやめるべきことなどが含まれています。

これに対しブラヴァーマン内相は、この34提言のすべてを受け入れ、改善案作成に着手し、1年以内に進捗状況を示すと述べました。この際、内相は国会議員に対し、抑止力の焦点は「政治的な正しさ（ポリコレ）ではなく、あくまでも安全保障であるべきだ」と述べています。

彼女が主張しているのは、イスラム過激派を「被害者」ではなく「脅威」と捉えること、そして、それがイデオロギーに起因することをよく理解すべきだということです。

今回の内相のポリコレ廃止発言は、ショークロス氏の見直し案提示から約1か月後のことです。内相は、「私たちのシステムには盲点がある」「そのせいである種のイスラム主義者たちが我々の監視下で活動することを許してしまった」と述べ、「ポリコレは私たちの国家安全保障にはふさわしくありません。実際、私はそれを完全に追放したいのです」と述べました。

彼女は、これまでのイギリスのテロ対策がザルだったのは、国家安全保障よりポリコレを、テロ防止よりも当局が差別だと非難されないことを重視してきたからだ、と主張している。ポリコレと国家安全保障、ポリコレと国民の命、どちらが大事か、と彼女は問うている。安全保障と命の方が大事に決まっているだろう、というのが彼女の答えです。

彼女は「非暴力的な過激主義」についても懸念しています。

「過激派は暴力につながるから危険というだけではない。それ自体が危険だ。包括的に対処しないかぎり、それが成長し続け、悲惨な結果を招いたとしても、私たちは驚くべきではない」と彼女は述べています。彼女は自身のツイッターでも、「イギリスで過激主義に取り組むことは、私たちの安全を守るために不可欠なことだ」と述べています。

これは、私が常々申し上げていることですが、イスラム過激派テロの原因はイスラム教にあります。彼ら自身がそう主張しているのだから間違いありません。イスラム教という宗教の教義、イデオロギーがその根幹にある。一方、イギリス当局はこれまで、やれ貧困対策だの、やれ差別から守ろうだの、やれ疎外感をなくせだのと完全にピントのズレた対応をしてきたわけですから、これでテロが防げるわけがありません。

この背景にあるのがポリコレです。イスラム教が原因なのだと指摘すると、それはイスラム教に対する差別だ、偏見だと非難されるわけです。お前はマイノリティを差別する悪い奴だと、逆に悪者にされる。

しかし、テロが宗教イデオロギーに根差したものだという現実を認めない限り、これを防ぐことはできません。差別だの何だのというレッテル貼りを恐れて、テロを防ぐという治安対策ができないようでは、何のための治安当局かという話です。

これは日本の中東イスラム研究者や当局にも該当する問題です。イスラム過激派テロを貧困や差別が原因だと「認定」し、貧困や差別を是正すればテロはなくなると「勘違い」しているかぎり、テロを根絶やしにすることはできない。それどころか、止められるはずのテロも止められず、むしろこの姿勢がテロを誘発する可能性すらある。

社会全体からポリコレをなくすことは難しい。しかし、英内相の言うように、国家安全保障の問題にはポリコレの入り込む余地はないはずです。

ポリコレを選ぶのか、国家安全保障、国民の命を選ぶのか。真実と向き合うのか、目をそらし続けるのか。日本にはまだ、それを差し迫った脅威だと考える切迫感はありません。

（２０２３年3月3日）

性の多様性の授業で小学生が抗議

朝日新聞が「名物」コーナーである「天声人語」に、「ＬＧＢＴと学校教育」（２０２３年5月17日）というコラムを掲載しています。最初のパラグラフには次のようにあります。

〈性的少数者への理解を広める目的でも、これほど反発されるとは。自民党がきのうまとめた「ＬＧＢＴ理解増進法案」は、批判的な一部の保守派議員らの意見であちこちが修正された。目に付いたのは、学校教育に関する発言である。〉

朝日新聞は、あからさまに「保守派」を批判しています。これはすなわち、自分たち朝日新聞は、「保守派」の対局に位置する「進歩派」であり「革新派」であって、それこそが「歴史の正しい側である」という「宣言」です。

私が、朝日新聞というのは事実よりイデオロギーに重きを置いている、報道機関ではなくプロパガンダ機関であると常日頃から指摘しているのは、こういうところに由来します。

ＬＧＢＴ法についてはこのような意見と、このような意見があります、とフラットに両論を紹介したり、ＬＧＢＴ法について考えようと呼びかける代わりに、ＬＧＢＴ法は「絶対正義」であり、ＬＧＢＴ法に反対する奴はみんな愚かな「保守派」なのだと愚弄する。

しかし、朝日新聞が自身に「正しい価値観」を一方的に決定する権利があると思い込んでいるのは、朝日新聞のおごりです。朝日新聞はただの一メディアにすぎない。しかも年々、顕著に部数を減らし、ますます一般大衆から支持されなくなっています。にもかかわらず、朝日新聞は一方的に「正しい価値観」を押し付けるプロパガンダを続けている。朝日新聞はいまだに、自分たちこそが時代の価値観を導く「前衛」だと勘違いしているのです。

天声人語の第二パラグラフには、次のようにあります。

〈議員の一人は「おとぎ話の王子様は男性と結婚しましたというような教材」が学校で使われることに、真顔で懸念を示した。「普通に考えたら、ちょっと行き過ぎた教育」でまかりならんというわけだ。では、実際に使われている道徳教科書はどうかと開いた。〉

ここでも朝日新聞は、「王子様が男と結婚することを懸念するような奴は、遅れた奴だ」という「侮蔑」をあらわにする。それを「すばらしい！」と絶賛するのが「進歩的」で「正しい」態度である、私（天声人語の書き手）はもちろんそっちです、というわけです。

第三パラグラフには、次のようにあります。

〈たとえば、ある中2の「公正、公平、社会正義」の項目はこう始まる。「性のあり方は、男・

女の二つだけではなく、人の数だけあります」。そして、「好きになる性」が異性であるのが「普通」とされたら、性的少数者が悩むことがあると書く。〉

中学の道徳の教科書の「公正、公平、社会正義」の第一番目に、「性のあり方」云々が書かれ、「性は男と女だけではない。人の数だけある」と書かれているならば、日本の伝統的な道徳とは隔絶した特殊イデオロギーが子供に教え込まれ始めていることの証です。

米FOXニュースが、2023年3月1日、イギリスのマン島にある小学校でドラァグクイーンが11歳の子供たちに性の多様性の授業をした際、性は73あると言ったら、ある児童が「男と女の二つしかない」と抗議したため、彼を教室から追い出し問題になったと報じましたが、日本の教育も教科書レベルでとんでもない「進歩」を遂げていたというわけです。

天声人語の文章を読むと、おかしなことに気づきます。「性のあり方は人の数だけある」ということは、一人ひとり、全員が「違う性」つまり「異性」だということになる。ならば、誰が誰を好きになろうと、それは「異性」だということになるはずです。

ところが天声人語は、当該教科書には「好きになる性が異性であるのが普通とされたら、性的少数者が悩む」と書かれているとしている。これは矛盾です。一人ひとり性が違うのだから、誰を好きになろうと「異性」ってことでしょう、と言ってやればいい。

こうやって、親切ごかしに進歩派気取りで「多様な性」を教え込む割には、論理の整合性はとれていないわけです。こんな、一見して矛盾した内容を中学生に授業で教え込むというのは、明らかに問題があると私は思います。

もう一点。こうした「性の多様性」云々という価値観は、これは普遍的な価値観ではありません。これはあくまで、21世紀の先進諸国特有の価値観です。21世紀の今の世界にあっても、「性は男女の二つだ」というのが当たり前であり常識であるという価値観を生きている人々はいくらでもいる。というか世界に目を向ければ、そちらの方が圧倒的多数派です。

例えば世界の4人に1人はイスラム教徒ですが、イスラム教では性というのは男と女の二つしかないと規定する。婚姻は異性間のみが許され、同性愛行為は未婚者同士であっても許されません。イスラム諸国の多くは国の刑法でも同性愛行為を禁じており、それが理由で逮捕されたり、禁固刑に処されたり、処刑される国すらあります。

日本の学校で今、教えられている「性の多様性」云々は、イスラム教の価値観とは相容れないばかりか、イスラム教の価値観を「遅れた、劣った、間違った考え」として否定、批判するものです。私は、これは学校教育として間違っていると思う。

先日、フランスのサッカー「リーグ1」のトゥールーズ対ナント戦で、イスラム教徒の選手5人が試合を欠場するという「事件」がありました。というのもこの日、LGBT嫌悪に反対するメッセージを込めて、選手全員がレインボーカラーの背番号がついたユニフォームを着用してプレーすることになっていたからです。これについて、欠場した5人のうちの1人であるナントのムスタファ・ムハンマド選手は、次のようにツイートしました。

〈私は今日のトゥールーズ対ナントの試合には参加しなかった。極論を言うつもりはまったくないが自分の立場を表明しなければならない。違いの尊重とは、相手の尊重、自分の尊重、共通に置かれるもの、異なるまま置かれるものの尊重だ。私はすべての違いを尊重し、すべての信念、すべての確信に敬意を表する。

　この尊重は他者だけでなく私自身の個人的な信条への尊重も含まれる。私のルーツ、文化、信念の重要性を考えると、このキャンペーンに参加することはできなかった。私の決断や議論したくないという願いも尊重され、誰もが敬意をもって処遇されることを望む。〉

「多様性の尊重」というのは、一つの考えの押し付けであってはならない、私があなたの考えを尊重するようにあなたも私の考えを尊重してほしいという、そういうメッセージです。

日本にもイスラム教徒は増えています。彼らに配慮しろと最も喧《かまびす》しいのが朝日新聞です。難民認定しろ、ハラール食を出せ、土葬墓地を作らせろと主張している。

　朝日新聞はイスラム教徒の「LGBTは受け入れられない」「性は二つしかない」という信条、価値観も、当然「配慮する」ということでしょうか。それともこれについては、自民党議員を批判するように「お前たちは遅れた劣った価値観を持つ悪しき保守派だ！」と批判するのでしょうか。不都合な自己矛盾からは目をそらす。実に卑怯な「前衛」です。

（２０２３年５月18日）

「イスラム主義者は英国をいじめ、服従させている」

読売新聞が「ガザ紛争巡りイギリス社会に過激思想、スナク首相『我々の民主主義が標的になっている』」（２０２４年３月２日）という記事を出しました。冒頭にはこうあります。

〈パレスチナ自治区ガザで昨年10月にイスラエルとイスラム主義組織ハマスの戦闘が始まって以降、英国で親イスラエルと親パレスチナ勢力の対立による社会の分断が深まっている。スナク首相は１日の演説で、過激思想の広まりへの危機感を示した。〉

これは奇妙なリードです。英国で社会を分断しているのは、親イスラエル勢力と親パレスチナ勢力の対立ではない。単にイスラエルに味方したり、パレスチナに味方したりしているだけで、社会が分断するわけがありません。野球チームごとにファンがいるからといって、その社会は分断社会とは言えない。記事はこう続きます。

〈スナク氏は首相官邸前での演説で、イスラム教徒やユダヤ系住民への憎悪をあおる過激思想が広まっているとして、「我々の民主主義が標的になっている。今こそ団結して、分断を引き起こす勢力と立ち向かう時だ」と結束を呼びかけた。〉

「分断を引き起こす勢力」としてスナク氏が言及しているのが「イスラム過激派と極右集団」です。このうち、イスラム過激派については、これは間違いなくイギリスの外から持ち込まれた「文化」です。イギリスは多文化共生主義をとってきた。これは外国人の各々の文化を尊重する立場です。イギリスにはイスラム教徒の移民・難民が多い。彼ら独自の文化を尊重した結果、社会を分断し民主主義を破壊する一大勢力となった。これが事の真相です。

この問題については2月、イギリスの元内相のブラヴァーマン氏がテレグラフ紙への寄稿で厳しく批判していました。「イスラム主義者は英国をいじめ、服従させている」というタイトルに、「これは議会における私の同僚だけの問題ではない。私たちの価値観と自由は、生活のあらゆる場面で攻撃を受けている」という文が続きます。

イスラム主義者というのは一般的なイスラム教徒とは異なります。イスラム教徒も、自分たちを「ムスリム」と呼び、イスラム主義者のことを「イスラーミー（単数）」とか「イスラーミユーン（複数）」と呼んで区別します。ブラヴァーマン氏が脅威だと述べているのは、イスラム教徒ではなく、イスラム主義者の方です。イスラム主義者は、政治も経済も社会も文化も、すべてを完全にイスラム化することを理想とし、その理想の実現のために実力行使を厭わない人たちのことです。

多文化共生を推進したイギリスではイスラム主義者が増加した。彼らはイギリスをイスラム化しようと「活動」を展開している。その中にはユダヤ人や政治家、教師に対する脅迫、左翼過激派や労働党党首キア・スターマーとの連帯、そしてテロがあると彼女は指摘する。MI5の処理した事件の75%がイスラム主義者によるものです。

では、イギリス政府はこの脅威に対してどう向き合っているかというと、もっぱら弱腰です。彼女はこうイギリス政府の対応を批判している。

〈しかし、私たちの反応は?　指導者たちは、「人種差別主義者」と呼ばれることを恐れ、「成功した多文化社会」という幻想を好み、砂の中に頭を埋めている。しかし、法律は変わらず、大衆過激主義は誇らしげにパレードし、キャンパスは依然としてユダヤ人にとって危険な場所であり、労働党は依然として芯から腐っている。〉

「指導者たちは、『人種差別主義者』と呼ばれることを恐れ、『成功した多文化社会』という幻想を好み、砂の中に頭を埋めている」という表現は、日本にも当てはまる。与党の自民党と公明党がやっているのがこれです。彼らは、「多様性」の中に、多様性を認めない文化、日本の法や慣習、ルールに抵触する文化があることをまったく知らない。あらゆる文化はすばらしく、すべての文化を受け入れれば日本は豊かに強くなるのだと主張する。これはウソです。

世の中には自由や民主主義を真っ向から否定する価値観がある。そんなものは武力をもって破壊し、神の法による統治を世界に広めなければならないと主張し、それを実行する人々がいる。そうした人々が増加し社会と秩序を破壊し始めたイギリスで、内相を務めたものの、おそらくこの脅威を名指ししたが故に解任されたブラヴァーマン氏は、こう警告します。

〈ムハンマドの絵を見せたからといって教師が学校から追い出されたり、「コーラン」が誤って捨てられたからといって子どもたちが非難されたりすることは許されない。この国では、いかなる宗教や神を批判することも完全に合法であり、犯罪ではない。〉

〈私はイスラム主義者の宥和政策に反対を唱えたため、クビになったかもしれないが、私たちは寝ぼけ眼で歩いているようなものだ。私たちは表現の自由と英国の価値観が希薄化したゲットー化した社会で目を覚ます必要がある。シャリーア法（イスラム法）、イスラム主義者、反ユダヤ主義者が地域社会を支配している。イスラム恐怖症のレッテルを貼られる恐怖を克服し、真実を語る必要がある。手のひらを返して謝罪するのはもうたくさんだ。狂信者たちを見て見ぬふりをすることで、私たちはこのような恐ろしい状況に陥っている。これは危機だ。私たちが大切にしている自由と、この国が私たち全員に与えている特権を守るために、反撃は今、緊急に始めなければならない。この国を暴徒から救う可能性があるならば。〉

（２０２４年３月６日）

民主主義最大の敵としてのイスラム主義

先日、ある人から「イスラム主義とは何か」と聞かれました。イスラム主義というのは、政治も社会も経済も文化も、この世のすべてをイスラム化し、全世界をイスラム法によって統治することを目標に掲げ、そのために行動しようというイデオロギーです。

実はイスラム主義というのは、イスラム教の基本的な教義と同じです。ではなぜ、イスラム教とイスラム主義を分けるかというと、大半のイスラム教徒はその目標を信じ、共有してはいても、行動に訴えることはないからです。だからこそ、イスラム教徒が多数を占めるアラブ圏でも、イスラム主義者のことを「イスラーミユーン」と蔑称で呼ぶことがある。イスラム教徒がイスラム主義者のことを、皮肉を込めて「イスラム野郎ども」と呼ぶわけです。

「神の道におけるジハード」、つまり異教徒を武力で制圧するための戦いはイスラム教徒にとっての義務ですが、ほとんどのイスラム教徒はこのジハードを実行しない。だからこそ、日本にもイスラム教徒は住むことができ、私たち日本人もイスラム諸国に行くことができるわけです。20億人いるイスラム教徒がみんなイスラム主義に目覚めたら、私たちは彼らと仕事をしたり、隣り合って住んだり、彼らの国と行き来することはできなくなります。

しかし、イスラム主義者は違う。彼らは実際にジハードしてしまうわけです。典型例がアルカイダや「イスラム国」、タリバン、そしてハマスといったイスラム過激派テロ組織です。

「ジハードしないイスラム教徒は偽物どもだ、あいつらも敵だ！」というのがイスラム過激派の立場です。だから彼らは、ジハードをしない一般のイスラム教徒も敵認定して平気で殺す。彼らがイスラム諸国の軍や警察や政府も標的にするのは、これが原因です。

ではジハードしないイスラム教徒は、自分たちはジハードしないからダメなムスリムだと自覚しているかというと、必ずしもそうではない。中にはもちろん、ジハードしたいけど怖くてできないとか、家族がいて状況が許さないとかいう人もいますが、ほとんどの場合、自分は自分で立派なムスリムだと誇りを持っています。

ところがやっかいなことに、現在、世界の中で徐々にイスラム主義者の活動が顕著になっている。これまで普通のイスラム教徒だった人たちが、イスラム主義に目覚め、イスラム主義者となり、イスラム主義活動をするようになる傾向が確認されます。

語弊があるかもしれませんが、これはなんとなく「正しい人」「いい人」でありたいとぼんやり思って生きてきた人が、急に左翼活動家になるのに似ている。「地球環境にいいことをしよう！」と、マイバッグやマイボトルを持参しているうちはいいですが、美術館に行って絵画にペンキを投げつける破壊行為を実践するようになったら活動家です。

実際、イスラム教徒が急にイスラム主義者になる現象というのはまったく珍しくありません。それは男性の場合、あごヒゲを伸ばし始めたり、長衣を着たり、女性の場合にはニカーブで顔を覆い隠すようになるといった、外見が急に変わることから始まったりもする。

イスラム主義活動は、武器をとって異教徒を攻撃するジハードに限られません。世界をイスラム化するための活動ならば、どんな活動もイスラム主義活動です。

イスラムはすばらしいと言って回ってもいい。異教徒を改宗させてもいい。異教徒と恋愛関係になり相手をイスラムに改宗させて結婚してもいい。非イスラム国に移住してもいいし、移住先でモスクや土葬墓地を建設するのもイスラム主義活動です。学校に対し、ハラール給食を出せとか、ラマダンの時は授業を休ませろとか要求するのもイスラム主義活動です。公道や公園や電車や飛行機の中で礼拝をするのもイスラム主義活動です。街頭に出て「イスラエルは虐殺をやめろ！」とか「パレスチナ解放！」と叫ぶのも立派なイスラム主義活動です。

日本でもすでに、このイスラム主義活動はさかんに行われています。やっているのはイスラム主義にめざめたイスラム教徒たちであり、それを支援し称賛しているのは左翼勢力です。

なぜなら彼らは、かたやイスラム主義、かたや共産主義ではあっても、ともに今の世界、自由主義や民主主義に対して強い憎しみや不満を持ち、世界を支配しているアメリカやイスラエルをとにかく倒したいという共通の野望を持っているからです。

民主主義を破壊する力は、左翼よりもイスラム主義者の方がずっとずっと強力です。彼らは暴力に訴えることを厭わない。アルカイダも、ハマスも、タリバンもそうです。

だから暴力に訴える「ナマの力」を持たない左翼、あるいは自称リベラルたちは、イスラム主義者に頼るわけです。フランスでは彼らを「イスラム左翼」と呼ぶ。「イスラムは平和の宗教だ！」と宣伝し、世界がイスラム化すれば世界は平和になるかのように、まるで彼ら自身がイスラム主義者そのものであるかのようなプロパガンダを平気で吹聴する。

イスラム主義者は気に入らない敵を暴力で制圧します。イギリスでは先日、フリーア法務大臣がイスラム主義者らからの度重なる殺害予告、脅迫、攻撃を理由に、次の選挙には出馬しないと発表しました。彼は議員になってから14年間、ずっと攻撃・脅迫されてきた。

フリーア氏がイスラム主義者の標的にされてきたのは、一つには彼がユダヤ人やイスラエルを支持してきたからで、もう一つには彼が同性愛者だからです。

２０２１年にイギリスの議員デイビッド・エイメス氏を刺殺した「イスラム国」の支持者であるアリー・ハルビー・アリーという犯人は、フリーア氏のことも標的にしていました。

フリーア氏はそれ以来、演説などでは防御ベストを着用していた。その後もフリーア氏への殺害予告や脅迫はやまず、昨年末には彼の事務所が放火される事件が発生しました。彼はこれで、もう自分と家族のために、議員を続けることはできないと決意したとのことです。

イギリスの政府も警察も、フリーア氏をイスラム主義者から守ることはできなかった。民主主義を信じ、国家や地域住民に奉仕してきた国会議員が、イスラム主義者の脅しと暴力に屈したのです。これは民主主義の敗北です。

イギリスでは、２００５年７月にロンドンの地下鉄やバスを狙ったテロで50人以上が殺害されました。２０１０年には労働党のスティーブン・ティムズ議員がイスラム教徒にナイフで刺され、瀕死の重傷を負った。２０１７年５月には米歌手アリアナ・グランデのコンサートで自爆テロが発生し、22人が殺害されました。２０２１年にはエイメス議員がイスラム教徒に殺害された。

多くのイスラム過激派テロ事件がイギリスで発生していることがわかります。それでもなお、イギリスは目覚めない。自国の法務大臣すらイスラム主義の攻撃から守ることができず、退任する彼を「残念だね」と見送って済ませている。フリーア氏の退任について、メディアは多少は報じていますが、政界の反応は驚くほど薄い。国会議員はそれぞれ、自身の選挙区にイスラム教徒がいる。イスラム主義問題を掘り起こして、自分もまた標的にされるようなことは避けたい。だから彼らは、この問題から目をそらすわけです。

アメリカのバイデン大統領は２０２１年に就任した際、新型コロナ、経済、気候変動、人種差別を「四つの危機」と位置付けていました。イスラム主義などどこにもない。

私は民主主義の最大の敵はイスラム主義だと思っています。気に入らない人間は殺したり、殺すまではいかなくとも殺すと脅したり、嫌がらせをしたりすればいい。そうすればフリーア氏のように、表舞台から「消す」ことができる。イギリスはその先例を作ってしまった。

しかし、リベラルなメディアはむしろイスラム主義を応援する。「多様性だ！」とか「多文化共生だ！」と言って、彼ら「固有の文化」を尊重すべきだと主張する。政治家はイスラム主義問題から目を背け、脅迫された人はかわいそうに、自らの身を守るために職を辞さなければならない。警察は守ってくれない。社会は「気候変動こそが民主主義の敵だ！」と大騒ぎする。日本では、「共産主義で危機を乗り越えよう！」と大騒ぎする「専門家」が、メディアでは引っ張りだこの人気者なのだそうです。

これだけイスラム過激派テロが起こり、議員まで殺されても、イギリスはまだイスラム主義の危険に目覚めない。日本社会がこの問題に目覚めるのは遠い先の未来になるのか、それとも日本はイギリスの過ちを回避する決断ができるのか。今日のイギリスは明日の日本です。

（２０２４年2月7日）

第2節　イスラム化するヨーロッパ

【フランス】続発する北アフリカ系イスラム教徒男性による暴動やテロ

日本経済新聞が「フランス暴動1週間、格差・分断を露呈　パリ五輪に課題」（2023年7月3日）という記事を出しました。記事には次のようにあります。

〈今回の暴動はフランスが抱える差別と格差という根深い問題を改めて露呈させた。

パリやマルセイユといった大都市周辺には、低所得者が多く政府から政策介入が必要との指定を受ける「バンリュー（郊外）」と呼ばれる地域が多く存在する。仏国立統計経済研究所によると、こうした地域の貧困率は平均43%と、全国平均（15%）を大きく上回る。

バンリューにはアフリカなどからの移民やその子孫が多く暮らし、人種問題と貧困が複雑に絡み合う。射殺された少年の母は事件後、息子が「アラブ人の顔つきをしていたから」撃たれたと発言し、人種差別が原因だと主張した。〉

日本のメディアはどこも、今回の暴動は差別、格差のせいだと報じています。産経新聞は「フランス、暴動と略奪やまず　10代の移民層の『反乱』　社会の分断浮き彫り」（2023年7月2日）で次のように述べています。

〈暴徒の多くはアフリカ系移民出身の10代の若者。経済格差や差別への不満が噴出した形で、マクロン政権は押さえ込みに懸命となっている。ナンテールは北アフリカ系移民が多く、警察に射殺された少年はアルジェリア系の移民2世だった。壁のあちこちに「警察に死を」「警察は人種差別主義者」など、憎悪の言葉が赤ペンキで書かれていた。〉

日本テレビも「【〝人種差別〟抗議デモ】フランスで警官に撃たれ少年死亡…ベルギーにも飛び火」（2023年6月30日）で、これは「差別」に対する「抗議デモ」だと報じている。

NHKは「フランス　警察への抗議活動が暴動に　背景は」（2023年7月3日）で、「フランス帝国主義」「植民地支配」が差別と格差をもたらしているのだと明言しています。

〈「郊外」が抱える課題は、フランスの植民地支配の歴史と密接につながっています。帝国主義の時代、フランスはイギリスなどと競い、中東やアフリカも侵略して、広大な植民地を支配しました。なかでも、なかなか手放さなかったのがアルジェリアで、アルジェリアは8年に及ぶ激しい独立闘争を余儀なくされました。しかし、独立後も、フランスと旧植民地の経済格差は深刻で、多くのアラブやアフリカの人たちがフランスに仕事を求めてやってきました。こうした人が多く移り住んだのが「郊外」です。死亡した17歳の少年もアルジェリア系でした。「少年はアラブ系だから殺されたのではないか」という人種差別への怒りや、「郊外」での苦しい生活に対する不満が、人々の抗議行動の背景にあるのです。〉

これまでも欧州で北アフリカ系移民が事件を起こすたびに、メディアや「専門家」は差別と格差のせいだと主張してきました。しかしこの論調には多くの問題があります。

第一に、これは暴力を正当化する論調です。

第二に、これは暴力を助長し、社会をより混乱させる論調です。

第三に、これは「本当の原因」を隠蔽する論調です。

第四に、これは再発防止にはつながらない論調です。

第一点目については、手当たり次第に暴力を働き、建物に放火したり、破壊したりし、秩序を失わせ、街を麻痺させ、多くの人々の日常生活を妨げる今回の暴動は、それ自体が否定されるべきものであるはずです。ところが、「差別と格差のせい」ということで、メディアはこれを、「仕方ない」と認めている。暴力はいかなる理由であれ、認めてはならない、正当化されてはならない、という原則が、反故にされているわけです。

第二点目については、暴力を「差別と格差のせい」にするということは、「差別と格差のせい」にしさえすれば暴力は正当化されるという社会を作り出しているわけで、これはますます暴力を増やすことになる。しかも、移民系の人間を取り締まると差別主義者のレッテルを貼られ、社会から抹殺されたり、逆に逮捕されたりするとなれば、警察も取り締まりを躊躇するようになる。これも暴力の横行につながります。

イギリスやドイツでもすでにこの問題は現実化しています。イギリスでは、数十年間にわたり、イスラム教徒移民のグループが何百人もの少女に性的懐柔（グルーミング）を行い、性暴力を働いてきた事件が隠蔽されてきた。移民の子に英語を学べと言った校長が追放された結果、学校はそれすら言えなくなった。

フランスも同様です。フランスは世俗主義を旨とする共和国ですが、学校で世俗主義を教えたり、宗教を批判したりする授業はできなくなりつつあります。

２０２０年にサミュエル・パティ氏という高校教師が斬首されるイスラム過激派テロが発生しましたが、これは生徒が、「彼（パティ氏）は授業中に預言者ムハンマドを侮辱した」とSNSに書き込んだことがきっかけで発生しました。後の捜査でデマだったことが判明していますが、生徒の親も率先してそのデマを広めた。先生たちも誰一人彼をかばわなかった。殺害準備を知っていた人も何人もいたが、誰も止めなかった。生徒たちは、男が殺すためにパティ氏を探しているのを知って、あれがパティだと指差して教えた。

警察は、これらの関連する人々を14人訴追しましたが、誰も反省の色を見せていないとしています。しかも、フランスの司法は殺人に対して極めて「寛容」なのも特徴です。計画的殺人に直接加担したり、殺人を扇動したりした場合、成人であれば数年の懲役刑、14、15歳であれば、簡単な戒告と強制的な講習を受けるだけです。警察のデータベースに危険人物として登録されても監視されることもなく、難民としての資格を失うわけでもありません。

つまり、パティ氏が殺害されるきっかけとなったデマを広めたり、パティを指差して教えたり、パティの殺害計画を知っていて黙認していた生徒たちは、有罪となったとしても、「叱られ」と「講習」だけですむ可能性が高いわけです。

フランスでは多くの教師たちが「第二のパティ」になるリスクを負って教壇に立っていると報じられています。誰も彼らを守ってくれない。移民に対峙する者は誰であれ差別主義者だ、という風潮の弊害は甚大です。

第三点目については、警官に殺害された未成年者の親族が「差別のせいで殺された」と言い、暴動参加者も口々に「差別のせいだ」と言っているので、みんな差別のせいだということにしているというのが現実でしょう。当該事件が暴動の契機ではあるものの、彼らが暴動をしているのは本当に差別のせいなのか。それは逆に、差別がなくなれば、誰も暴動しなくなるのかという問いにもつながります。

そもそもなぜ、暴動やテロを起こすのは北アフリカ系のイスラム教徒の男ばかりなのか。

差別と格差に苦しんでいるのは、北アフリカ系のイスラム教徒の男だけなのか。

実は若いイスラム教徒はまったく別のものを求めている、ということを示す調査がありま す。フランス世論研究所（Ｉｆｏｐ）が実施した２０２０年9月の調査では、25歳以下のフランス人イスラム教徒の74％が、共和国の法律よりもイスラム法を優先すると回答していま す。２０２１年に発表されたＩｆｏｐの別の調査では、イスラム教徒の高校生の65％が共和国の法律よりイスラム法を優先すると回答、同じ調査では、イスラム教徒の若者の13％がパティ氏の殺人犯の「動機に一部ではあれ共感する」と答えています。

フランス共和国法を否定しイスラム法の施行を求める人たちの起こしている暴動を、「差別の被害者だ」と解説し、したり顔をして彼らに寄り添っているのが、日本のメディアです。

フランスの人口に占めるイスラム教徒の割合は増え続けています。最新の情報によれば、毎年約40万人の合法的移民がイスラム圏からフランスにやって来ており、これに数千人の不法入国者が加わる。２０１６年、フランス人口の8・8％はイスラム教徒で、２０１７年のピュー・リサーチ・センターによると、移民と出生率を考慮すると、フランスのイスラム教徒の数は２０５０年までに約18％に倍増し、さらに増える可能性があるとされています。

第四点目の「これは再発防止にはつながらない」というのは、こういう意味です。

彼らがイスラム法による統治をめざしていることは、彼らが暴動で「アッラーフ・アクバル！」と叫んでいることからも明白です。そもそも差別や格差を人為的に完全に排除することなど人間にはできない。そしてそれをいくら是正しようと努めたところで、彼らがめざしているのはフランスのイスラム化なわけですから、抑止効果はまるでないということです。

結局、日本でもヨーロッパでも、これを差別や格差のせいだと主張している人たちは、そう言うことによってこの現象を理解したような気になっているだけで、実は本質は何も理解していないのです。冒頭にあげた日経新聞の記事には、こうあります。

〈過去2回の危機に比べると暴動参加者の要求がはっきりせず、政治的交渉が成立しない難しさがある。〉

記者自ら、「差別と格差のせいだ！」と書きながら、彼らが何を要求しているのかはっきりしないと首を傾げる。自分でその矛盾に気づかないわけですから、滑稽です。原因を履き違えているのだから、問題解決も改善もするわけがない。だから、イスラム教徒移民の暴動も、テロもなくならないのです。

（2023年7月4日）

【フランス】政府が公立学校でアバヤやスカーフの着用を禁止
共同通信が「フランス、学校でアバヤ禁止へ　アラブ伝統衣装『宗教的』」（2023年8

月28日）という記事を出しています。記事には次のようにあります。

〈フランスのアタル国民教育相は28日までに、顔以外の全身を覆うアラブ女性の伝統衣装「アバヤ」の学校での着用を宗教的だとして禁止する方針を明らかにした。新学期が始まる9月からの導入を目指す。一方、アバヤは宗教的なシンボルとは言えないとの見方もあり、論争を呼びそうだ。キリスト教会と結び付いた王政を革命で倒した歴史を持つフランスは、憲法に政教分離（世俗主義）の原則を明記。公立学校では宗教的シンボルを着用することが法律で禁じられている。アタル氏は27日の民放テレビＴＦＩの番組で、アバヤを着用して学校に来ることは「宗教的行為だ」と指摘した。〉

これは、誤解を生みかねない悪質な記事です。というかおそらく、意図的に印象操作している。これを読んだ人は、フランス政府がアラブ人女性の伝統衣装アバヤに「宗教的だ！」といちゃもんをつけている、フランス政府はひどい！　という印象を受けるでしょう。私は共同通信がわざわざ、そういう印象を与えるような記事を書いているのだと考えます。

フランスの国際ニュース専門チャンネル「ＦＲＡＮＣＥ24」の記事を読むと、アタル教育相は、アバヤを着て登校することは「宗教的なジェスチャーであり、学校が構成すべき世俗的な聖域に対する共和国の抵抗を試すことを目的としている」と述べています。

これに対し、共同通信の記事にあるように、反対派は「アバヤは宗教的なシンボルではない」と言っている。これは論点のすり替えです。

教育相が言っているのは、アバヤを着ているだけでその人はイスラム教徒だということがすぐわかる、それはフランスの公立学校ではあってはならない、だから禁止する、ということです。それがイスラム教のシンボルであるとかないとか、そんなことは論点ではない。

アバヤはもちろん、イスラム教のシンボルではありません。しかしアバヤを着るのは、イスラム教の信仰の一つの表現形です。イスラム教の教義は、男にも女にも公共の場では「恥部」を隠すように命じます。恥部とされる場所が男女で異なり、また女に関しても、どこからどこまでを恥部と認定するのかについては見解の相違がある。

最も厳格な解釈では、女は全身が恥部だとされる。この解釈に基づいてイスラムを実践する場合には、女性は外出時には全身を布で覆い隠さねばならないことになります。だから、アバヤを着て全身を覆い隠し、さらに顔はニカーブで覆い隠す。アバヤを着ている女性は、「私は女の全身を恥部とする宗教を実践しています」と表現していることになる。それはまずいというのが教育相の考えです。

同じ理由でフランスの公立学校では、頭や顔を覆い隠すスカーフも禁じられています。スカーフはイスラム教の象徴では別にありません。イスラム教徒でなくてもスカーフを着用する人はいくらでもいる。しかし、スカーフを着用していることで、「私はイスラム教徒です」

と見た目にわかってしまうことは、フランスでは原則的に認められないわけです。これがライシテ（世俗主義）の原則です。

スカーフやアバヤの禁止に反対するのは、常にイスラム教団体と左派です。彼らは、それは「権利の侵害だ」「人権侵害」だと主張する。日本の代表的なイスラム擁護論者の一人である内藤正典氏は、フランスのスカーフ禁止はセクハラだとさかんに言って批判していました。恥ずかしいところを隠すのを禁じるなんて、セクハラそのものだ！　というわけです。

しかしフランスの場合、そもそも全身を恥部だ、そこを見せるのは禁止だという、その宗教的価値観を公に持ち込むのは禁止だとされているわけです。まったく話が噛み合わない。

これは世俗主義とは何か、自由や権利とどのように折り合うべきかという問題です。これについて、恣意的に選択したわずかな情報だけを日本人に与え、「フランス政府はひどい！」「イスラム教徒の人権侵害だ！」と印象操作しようとする共同通信や「専門家」は、実に悪質です。どうせ日本人にはライシテの問題などわかるわけがない、と高を括ったメディアや「専門家」が、こうした問題を「欧米サゲのイスラム推し」に利用しているわけです。

日本でもイスラム教徒は急増しています。全身を覆い隠す衣装を纏《まと》ったイスラム教徒の女子生徒も徐々に増加するでしょう。年齢が幼ければ長衣は身の安全上、危険がある。顔の確認ができないことは、どう考えればいいのか。彼女らは体育の授業や図工、音楽の授業も拒否するかもしれない。給食も特殊なものを要求する可能性があります。

これらの問題について、公立学校はすべてイスラム教徒の要望を汲むべきなのか。それが人権なのか。他の人との平等はどうなるのか。こうした問題について日本も議論しなければならない日が来るのは、そう遠くないと思います。

（2023年8月29日）

【フランス】スカーフを外すよう指示した校長が殺害予告され辞職

英BBCが「フランスの校長、スカーフ外すよう生徒に求め殺害を予告される　辞職し社会問題に」という記事を出しています。冒頭には、次のようにあります。

〈フランス・パリの中等学校の校長が先月、イスラム教徒が着用する頭髪を覆うスカーフを外すよう女子生徒らに指示したところ、ソーシャルメディアで殺害を予告され、今月辞職した。生徒の1人は校長にたたかれたと虚偽の主張をしたとされ、首相がこの生徒は訴追されると発言するなど、社会的な問題となっている。〉

フランスの法律では、公共の場で宗教的なものを装着することが禁じられています。つまり校長の発言、行動は法律に則ったものです。しかしそれに対して「殺す」と脅す者たちが現れ、校長は辞職に追い込まれた。法に則って行動した校長が職を辞さなければならないという、極めて非合理的な現実が今、フランスでは常態化しています。

これはどういうことかというと、フランスに住んでいるのに、フランスの法律を無視し、別の法、別のルールに従って暮らしている人たちがいる、ということです。そしてその人たちは、フランスの法に従う人たちを殺すと脅し、フランスの法に従うフランス人を公職から追放することに成功している。

フランスではすでに、フランスの法に従って行動したフランス人教師が、イスラム過激派によって殺されるというテロ事件も発生しています。２０２２年にフランス人教師が首を切り落とされて殺害されました。２０２３年にも、ハマスの一斉蜂起の呼びかけに応じるタイミングで、フランス人教師が殺害されました。

法治国家として、このような事態はあってはならないはずです。しかしフランスには、フランス法ではなく、イスラム法に従って生きる人たち、そして暴力を行使してそれを押し通す人たちがすでにたくさん暮らしている。

彼らはフランス人ではあっても、フランスへの忠誠心はありません。彼らの忠誠心は神か、あるいは自身もしくは両親の出身国にある。２０２２年のサッカーW杯で実際に起きたように、彼らはフランスとモロッコが対戦する時、迷うことなくモロッコを応援する。フランス法とイスラム法が抵触する場合、迷うことなくイスラム法に従う場合がある。これはもう、法治の崩壊です。法治国家としてのフランスが、内部崩壊しているのです。

少し前なら、こうした問題は日本にとって対岸の火事でした。しかし今は違う。日本政府は今後5年間に82万人の外国人労働者を受け入れる方針を決めています。そのうち「特定技能2号」にあたる人は、家族帯同が許され、永住も認められている。ということは、彼らは実質的に移民です。日本政府はこれが実質的に移民政策であることを隠すために、特定技能2号という「コードネーム」を導入しているわけです。

現在、在日外国人の数は320万人です。82万人の外国人がそれぞれ10人の家族を連れてくれば、たちまち日本人口の1割を外国人が占めるようになる。彼らのほとんどは、日本語も話せない。日本文化も知らない。彼らは彼らの文化を持って日本に来るわけです。

中には人間の作った法、日本の法律など、どうでもいいと考える人もいる。神の法こそが至高であり、自分は神の法のみに従って生きるのだと信じる人も少なくありません。実際、日本が今後、労働者を受け入れる送り出し国の中には、イスラム諸国が名を連ねています。そうなれば、今フランスで起こっている問題が日本で起こる日も遠くはないでしょう。

日本はフランス以上に、移民の受け入れ態勢がまったく整っていません。国もメディアも多様性推しで、外国の文化を日本人が受け入れさえすれば万事うまくいく、という妄言を吐いて平気な顔をしています。日本政府もメディアも、「異文化」がいかに土着文化を破壊するかを知らない。いや、知っていてあえて多様性なるものを推進しているのかもしれません。

先日、『『月の半分ほどは食べられない』ムスリムの子の給食どうすれば…北九州市の学校現場の苦悩』（西日本新聞2024年3月24日配信）という記事を見つけました。

日本の給食は日本流で然るべきです。食べられない人は、お弁当を持参すればいい。問題は、なぜイスラム教徒の「違い」だけ、こうやってメディアが取り上げ大騒動にするのか、という点です。給食然り、ラマダン然り、礼拝然り、体育や音楽の授業然り、土葬墓地然り。

皆さんも薄々おわかりでしょう。イスラム教というのは、土着文化、土着社会を変えてしまう、とてつもなく大きな力を持っているのです。イスラム教によって変わってしまったのがヨーロッパ諸国です。日本もすでに、変わりつつあります。

それを後押ししているのが、移民政策を進める日本政府であり、企業であり、メディアです。一般の日本人は間違いなく損をし、害を被る。給料は下がり、治安は悪化し、街は荒廃するでしょう。英語化が進み、日本語だけしかできない日本人はバカにされ、二級市民に落ちぶれることになるでしょう。このまま行くと、その未来は近い。私はそう見ています。

（2024年3月28日）

【ドイツ】市営プールで「女性のトップレスOK」にイスラム教徒が激怒

ドイツ・ベルリンにあるプールが女性のトップレスを認めた件について、CNNが「独ベルリンの市営プール、女性のトップレスOK　『禁止は性差別』の訴え認める」（2023年3月13日）という記事を報じています。冒頭には次のようにあります。

〈ドイツの首都ベルリン市内の市営プールで、女性が男性と同じようにトップレスで泳ぐことが認められ、ジェンダーの平等に向けた一歩前進として歓迎されている。〉

なるほどこれは、ジェンダー平等に向けた前進らしい。これが立脚しているのは、男性だけがトップレスOKで女性はダメだというのは差別だ、という認識です。記事にはこうある。

〈市当局が行動を起こしたのは、女性水泳選手が2022年12月、胸を隠さずに市営プールで泳ごうとして止められたことがきっかけだった。女性は上院司法・多様性・反差別局のオンブズマン事務所に不服を申し立て、当局はこの女性が差別の被害に遭ったと認定。ベルリンの市営プールでは、女性も女性でも男性でもないノンバイナリーの人も含め、全利用者のトップレスを認めると発表した。〉

問題は、あらゆる人がこの動きを歓迎し、高く評価しているわけではない、という点です。例えばイギリス在住の女性イスラム教徒作家であるファーティマ・バルカトゥラ氏は、こうツイートしています。

「これが女性の勝利だと思うなんて、どれほど愚かなのか？　男はあなたの裸に見とれてしまうだけだ。何も想像させないことは、女性としての価値を下げることになる。人前で服を脱ぐことが文明的だと思うのは、愚か者だけだ」

これは極めて典型的なイスラム的男女観の発露です。イスラム教は、男女は「違う」と規定します。神は人間を男と女として創り、男には男の役割を、女には女の役割を与えた。それぞれにはそれぞれの役割があるという意味で、男女は「平等」なのだとイスラム教徒は考えます。しかし、それは「同権」ではない。

男と女の違いは、例えば、「人前でどこを隠すべきか」の違いにも表れています。隠すべき部分はアラビア語で「アウラ」と呼ばれます。簡単に言えば「恥部」です。

イスラム教は、男はヘソから膝下までがアウラで、女は全身の大部分がアウラだと定めます。だから男は、公共の場でヘソから膝下までを覆い隠す必要がある。女は基本的には家から出ず、公共の場に行く際はアウラを隠さなければならないとされています。イスラム教徒女性の中に髪だけを隠す人や、目以外のすべてを隠す人などいろいろなタイプが見られるのは、彼女たちがどこからどこまでをアウラだと信じているかが違うからです。

共通するのは、男も女もアウラは人に見せてはならないという点です。だからイスラム教徒は、人前で裸になる人を「愚か者」「文明を知らない無知蒙昧な人」だと認定するわけです。

彼らにとって、神の命令を知らない人は、いずれ地獄に落ちる愚か者です。

しかしそもそも、この価値観はドイツを含むヨーロッパ人も共有していたはずのものです。ヨーロッパ人はかつて、アメリカ大陸やアフリカ大陸で「先住民」たちを見た際、彼らが裸同然の格好をしているのを見て、「文明を知らない無知蒙昧な人」だと認定し、我々ヨーロッパ人が「啓蒙」してあげなければならないと思った。

ところが今やヨーロッパ人は、むしろ人前で裸になることこそが正しい、進歩的なのだと主張しているわけです。かつては、人前で裸になるのは恥ずかしいことだ、だから隠せと言ってきたはずが、いまや「隠せ」と言うと「差別」だと糾弾される。

女性の髪や全身を隠せと命じるイスラム教などは、今や欧米では差別の象徴です。イスラム教徒はこれに対して、当惑したり怒ったりしている。

ドイツは今や、人前で裸になることを「正しい」とする先鋭的なリベラリズムを政治や社会の場で推進していると同時に、その価値観とはまったく相容れないイスラム教徒が国内で増加しているという矛盾を生きています。

ドイツ国外、世界に目を向ければ、この矛盾は一層際立ちます。人前で裸になることは正しい、性は多様であり、それらがみな平等・同権であることが正しい、だから同性愛も正しい、同性婚は認めなければならない、といった先鋭的リベラリズムこそが「正しい」という価値観の先行する国は、実はそう多くはありません。

日本で「ジェンダー平等」の法制化を推進しようとする人々は、口々に「G7諸国で日本が最も遅れている」と日本の「遅れ」を批判します。しかし世界に目を向けると、G7的な先鋭リベラルは世界のマイノリティだという事実がある。

どちらに進むのが正しいのか。少なくとも、何でもかんでもG7に横並びすればいい、というのは、自らの思考停止を正当化したいだけの愚者の方便だと思います。

（2023年3月14日）

【ドイツ】ブルーモスク閉鎖命令とイランの工作活動

日本では今、イスラム教徒の数が激増し、モスクの数も激増しつつあります。在日イスラム教徒が全国でモスクを建設するため、SNSを使って資金集めをし、国境を越え「相互扶助の精神」で「イスラム教徒の義務である喜捨の一種サダカ」を広く募っています。

モスクはたしかに、イスラム教徒の信仰実践に必要な祈りの場です。しかしモスクは、祈りの場以外に「悪用」されることがしばしばあります。特に非イスラム諸国にあるモスクは、他国の諜報活動やテロ活動の拠点として利用される例が少なくありません。

ドイツは先月、「ハンブルクのブルーモスク」として知られるドイツ最古のモスクの一つ「イマーム・アリー・モスク」とそれを運営するハンブルク・イスラミックセンターに対し、閉鎖命令を下しました。

ドイツのナンシー・ファザー内務大臣は、「これはイスラム過激主義に対するさらなる決定的な一歩だ」と述べています。ドイツ国内の情報機関によると、ハンブルク・イスラミックセンターはイラン政権の出先機関であり、イマーム・アリー・モスクだけでなく他のモスクや団体にも大きな影響力を持っていると考えられています。

ドイツ内相は会見で、ハンブルク・イスラミックセンターは、「攻撃的な反ユダヤ主義を広めた」として捜査を受けていると述べ、11月のユダヤ人に対する襲撃で同センターとレバノンのイスラム過激派テロ組織ヒズボラとの関係が証明されたことが禁止命令につながった、としています。

内務省は昨年、同センターが「憲法秩序に反する行動」と「テロ組織ヒズボラを支援している」疑いがあると述べていました。ドイツは2020年にヒズボラをテロ組織に指定し、ドイツ国内での活動を禁止しています。ドイツ内務省は7月の声明で、「ハンブルク・イスラミックセンターは憲法に反する目的を追求するイスラム過激派組織であるため、現在までドイツ全土で同センターとその関連組織を禁止している」と述べています。

実はハンブルクの住民からは、何年も前からハンブルク・イスラミックセンターを調査するよう要請が出ていました。

今回閉鎖が命じられたイマーム・アリー・モスクは、ドイツ最古のモスクの一つであるだけでなく、ブルーモスクと言われるように、なかなかに趣のある、美しい建物です。しかし実は、この美しい青いモスクが、テロ支援国家イランの出先機関となり、テロ組織ヒズボラと関係し、ドイツ国内でイスラム過激主義や反ユダヤ主義を広める活動をしていた。

それだけではありません。内務省は、同センターはモスクを通じて「イランの革命思想」を広めていると非難、同センターはそれらの思想を「攻撃的かつ戦闘的なやり方で」広めるために活動していたと記しています。

イスラム過激主義、反ユダヤ主義、イラン・イスラム革命思想。このすべてが、ドイツの憲法に反します。住民は何年も前からこれを危惧し、当局に捜査を依頼していたものの、当局が動いたのは最近のことであり、先月ようやく閉鎖された、というわけです。

ドイツ当局はハンブルク・イスラミックセンターに関係する53軒の建物も捜索し、フランクフルト、ミュンヘン、ベルリンにある支部、四つのモスクを閉鎖したと発表しました。

これが移民大国ドイツの現実です。モスクの実態です。

翻って日本では、モスクの建設はいいことだ、モスクを建設するために国境を越えて寄付を募っているのは素晴らしいことだとメディアが絶賛。東京にあるモスク「東京ジャーミイ」

を「美しい！」「海外に来たみたい！」「多文化共生の象徴！」と賛美して憚りません。

東京ジャーミイがトルコ政府によって運営されていること、トルコが宗教庁に多額の国家予算を割き、世界中にモスクを建設し、そこを拠点に「トルコ的イスラム教」を広める活動や工作活動を行っていることを、日本のメディアや当局はまったく知らないのか、知っていてこうした宣伝に協力しているのか。私はこの状況を非常に危惧します。

なお、ハンブルク・イスラミックセンターについては、ドイツのシュピーゲル誌がイラン・イスラム共和国から直接の命令を受けヒズボラを支援していたと報じています。

シュピーゲル誌によると、内務省が出した220ページに及ぶ同センター禁止命令文書を検証したところ、同センターがいかにイラン政権と密接に協力し、ヒズボラといかにつながりを持っていたかが判明したとのこと。文書によると、同センターの責任者であるモハメド・モファテ氏はメッセージアプリ「ワッツアップ」を使い、2021年末から2023年末にかけて、イランの最高指導者ハメネイ師に近い最高幹部メフディ・モスタファヴィ氏と650件以上のメッセージをやり取りしていたとのこと。

イラン当局は、ハマスによる10月7日の攻撃を宣伝する方法についてもメッセージを送り、モファテ氏に対し、「イスラム抵抗勢力」にはイスラエルの「犯罪」を阻止する「他の手段はない」と述べるよう助言した、とされています。

政権との直接の連絡に加え、イエメンに送られたとされる寄付金の証明書にハメネイ師の印章とスタンプが押印されていたこともわかっています。モファテ氏は以前の声明で、モスクの閉鎖には理由はなく、「ここで説いているイスラム教は理性のイスラム教であり、平和、友情、人々の平和的共存のイスラム教である」と主張していましたが、捜査によって異なる事実が明らかになりつつあります。

翻って日本の現状を見てみると、メディアも「専門家」も、「イスラム抵抗勢力」推しが非常に顕著であるのは明らかです。

先日、長崎市の鈴木史朗市長は8月9日の平和祈念式典にイスラエルは呼ばず、イランには招待状を送りました。パレスチナにも招待状を送りました。

そもそも、「イスラム抵抗勢力」などという言葉を新聞やテレビが平気で使っていること自体、イランやハマスやヒズボラのテロが「正しい」ものであると信じ、そのイデオロギーに与《くみ》していることの証です。これは日本赤軍やその最高幹部だった重信房子《しげのぶふさこ》氏が、テロを「抵抗」と呼んで美化、正当化するのと同じ論理です。

抵抗、レジスタンスという言葉には、戦っている相手は悪の権力なんだ、これは正しい、正義の戦いなんだという含意がある。

ドイツでは、イランがモスクやイスラム・センターを利用し、このイデオロギーをドイツ国内で広めていたことがわかったわけです。
日本はそうではない、と言えるでしょうか？　私は日本でも何らかの工作活動が行われていると考えるのが妥当だと思います。

（２０２４年８月12日）

【ドイツ】〝多様性フェスティバル〟無差別テロ事件が示した多文化共生の現実

ドイツのゾーリンゲンで開かれていた「多様性フェスティバル」で、男がナイフで無差別に切りつけ３人を殺害、８人が負傷したテロ事件について、イスラム過激派テロ組織「イスラム国」が犯行声明を出しました。

ドイツ警察は26歳のシリア人難民イーサー・Hを逮捕。逮捕時にイーサーはまだ血まみれの服を着ていたとのこと。

シュピーゲル誌によると、イーサーはシリアの都市デリゾール生まれのスンナ派イスラム教徒で、２０２２年12月末にドイツに来て、ビーレフェルト市で難民認定を申請、１年後、彼は内戦国からの難民認定希望者がよく受ける、いわゆる「補助的保護」を受けた。シュピーゲル誌の情報によると、彼がイスラム過激派であることは、これまで治安当局に知られていなかったという。

共同通信がこの事件について報じた「ドイツの刃物襲撃でシリア人拘束　3人死亡、ISが犯行声明」（2024年8月25日）という記事にはこう書かれています。

〈警察は24日、現場から逃走していた男を拘束した。有力誌シュピーゲルによると26歳のシリア人で、警察官に名乗り出た。過激派組織「イスラム国」（IS）は「ISの戦士が実行した」とする犯行声明を出した。

シュピーゲルによると、男は2022年12月にドイツに来て難民申請し滞在が認められた。ISの声明はキリスト教徒を標的にしたとし「パレスチナなどあらゆる場所にいるイスラム教徒のために報復した」と訴えた。ISはキリスト教徒や欧米諸国を敵視し世界各地でテロを繰り返している。今回の事件に実際に関与したかどうかは明らかになっていない。〉

わざわざ事実をわかりにくくしているのかと疑いたくなるほど奇妙な文章ですが、要するに、拘束された容疑者は2022年にドイツに来て難民申請した26歳のシリア人で、イスラム国が犯行声明を出した、ということです。イスラム国の犯行声明は、以下です。

「ドイツ・ゾーリンゲンでキリスト教徒の集団を標的とした攻撃の実行者はイスラム国の兵士であり、彼はパレスチナおよびあらゆる場所にいるイスラム教徒たちの報復を実行した」

今回は、共同通信の記事で紹介されている声明の内容自体は間違ってはいない。過去には声明の翻訳自体が間違っていたことが何度もありますが、今回は短い声明で簡単なので、さすがに内容は合っています。

しかし「ＩＳはキリスト教徒や欧米諸国を敵視し、世界各地でテロを繰り返している」という説明は間違っています。イスラム国が敵視しているのは、「キリスト教徒や欧米諸国」だけではありません。

これを読んだ人は、「じゃあ、イスラム国は日本のことは敵視していないんだな」と理解するでしょう。これはとんでもない間違いです。共同通信の記事はフェイクニュースです。イスラム国は日本のこともちろん、敵視している。日本人のことも敵視している。イスラム国はイスラム教徒も平気で攻撃して殺します。なぜならイスラム国は自分たちに従わない人はすべて敵と認定し、世界中の既存のすべての国家も敵と認定しているからです。

イスラム国が敵視しているのはキリスト教徒だけではなく、仏教徒や神道、ヒンドゥー教徒など、すべての異教徒と、宗教を持っていない人、無神論者、加えて自分たちに従わないイスラム教徒です。イスラム国が敵視しているのは欧米諸国だけではなく、すべての国です。ここにはもちろん日本も含まれるし、中東や東南アジアのイスラム諸国も含まれる。

イスラム国が「爆誕」してから、もう10年が経ちます。共同通信はこの10年間にいったい、何を学んできたのでしょうか？

共同通信は、イスラム国の初代指導者が殺害された時、「預言者の後継者を自称する象徴的な存在だった指導者を失ったことで、（「イスラム国」の）壊滅は決定的となった」という記事を出し、私はこれは間違っていると「ニューズウィーク」のコラムで批判しました。

実際、イスラム国は全然壊滅などしていない。今も元気いっぱい、世界で活動しており、ゾーリンゲンでもテロを実行して3人も殺害しました。

では、共同通信は自らのフェイクニュースを訂正したり謝罪したりしたでしょうか？　もちろんしていません。平気でフェイクニュースを流し、それが間違っていても、間違っていると指摘されても修正も謝罪もせず、フェイクの上にまたフェイクニュースを重ねる。

今回の記事では、あたかもイスラム国が狙っているのはキリスト教徒と欧米だけで、日本はターゲットではないかのようなフェイク記事を出している。

以前から指摘しているように、日本のメディアはイスラム教が大好きです。イスラム教こそが資本主義に代わり人類を本当の平和、本当の平等に導く唯一の残された道であるかのように日本人を洗脳しようとしている。

だから、イスラム教は平和の宗教だといつも書いているし、イスラム教徒は心優しいとか思いやりがあるとか、助け合いの精神を持っていて本当に素晴らしいとか絶賛し、イスラム教について少しでも問題にしたり疑念を持ったりした人に対しては「差別主義者だ！」と目を釣り上げて断罪する。

日本のメディアにとって、イスラム過激派テロ組織の存在は不都合です。だから彼らは、ハマスがイスラム過激派テロ組織であることを隠し、「イスラム組織ハマス」などと書いて、ハマスの本質を隠蔽する。ハマスはあたかも、かわいそうなパレスチナ人のために戦う正義の戦士であるかのように描写するわけです。

だから彼らは、イスラム国のことも「ＩＳ」とか書いて、これがイスラム過激派テロ組織であるという本質を隠そうとしてきた。そして今回の記事のように、イスラム国は日本人を標的としていないかのように印象付け、日本人を油断させようとしている。

共同通信に騙されてはなりません。日本人はイスラム国の標的です。そして今回、難民申請して滞在が認められたシリア人がイスラム国に共鳴し、無差別ナイフテロを実行したように、難民や移民の受け入れには一定の割合で必ずテロのリスクが伴う。これが事実です。

ドイツの政党ＡｆＤ（ドイツのための選択肢）のビョルン・ヘッケ氏は、今回のテロについてXに次のようにポストしました。

「ドイツ人よ、チューリンゲン（州の）人よ、本当にこの状況に慣れたいですか？　自分自身を解放し、多文化化を強制する間違った道をいい加減に終わらせましょう！　子供たちを守れ！　これ以上はありえない」

テロリストが襲撃したのは、ゾーリンゲン市の創建６５０周年を祝う「多様性フェスティバル」だというのですから、実に皮肉です。

「多様性を祝福しよう！」とやっていたら、その多様性をもたらした難民認定希望者であるイスラム教徒が、地元のキリスト教徒を無差別攻撃し、これは世界のイスラム教徒のための報復だと言っている。これが多様性の現実です。いや、少なくとも、多様性の促進がもたらす結果の一つがこれであることを、否定することは誰にもできないはずです。

日本はこの種のテロがまだ起こっていないから、誰もこんなリスクについて警鐘を鳴らしたりしない。警鐘を鳴らすと、その時点でまた「差別主義者」のレッテルを貼られるわけです。そう、私がそうであるように。

本来、世界情勢について客観的に報道し、難民や移民労働者の受け入れのリスクを示して、日本国民に対して警鐘をならすべきメディアは、ご覧のように、警鐘をならすどころか、日本人にウソを伝えて油断させようとしている。実に恐ろしいことです。

（2024年8月25日）

【ベルギー】激増するモロッコ系移民

ダイヤモンド・オンラインが「人口減少の日本は、なぜ移民を受け入れないのだろう?・」（2022年12月4日）という記事を出しています。冒頭部に、

〈退職した高齢者の年金負担は年々重くなり、働き手の不足も顕著になる一方なのに、なぜ日本は移民を受け入れないのかと不思議に思う人も多くなっています。〉

とあるように、この記事では、「日本人の多くは移民を受け入れるべきだと思っている」ことが前提になっています。この前提が前提としているのは、「少子高齢化対策としての移民受け入れは当たり前だ」という認識です。この認識は2000年に国連が発表した「Replacement Migration」という文書にも示されています。ここでは、ヨーロッパ社会の高齢化問題を解決するには移民を受け入れるべきだと提言されています。

実際、ヨーロッパでも日本でも、社会の高齢化問題を解決するには移民を受け入れるべきだ、いや受け入れるしかないという考えが定着してきました。ここでは移民は、高齢化社会を支えるため、福祉や医療を支えるための「経済資源」とみなされています。福祉や医療を手放したくなかったら移民を受け入れるしかないのだと、一般国民に圧力をかけていく。その結果、国民も概ね、移民受け入れやむなし、それ以外に道はないと思うようになる。

そして、少しでも移民受け入れについて異論を述べたり、それが国の文化や伝統に与える影響や、価値観の差異について議論しようとしたりするだけで、「差別主義者」だと烙印を押される社会になる。これが特に西ヨーロッパ諸国の歩んできた道のりであり、日本がまさに進もうとしている道でもあります。

しかし、「移民受け入れやむなし」論は極めて深刻な問題を孕んでいる。それが露呈したのが、2022年のサッカーW杯のベルギー対モロッコ戦でモロッコが勝利した後、ベルギー各地で発生した暴動です。日本ではこれが、モロッコに負けたベルギー人が憂さ晴らしにやったように報じられましたが、実はこれをやったのはベルギー在住のモロッコ系移民でした。

問題の根が深いのは、ベルギーでもこの暴動がモロッコ系移民によるものだということが、やんわりと覆い隠されて報じられた点です。メディアも政治家もこの暴動の本質について、つまりこれが「移民は同化しない」「移民のアイデンティティはむしろ母国にある」ことについて議論することを避けたのです。ブリュッセル市長はこの暴動を「凶悪犯と悪党」のせいだと述べ、この言説があちこちで繰り返されました。

ベルギーの公的統計局Statbelによると、現在ブリュッセルの人口の46％は非ヨーロッパ系で、ベルギー系は24％のみです。モロッコ系はベルギーの人口の7％ですが、ブリュッセル首都圏では12％を占め、そのほとんどがベルギー国籍を持っています。

ブリュッセルでは、18歳以下の年齢層ではモロッコ系がベルギー系よりも多く、多くの学校では非ヨーロッパ系の子供たちだけが通学しています。そういった学校では、宗教の授業でイスラム教を選択する生徒が大半を占めるようになっています。

ブリュッセルはベルギーの首都です。ブリュッセルの状況を東京に当てはめて考えてみたら、いかに社会構造が大きく変わってしまったかがわかるでしょう。

ベルギーの人口は約１１００万人ですが、うちモロッコ系移民の数は１９６１年にはたったの４６０人だったのが、１９７０年には３万９０００人、２０１０年には80万人と激増しています。モロッコ系の地方議員、連邦議員も26人います。市長がモロッコ系というところも数か所あります。

移民を大量に受け入れると社会や国はどう変わるか。ベルギーにはその実例が見られます。

（２０２２年12月６日）

【スウェーデン】パレスチナ人女性市長誕生

ＮＡＴＯ加盟をめぐってトルコと今も際どいやり取りを続けているスウェーデンですが、そもそもなぜ、トルコがスウェーデンのＮＡＴＯ入りに反対したかというと、スウェーデンがトルコの反体制派の「楽園」となってきたからです。

スウェーデンは、人権を重んじ、多様性を受け入れるというのが国家のアイデンティティの一つです。何らかの事情があって自国に暮らすのが困難な人々を多く受け入れてきました。その中に、トルコから逃れてきたクルド人やギュレン派の人々が多くいるのです。シリア人、ソマリア人なども多く暮らしています。中にはパレスチナ人もいます。

２０１４年にスウェーデンに移住してきたパレスチナ人女性であるタマーム・アブーハミーダーンは今や、ブレーキンゲ県オロフストロム市の市長です。彼女は２０１４年にスウェーデンに住み始め、２０１５年には早くも社会民主党に入党している。極めて政治的な人です。社会民主党というのはスウェーデンの与党で、社会民主主義を掲げる左派政党です。

彼女が政治に興味を持ったのは、彼女がパレスチナのガザ生まれで、ガザの強い「政治的環境」に影響されたためです。２０１８年には市議会議員となり、副市長を務め、２０２０年に党から指名されて市長になりました。今年の9月には、スウェーデンの議会選挙に出馬する予定とのこと。彼女は単に、女性、外国出身の移民、母親であるだけではありません。彼女には強い政治イデオロギーがある。ミドル・イースト・モニターの２０２２年7月4日の記事によれば、彼女は次のように言っています。

「私はスウェーデンで達成したことをとても嬉しく、誇りに思っています。ガザ出身のパレスチナの少女がスウェーデンでこのような地位を得たことは、パレスチナの大義の証明です」

「パレスチナの大義」というのは一般に、パレスチナ国家が建設されるまではイスラエルの存在を認めないという考えを意味します。それは多くの場合、イスラエルとパレスチナという二つの国が共存することではなく、イスラエルを殲滅し、そこをパレスチナ国家で置き換えることをめざすイデオロギーでもあります。

私には、彼女が「パレスチナの大義」と言う時、具体的に何を意味しているのかはわかりません。しかし、「パレスチナの大義」を掲げる人物が、スウェーデンの一つの市の市長であり、今度は国会議員になろうとしている。これが多様性国家スウェーデンの現実です。

彼女は民主的に選挙で選出され、市長になった。国会議員にもなるのでしょう。それによって彼女は、スウェーデンの国会で、「パレスチナの大義」を掲げることができる。彼女のような議員が増えれば将来的に、スウェーデンが国として、イスラエルを支持しない、イスラエルを否定する、イスラエルへの支援を打ち切るといった決定を下す可能性が高まります。

要するに、こうした議員は当然、スウェーデン生まれスウェーデン育ちの議員とはまったく異なるイデオロギーを持っているということです。そしてこういった人が増えれば、地方自治体、さらには国も、こうしたイデオロギーによって動かされることになる。

今年行われたフランスの大統領選で、極左のメランション候補を支持した中にはイスラム教徒が多くいたことが知られています。イスラム教徒が左派を支持し、左派政党に入ったり、左派候補に投票したりすることによって、国の政治を左右するようになっているのです。

これがヨーロッパの現実です。

（2022年7月5日）

【EU】EU議会選挙で反移民・難民政党が躍進

２０２４年６月のEU議会選でフランスではル・ペン氏率いる国民連合が圧勝を収めたことについて、日本のメディアは「極右圧勝」と報じています。TBSの「EU議会選・極右圧勝のフランス　マクロン大統領がフランス議会解散を発表」（２０２４年６月10日）という記事には次のようにあります。

〈フランスのマクロン大統領は９日、EU＝ヨーロッパ連合の議会選挙で極右政党に大敗する見通しとなり、フランス国内の議会を解散し、今月末に総選挙を行うと発表しました。

フランスでは、EU議会選挙の投票が９日に行われ、フランス公共放送の出口調査によりますと、得票率は極右の国民連合が31・５％でトップとなり、マクロン大統領の与党連合に２倍以上の差をつけています。〉

EU議会選挙の結果はまだ出揃っていませんが、スペインでも保守の国民党がペドロ・サンチェス首相率いる左派の社会労働党に勝利、オーストリアでも右派の自由党が勝利、ベルギーでも現職の首相が率いる左派政党が敗北して首相は辞任を表明しています。

米ポリティコは、「ヨーロッパの政治の重心は右傾化しつつある。本日の欧州連合選挙では、人口が最も多いドイツ、フランス、イタリア、スペイン、ポーランドの５か国で中道右派と極右政党が過半数を獲得する見通しだ」と報じています。

ヨーロッパでは明らかに大きな変化が起きています。大きな変化というのは、具体的にはリベラルに代わり保守が大きな支持を集めるようになったという、その変遷のことです。

イタリアでは2022年にジョルジャ・メローニ氏が首相になった。オランダでは今年、ヘルト・ウィルダース氏率いる自由党が第1党になった。ドイツでは「ドイツのための選択肢」、イギリスでは「リフォームUK」、スウェーデンでは「スウェーデン民主党」が、ポルトガルでは「シェーガ」が支持を急速に拡大している。

ここ数年、急速に支持を拡張している彼らに共通するのが自国第一主義（愛国）と反移民・難民です。なぜなら移民・難民の増加により麻薬密売などの犯罪が増加し、治安が悪化し、福祉が圧迫され、住宅価格の高騰を招くなど、多くの問題を引き起こしているからです。

例えば先日も、リフォームUKのファラージ氏は、「人口爆発」が住宅価格を引き上げており、これは移民を「正味ゼロ」まで削減すれば解決すると主張していました。

フランスのル・ペン氏率いる国民連合の場合、移民・難民の規制強化に加えて、環境政策に対する批判も支持を集めています。環境規制の強化が物価高や農家の生産性低下を招いているからです。さらに国民連合は、ウクライナへの軍事支援拡大も批判している。

共通するのは、「自国のため」「自国民のため」です。これを私は「保守」だと考える。

ところがこれに「極右」のレッテルを貼るのが、TBSをはじめとする日本のメディアです。TBSの記事には次のようにあります。

〈国民連合は、EU脱退などといった極端な主張を封印する「脱悪魔化」戦略を進めるとともに、EUの移民政策や厳しい環境政策への不満の受け皿となって支持を広げました。

マリーヌ・ルペン前党首は「国全体で国民の力が高まっているのを見るのは感動的だ」と勝利宣言しました。一方マクロン大統領はテレビ演説を行い、選挙結果について「フランスだけではなく、ヨーロッパにとっても危険なことだ」としたうえで、「国民に議会の将来についての選択肢を与えることを決めた」と述べ、国民議会の解散を発表しました。〉

つまりTBSは、移民政策や環境政策を批判する人や政党も、自国民を第一に考える人や政党も「極右」で「危険」だと考えているわけです。これは日本のメディアがトランプ批判を展開する時にも用いる常套句ですが、私にはこの論理がさっぱりわからない。自国と自国民を第一に考え、現行の移民政策や環境政策を批判する人が極右であるなら、私も極右です。

しかしこのレッテル貼りは、TBSの立ち位置を示してもいます。移民政策や環境政策を批判する人や政党を「危険」と認定するのはすなわち、移民政策や環境政策から恩恵を受ける人の立ち位置にいるということです。自国民を第一に考える人や政党を「危険」と認定するのはすなわち、外国人や外国を第一に考える人の立ち位置にいるということです。

メディアは日本ではなく外国の利益を代弁し、そこから自らも利益を得ている。だから自国第一主義や反移民、反環境を唱える人や政党に極右のレッテルを貼り危険視するのです。

メディアのその自己中心的な歪んだレンズを取り外して現実を見れば、その国の政治家がその国の国民のことを第一に考え、そのための政策を打つのは極めて当たり前のことです。

ヨーロッパの人たちは、急増する移民・難民、強化される環境政策のせいで、あまりにも急速に自分たちの生活、社会が悪化したことで、ようやくメディアの洗脳から解かれ、保守に目覚めた。その結果がここ数年のさまざまな選挙結果に表れています。

今回のＥＵ議会選挙もその一環です。メディアが自国第一主義を唱える政党にいくら極右のレッテルを貼り、「危険だ」と騒いだところで、この流れは止められないでしょう。

そしてこれからまさに、移民・難民を大量に受け入れようとしている日本でも、今ヨーロッパで起こっているこの変化が必ず起こる。日本ではまだ、移民・難民の問題を意識している人はそう多くはありません。しかしそれでも、例えばＹａｈｏｏ！ニュースに共同通信の「日本各地にモスク計画続々、資金集めにＳＮＳ　イスラム教徒、相互扶助の精神は国境を越える」（２０２４年６月８日）という記事が掲載されたところ、記事自体はイスラム教徒を絶賛しているのに、そこについたコメントの多くはこの動きを警戒していました。

日本国民のイスラム移民・難民に対する警戒感は、ヨーロッパの人々のそれよりも発生が早いように思います。ヨーロッパではイスラム移民・難民が急増し、治安悪化が相当進んでから初めて、これを問題として主張する人たちの姿が顕在化してきた。

それはおそらく、一つには、ヨーロッパでは過去の植民地支配を理由としたイスラム教徒に対する贖罪意識が強く、イスラム教徒の問題を口にすることに対する社会的圧力が極めて強かったのに対して、日本はそういった過去や贖罪意識とは無縁だからでしょう。

もう一つは、日本は独自の文化を長らく保ってきた独自の国だからです。日本人は一般に異文化に対して寛容です。しかしそれが自分たちの文化を脅かすとなれば話は別です。

さらにもしかしたら、日本では私という、主流から外れたイスラム研究者がいたからかもしれません。私以外のイスラム研究者は今も、イスラム教を絶賛し、イスラム教徒を褒めそやすことに懸命になっている。

「イスラム教徒はみんな、信じられないほどいい人たちなんだ！」

「彼らは私たち日本人が失ってしまった思いやりや家族愛などの美徳をすべて持っている、すばらしい人たちだ！」

と躍起になって賛美している。

私のように、一人でもイスラム教についての客観的見識を一般に周知する研究者がいるというのは、誰もいないよりは全然マシです。幸い、私が書いた本も他の研究者に比べればよほど売れている。イスラム教に関心を持ち、書店に赴く人が私の本を手に取れば、高い確率でメディアのフィルターから脱却することができると私は信じています。
イスラム移民によるヨーロッパの退廃を、英ジャーナリストのダグラス・マレーは「西洋の自死」と呼んだ。日本が自死する前に、日本人の多くがこの問題に気づいてくれることを願い、私は自分にできることをやるだけです。

（２０２４年６月10日）

第3節　イスラム化する東アジア

【タイ】イスラム教徒と結婚した仏教徒がイスラム教に改宗

時事通信が「仏教徒とイスラム教徒が共存　武装勢力のテロ続く紛争地―共通言語で交流・タイ南部」（２０２２年12月17日）という記事を出しています。これは、事実と願望を混同した、日本メディアにありがちな記事の一例です。見出しは読者に対し、「タイ南部では武装勢力のテロが続いているけれども、仏教徒とイスラム教徒がうまく共存できている」という印象を与えます。実際、記事の冒頭にはこうあります。

〈イスラム武装勢力によるテロが絶えず、緊張が続くタイ南部に、仏教徒とイスラム教徒が手を携えて暮らす地域がある。パッタニー県サイカオ地区。両教徒は互いの宗教行事に参加し、豊富な農産物を公平に分け合う。タイ政府は「二つの信仰が共存する地域社会」と評価。アダム地区長は「誰もが平等に生活しているからこそ平和が保てる」と力説する。〉

「手を携え」「共存」「平等」「平和」と、実に理想郷的な言葉が並びます。パッタニー県はマレーシアに近いタイのいわゆる深南部にあり、「武装勢力が活発に活動しており、テロなどで多くの死傷者が出ている」とあります。「武装勢力」とは、イスラム過激派です。なぜここで「イスラム過激派」と言わずに「武装勢力」と濁しているのか。それは時事通信のめざす理想郷的平和的共存記事に、「イスラム過激派」という言葉が水を差すと考えたからでしょう。ここには作為があります。イスラム過激派なのだから「イスラム過激派」と書くべきなのに書かない。こうして事実をごまかし、焦点をぼかすわけです。

ここに時事通信は「宗教間の調和をめざすNGOのラマイ・マナカーン氏」を登場させる。彼は「共存の秘訣」は言語であり、サイカオ地区では仏教徒もイスラム教徒も南部方言を使うため意思の疎通が容易で誤解を招きにくいと言います。そういう側面もあるかもしれない。しかし世界では、同じ言語を使っていても、異なる宗教の信者同士が争ったり戦ったり殺し合ったりすることはいくらでもあります。同じ言語を使うので、意思の疎通が容易であり、それで平和共存できているというのは、私個人としては納得しがたいものがあります。

本当に平和共存できているのかと疑問に思ったところで、記事にはこうありました。

〈こうして培ってきた調和も、いずれ崩れるのではないかと危惧されている。イスラム教徒と結婚した仏教徒の多くが改宗し、イスラム教徒の割合が徐々に増えているからだ。〉

要するに、実は仏教徒とイスラム教徒の平和共存や調和はすでに崩れているのだということがわかります。危惧というか、すでにイスラム教徒が増加している。しかもそれは、イスラム教徒と結婚した仏教徒が改宗しているからだという。これこそが問題の根源です。

イスラム教は教義で異教徒との結婚を禁じるか忌避します。イスラム教徒女性は異教徒男性とは結婚できません。異教徒は結婚前に必ずイスラム教に改宗しなければならない。

イスラム教徒男性はキリスト教徒とユダヤ教徒の女性とならば結婚することが認められます。しかしこれは忌避される。仏教徒など多神教徒の女性とは結婚することが禁じられます。

ゆえに相手が仏教徒の場合には、基本的にはイスラムに改宗しないとイスラム教徒とは結婚できない。平和的に共存とは言っても、仏教徒とイスラム教徒が親しくなって結婚となったら必ず仏教徒がイスラム教徒に改宗する必要があるわけです。逆は通常は考えられない。

なぜならイスラム教では、棄教が禁じられているからです。イスラム教徒が仏教に改宗するのはありえない。そんなことが許されるのは、個人の自由が保障されている先進国で、しかも家族や親戚が周囲にいない場合に限られます。

そして、イスラム教徒の子供は自動的にイスラム教徒になるというのも、イスラム教の教義です。仏教徒とイスラム教徒が平和的に共存しているとは言っても、実際にはイスラム教の教義が優先され、それが先行し、イスラム教徒が増えている。これが現実です。

いくら時事通信がサイカオ地区に平和共存の理想郷を見出したくても、現実はそううまくはいっていない。この記事の中ですら、読者を説得できるような平和共存など成り立っていないのです。記事は次のように続きます。

〈また、域外の宗教学校に通学するイスラム教徒の子供が増加。これらの子供たちは南部方言に代わり、学校で習うマレー語を話すようになった。かつてはほとんどいなかった髪を覆う布「ヒジャブ」を着用する女性も増え、イスラム化が少しずつ進む。〉

イスラム教徒が増え、マレー語を話すようになり、ヒジャーブ着用女性が増えている。平和的に共存してきたつもりだったのが、いつの間にかイスラム化が進んでいる。これはイスラム教という宗教の本質が実によく表れている事例です。

我々がこの記事から理解すべきは、共通言語があればイスラム教徒と仏教徒でも仲良く共存できる「はず」だという理念ではありません。イスラム教徒と別の宗教の信者が隣り合ってある程度交流を持って暮らせば、自動的にその地域のイスラム化が進むという事実です。

イスラム化は必ずしもテロによって進むわけではありません。歴史的には改宗、結婚、多産によってイスラム化が進んだ地域も多くあります。東南アジアはその一つです。

インドでは、イスラム教徒がヒンドゥー教徒と恋愛関係になって改宗させて結婚する問題は「ラブ・ジハード」という社会問題として論じられることもあります。

（２０２２年12月19日）

【韓国】モスク建設に反対する住民が豚肉パーティー

韓国紙ハンギョレが、「40人前の豚肉を焼きながら暴言…韓国で『イスラム嫌悪の宴』繰り広げた住民たち」（２０２２年12月16日配信）という記事を出しています。

事の経緯は次のようなものです。慶北《キョンブク》大学に通うイスラム教徒留学生たちがモスク建設を始めたのに伴い、大邱《テグ》市の住民がモスク建設反対運動を開始した。大邱市北区役所が工事を中止するよう行政命令を出したものの、施主やモスク建設を支持する市民団体などが行政命令撤回訴訟をし、施主側が最高裁でも勝訴したため、モスク建設が再開。すると反対派住民らがモスクの工事現場に豚の頭、豚足、豚のしっぽなどを置いたり、豚肉パーティーを開催するようになったというわけです。

モスク建設支持派は、反対派の行動は「イスラム教に対するヘイト」だと批判しています。一方反対派は、自分たちの行動はヘイトなどではなく「土俗信仰」だと主張しています。

反対派は会見で次のように述べたそうです。

「ここは大韓民国だ。土俗信仰に基づく豚頭の祭祀をヘイトクライムと主張するのは話にならない」

「イスラム寺院の施主たちこそ、住民の文化と宗教を差別し嫌悪している」

ハンギョレは反対派に批判的です。宗教的マイノリティや外国人の権利を尊重し、多数派側がそれに歩み寄り譲るのが当然だというイデオロギーが透けて見える。記事中でもモスク建設を支持する学生が、「馴染みのなさからくる不快さはあるだろうが、対話と協力で対立を解消するのが自由民主主義社会ではないのか」などと言っている。対話と協力で対立を解消。朝日新聞さながらの論調です。

反対派と賛成派がこれまでどれほど対話や協力をしたのかはわかりませんが、記事から理解できるのは、最高裁がモスク建設を認可し、実際にモスク建設は強行されているという事実です。モスク建設に反対している住民がいることはここでは勘案されていません。理屈上はそれで正しい。しかし、これはハンギョレや既出の学生が理想とする「対話と協力で対立を解消」という方針に矛盾しているのではないかと私は思います。

最高裁が認可したのだからモスク建設強行はOK、でもモスク建設反対運動はヘイト、問題は対話と協力で解決するのが民主主義社会だ。これは、私には二重基準に見えます。

日本でもモスクは数多く建設されています。朝日新聞の「イスラム教育も教科書もあえて日本語で　マドラサを作った男性の思い」（2022年5月27日）という記事にはこうある。

〈在日ムスリムの研究を続けてきた店田廣文・早稲田大名誉教授らの調査によると、全国の

モスクの数は113（21年10月時点）。「そのうち約半数以上で、何らかの教育活動が行われているのでは」とみる。〉

モスクというのは、ここにモスクを建設しますと計画して新設されるものだけではありません。別の建物がモスクに転用される場合もあれば、マンションの1室がモスク化する場合もあります。誰かの自宅の一室も、モスクの役割を果たしえます。そうした非公式なモスクを合わせれば、日本にあるモスクの数というのは113では済まないはずです。

近所にある家に急にイスラム教徒が大挙して訪れるようになった、隣室に見知らぬ外国人がやたらと集っている……。こうした経験をする日本人は今後ますます増えるでしょう。

イスラム教というのは実践の宗教です。心の中で信じていさえすればいい、という宗教ではない。彼らは集団で集まって礼拝する場所（＝モスク）を必要とします。彼らは彼らの戒律に従った食べ物や土葬墓地も必要とする。

大分県日出町では土葬墓地建設をめぐって、イスラム教徒側と住民側の対立が続いています。この場合も、土葬墓地を建設することは法律上は問題がありません。ただ、今のところは、建設を強行するには至っていないということです。韓国のモスクのように、法的に問題がないからといって、住民の反対を無視して建設を強行したらどうなるのか。

住民が豚肉パーティーをやるかどうかはわかりません。しかし、現代の日本人の大多数派にとっては、豚肉を食べるのは一般的です。例えば墓地建設地の前にとんこつラーメン屋ができたら、それはヘイトクライムなのか。

私は、「多様性」問題については日本の法律に従うのが基本だという立場です。しかし一方で、法律に従いさえすればいいという話でもない。韓国のモスク建設と豚肉パーティー問題はその一例であり、日本でも類似の事案はいつ起こっても不思議ではありません。

（2022年12月18日）

【韓国】モスク建設に豚の頭で対抗

産経新聞が「韓国でモスク建設巡り泥沼の対立　イスラム教の禁忌「豚」の頭、住民が予定地に置いて対抗」（2024年3月14日）という記事を出しました。冒頭にはこうある。

〈午後4時45分、韓国南東部・大邱（テグ）市の名門国立大学、慶北（キョンブク）大から徒歩数分の住宅街。長いひげをたくわえたイスラム教徒の留学生男性ら10人以上が定時の礼拝のために一軒の建物に集結するのを、隣人女性（62）が苦々しい面持ちで眺めていた。「住民を敵視する彼らと、毎日顔を合わせるのが苦痛だ」

2021年、留学生らが計画したモスク（イスラム教礼拝所）の建設計画に近隣住民が反発し、対立が表面化した。住民側はイスラム教で食べることが禁止されている豚の頭を建設予定地の入り口に置いて焼き肉パーティーを開催。保守系キリスト教勢力も外部から合流し、反対運動はエスカレートしていった。〉

韓国は日本以上に少子化と外国人流入が急速に進んでいる国でもあります。外国人流入が急速に進むと文化的、宗教的な対立・摩擦が勃発することを韓国の事例は示している。

韓国にとってイスラム教は異教です。イスラム教徒が近所に多数集まり、宗教儀礼である集団礼拝を開催することに、韓国人の一部は強く反発している。豚の頭は韓国の食文化の象徴であると同時に、豚を禁忌とするイスラム教に対する牽制でもあります。

イスラム教徒男性は、金曜日の昼の礼拝を集団で行うのが義務とされています。特に異教の地における集団礼拝は、イスラム教の力、神の法の威力、正当性を、異教徒たちに見せつける象徴的な意味を持つ。一部の韓国人がこれに反発するのは、自然なこととも言えます。

ここ10年で国内のイスラム教徒やモスクが急増している日本にとっても、こうした問題は対岸の火事ではありません。

私は豚の頭を置いてモスク建設に抗議する行動を称賛しているわけではありません。しかし私たちも近い将来、同じ問題に直面することになるだろうと指摘しておくことは重要です。

日本にもすでに100を超えるモスクがあります。代々木上原には東京ジャーミイというトルコ政府の運営するモスクがある。メディアはこれをこぞって多文化共生の象徴であるかのように取り上げ、美しいといって称賛している。しかしこのモスクは、トルコの宗教的覇権の象徴です。トルコ的なイスラム教を世界に広めるのは、トルコという国の国策です。

イスラム教というのは日本の文化、倫理観、世界観、ルールとはまったく異なる規範の集合体です。それを広めることを目的としている施設を、一切警戒することなくあらゆるメディアが称賛するのは実に奇妙です。日本政府や日本メディアの、無責任な多文化共生称賛を象徴するのが、この東京ジャーミイ推しです。

日本人の多くがこの無責任な多文化共生推しに騙されているのは、彼らがまだイスラム教の力を知らないからだと私は思っています。ヨーロッパ諸国は、イスラム教の力によって自国の文化、社会、国土が破壊されて初めて、リベラルの欺瞞に気づき保守に目覚めました。韓国でもすでに、その兆しが見られます。日本は果たしてどうなるでしょうか。

日本政府は今後5年間に、82万人の外国人労働者を受け入れる方針です。日本政府が「特定技能に関する二国間の協力覚書」を交わしている国は16か国ありますが、そのうちインドネシア、バングラデシュ、ウズベキスタン、パキスタン、マレーシア、キルギスは人口の大半がイスラム教徒であり、インドにも2億人以上のイスラム教徒がいます。

大量のイスラム教徒移民を受け入れ、彼らに家族帯同と永住を認めるということは、彼らのための土葬墓地を用意しなければならないことを意味します。日本政府はそのことをわかっているのでしょうか。日本国民はそのことをわかっていて、「人手不足だから外国人労働者を受け入れるのは仕方がない」と認めるのでしょうか。

わかっていて受け入れるならば、それはそれでいいと思います。しかしこれを一切勘案せず、単に労働力としてイスラム教徒移民を受け入れようとしているのであれば、日本政府の無策は糾弾されて然るべきです。

土葬墓地だけでなく、モスクも今以上に急速に増えます。そこにイスラム教徒が集い、集団で礼拝をするようになります。イスラム教徒の子供も学校に増えるでしょう。まったく異なる文化、世界観、信仰を持つ彼らに、公立の学校はどう対応するのか。これについても、日本政府は無策です。ヨーロッパ諸国の混乱を日本で見る日は近いと思います。

（２０２４年３月19日）

第5章

埼玉県川口市クルド人問題が示す
移民受け入れの現実

川口市の病院で〝トルコ人〟100人が乱闘事件

埼玉県の川口市で多数の「トルコ人」による乱闘騒ぎがあり、殺人未遂で「トルコ人」の男が逮捕されました。TBSは「トルコ国籍の男性切りつけられ重傷 トルコ国籍の男を殺人未遂容疑で逮捕　埼玉・川口市」という記事で次のように報じています。

〈きのう夜、埼玉県川口市でトルコ国籍の男性が刃物のようなもので切りつけられる事件があり、警察は、トルコ国籍の45歳の男を殺人未遂の疑いで逮捕しました。

逮捕されたのは、川口市前川の解体工でトルコ国籍の容疑者（45）です。容疑者はきのう午後8時半ごろ、川口市内で刃物のようなものでトルコ国籍の36歳の男性の頭や首を切りつけ殺害しようとした疑いがもたれています。

警察によりますと、被害者の男性が乗る車を容疑者らのグループが複数台の車で追いかけた後、刃物のようなもので切りつけたということで、男性は重傷です。

また、男性が運ばれた市内の病院にトルコ国籍の男性とみられる100人ほどの外国人が集まって乱闘騒ぎのようなトラブルが起き、警察はトルコ国籍の男2人を暴行や公務執行妨害の疑いで現行犯逮捕しています。警察は、男性を切りつけた者がほかにもいるとみて行方を追うとともに、事件の経緯やトラブルの原因を詳しく調べています。〉

テレビ朝日や日本テレビも、報道の主旨は同じです。刃物で切り付けられたのもトルコ人で、切り付けて殺人未遂容疑で逮捕されたのもトルコ人だと報じている。

一方で、川口市で違法・触法行為を起こしているとして度々問題になってきたのは、クルド人です。今回の騒動の動画を投稿した人も、これはクルド人の仕業だとしている。

川口市のクルド人問題についてこれまで取材してきたジャーナリストの石井孝明氏も川口市議の奥富精一氏も、事件の当事者はクルド人だと述べています。日本在住のクルド人の多くは、民族的にはクルド人ですが、トルコ国籍を持つトルコ人です。

メディアはこれまで、日本に住むトルコ国籍を持つクルド人について、押し並《な》べて「クルド人」と表記し、彼らがいかに日本社会で差別され、虐げられてきた「かわいそうな弱者」で、「被害者」かということを、しきりに報道してきました。特に入管法（出入国管理及び難民認定法）改正の際は、入管法改正に反対する文脈で必ずと言っていいほど取り上げられたのが埼玉のクルド人です。

以下、そうした報道の事例の一部です。

○　入管で職員がクルド人男性暴行、国に22万円賠償命令　「やっていることは拷問」被害者が怒りの会見（東京新聞2023年4月20日）
○　入管法改正「家族がバラバラに」　25歳のクルド人男性、国会で訴え（朝日新聞・編集

委員・北野隆一2023年5月25日)
○怒りと落胆「どうなってしまうのか」…改正入管法成立、埼玉のクルド人ら迫害に恐怖「せめて子だけでも」(埼玉新聞2023年6月10日)
○改正入管法に恐怖感じる埼玉のクルド人「差別や暴力があり帰れない」…長女は日本語しか話せず(読売新聞2023年6月11日)
○改正出入国管理法 難民認定申請中のクルド人の子〝強い不安〟(NHK2023年6月14日)

メディアはこれだけ、埼玉のクルド人はかわいそうな被害者、弱者なのだと報じてきたわけですから、今回の乱闘騒ぎと殺人未遂容疑者がトルコ国籍を持つクルド人なのか、それともトルコ国籍を持つ「民族的」トルコ人なのかについて明らかにする義務があります。そうでないと、「かわいそうなクルド人」と今回の暴力事件の関係性が隠蔽されることになる。もしこれが、地元住民や奥富氏の証言するようにクルド人なのだとしたら、彼らは本当に、「かわいそうな弱者」「被害者」なのかということが問われなければならない。

昨夜の乱闘騒ぎでは、近隣住民から警察への110番通報が相次いだと報じられています。地元住民は相当な恐怖を覚え、迷惑を被ったわけです。乱闘は病院前で発生したため、病院機能も麻痺した。そのせいで救急搬送が滞り、治療を受けられないなどの実質的な害を被った人もいるでしょう。被害者は地元住民であり、「トルコ人」（クルド人）は加害者です。

今回逮捕された容疑者は、おそらく警察が「トルコ国籍」と発表したのでそう報じたのでしょう。しかしここで「クルド人」にまったく言及しないのは、あまりにも不誠実です。

例えば、「入管の犠牲者」としてのクルド人という「モチーフ」は映画にもなっています。ドキュメンタリー映画『牛久』では、茨城県牛久市にある入管施設「東日本入国管理センター」で収容され、施設職員から暴力をうけたクルド人デニズの様子が描かれています。

共同通信はこの映画を紹介した「トルコ、日本　いつか、妻に贈り物を　滞日15年、クルド人の闘い　難民認定、在留許可求めて」（2023年2月1日）という記事でこう述べる。

〈先進7カ国（G7）で、日本は極端に難民認定が少ない。トルコのクルド人では今年7月、初めて1人が認定された。一方で政府はウクライナの「避難民」には就労や特別支援を認める。国際社会に注視される人々と、そうでない人々の落差に目がくらむ。〉

日本は差別の国だ、ウクライナ人を優遇しクルド人を差別している、日本は本当にひどい国だ、G7でダントツ最悪の国だと言うわけです。

このようにメディアは、「クルド人はかわいそうだ！」と主張する一方で、日本を散々非難し罵ってきたわけですから、もしもそのクルド人の一部が大騒動を起こし、人々を恐怖に陥れ、市民生活を麻痺させただけでなく、殺人未遂容疑や公務執行妨害容疑で逮捕されているならば、それについて説明する責任があると私は思います。

それにしてもデニズ氏の立ち位置は不思議です。例えば東京新聞の「入管で職員がクルド人男性暴行、国に22万円賠償命令『やっていることは拷問』被害者が怒りの会見」(2023年4月20日)という記事には次のようにあります。

〈デニズさんはクルド民族で07年に来日し、日本人女性と結婚。難民認定の申請が認められず、17年2月に同センターに収容された。現在は仮放免中。〉

日本人女性と結婚したのであれば、通常は「日本人の配偶者等」の在留資格で日本に在留することができるはずです。それなのになぜその資格を取らず、あえて「難民認定」の申請をするのか? 意味がわかりません。

またもう一つ、メディアに対して問われるべきは、メディアがこれまで埼玉のクルド人は「警察の暴力の被害者」だと報じてきた件と、今回の事件の整合性をどう取るのか、説明責任を果たすべきだという件です。

例えば2年前の渋谷クルド人職質事件について、毎日新聞は2020年5月、33歳の「トルコ出身のクルド人男性」が5月22日、警察官2人に押さえ込まれるなどして首に全治1か月のケガをしたことに対し、警視庁渋谷署前などで「外国人を差別するな」などと声を上げる「警察への抗議デモ」があったと報じました。これは日本版のＢＬＭ（ブラック・ライブズ・マター）だというわけです。

このように日本では、メディアや反政府・反日活動家が、一部のクルド人と「連携」することで、日本を批判したり、入管や警察を批判したりしている現実がある。

しかし一方で、このクルド人たちは、川口市で徒党をなし、暴力を働いて、住民を怖がらせ、日常生活を脅かしている「疑い」があるわけです。

メディアは知っているはずです。ならば隠さず報じるべきでしょう。いったいメディアは、誰のために、何のために報道しているのか。事実を隠蔽し、イデオロギーを最優先する「報道」が報道と呼ばれて然るべきなのか。

今回の事件を曖昧にしたまま終わらせれば、この種の問題は繰り返され、状況は悪化するでしょう。これを川口のローカルな問題として軽視してはなりません。

（２０２３年７月６日）

市議会が「一部外国人による犯罪の取り締まり強化」を求める意見書を可決

産経新聞が「病院でクルド人『１００人』騒ぎ、救急受け入れ5時間半停止　埼玉・川口」（２０２３年７月30日）という記事を出しました。冒頭には次のようにあります。

〈埼玉県川口市で今月初め、トルコの少数民族クルド人ら約100人が病院周辺に殺到、県警機動隊が出動する騒ぎとなり、救急の受け入れが約5時間半にわたってストップしていたことが30日分かった。同市は全国で最も外国人住民の多い自治体で、クルド人の国内最大の集住地。現在国内には300万を超える外国人が住んでおり、うち24万人は不法滞在とされる。同市では近年、クルド人と地域住民との軋轢（あつれき）が表面化している。〉

またこれと同時に、もう一つ、「【「移民」と日本人】れいわも賛成した川口市議会『クルド人』意見書　マスコミ報じず」という記事も出されました。冒頭には次のようにあります。

〈埼玉県川口市でトルコの少数民族クルド人の一部と地域住民との間に軋轢（あつれき）が生じている問題で、川口市議会は、国や県などに「一部外国人による犯罪の取り締まり強化」を求める意見書を可決した。「クルド人」と名指してはいないものの市議らの大半は「彼らを念頭に置いた議論だった」と明かす。〉

こちらの意見書が可決されたのは6月29日です。当該2記事で報じられている事実をまとめると、次のようになります。

○　現在日本国内には300万を超える外国人が住んでおり、うち24万人は不法滞在。

○　埼玉県川口市は人口の6・5％が外国人、全国で最も外国人住民の多い自治体。

○　川口にはトルコ国籍者約１２００人が居住（国内最多）、大半がクルド人とみられるが、内訳や実態は行政も把握できていない。

○　川口市でクルド人による違法、触法行為が多発。
例：窃盗、傷害、強制わいせつ、不法就労の助長、ひき逃げ、資材置き場周辺や住宅密集地などでのあおり運転、暴走、無免許運転、改造車乗り回し、爆音で音楽を流すなどの騒音、他者の所有する駐車場の破壊、夜大勢で集まって騒ぐ、ゴミ出しでのトラブル

○　警察が外国人犯罪の実態を把握しきれず、捜査もろくにせず、被害者が泣き寝入りする現状（言葉の壁が原因？）。

○　２０２３年６月29日に川口市議会が（クルド人を念頭に）、国や県などに「一部外国人による犯罪の取り締まり強化」を求める意見書を可決（34人が賛成、共産党４人と立憲民主党２人、れいわ新選組の１人が反対）。
↓衆参両院議長と首相、国家公安委員長、埼玉県知事、県警本部長に提出。

○　メディアは意見書を無視、報道しない。奥富市議は市役所の記者室を訪ね、居合わせた記者らに訴えたが、「そうですけどね」「難しいですよね」と、あいまいに応じるだけだったという。
↓「外国人と人権」をめぐる微妙な問題でもあるためか、と産経。

○　埼玉県警がパトロールを強化。
○　2023年7月4日に埼玉県川口市でクルド人ら約100人が乱闘騒ぎを起こしたため、約5時間半にわたり川口市立医療センターへの救急受け入れが停止。
○　川口市立医療センターは埼玉南部の川口、戸田、蕨《わらび》の3市で唯一、命に関わる重症患者を受け入れる「3次救急」に指定されている。
○　2023年7月19日に川口市内の夜の公園で女子高生の体を触ったとして、市内に住むトルコ国籍の50代の男が強制わいせつ容疑で川口署に逮捕される。

これらの事実からは、かなり重要なことがいくつも理解されます。

第一に、日本一外国人の多い自治体（川口市）で外国人による犯罪が多発しているということからは、外国人が増えると治安が悪化する可能性があるとは言える。

第二に、外国人が増え、違法・触法行為が増えたことにより、地元住民が多大な迷惑を被り、救急病院の受け入れ停止やひき逃げなど、命に関わる問題が増えた自治体が、日本に実在する。

第三に、外国人犯罪については警察が現状を把握しきれない、取り締まれない、あるいは取り締まらない、ということがある。

第四に、外国人犯罪について、マスコミは報じない。それは「外国人と人権」をめぐる「微妙な問題」であるためか、と産経。

第五に、地方議員や議会の働きかけで、警察を動かし、取り締まり強化につながる可能性はある。

私は以前から、移民の増加について警鐘を鳴らしてきましたが、なぜ移民が増えると問題なのかについては、今のところ、以下の4点が挙げられると考えています。

① 国家を破壊するから＝人口動態、文化、伝統が置き換えられ、日本が日本でなくなるから。つまり、外国人による日本の「植民地化」が進行するから。
② 犯罪が増え治安が悪化するから。
③ 国家と国民に経済的な利益よりも損失を与えるから。
④ 人口減少や労働力不足という問題を解決することになっているが、実は永遠に解決しないから。

川口市ではすでに①と②の現象が発生している、それが確認される状況に至っていると言えます。私は川口市に、日本の移民受け入れ、移民増加問題の現実を見ることができると思っている。

（2023年7月30日）

かわいそうなのは不法滞在の子か日本国民か

齋藤健《けん》法相は4日の記者会見で、日本で生まれ育った在留資格のない外国人の子供に、家族に重大な犯罪歴がないなどの条件を満たせば「在留特別許可」を付与すると発表しました。

子供だけではありません。日本経済新聞の「外国人の子らに在留を特別許可　法相『救いたい思い』」（2023年8月4日）という記事には、

〈子どもだけに在留許可を与えても生活が困難なため、子どもの親らにも就労可能な在留特別許可を与える。対象はあわせて数百人規模になる見通しだ。〉

とあります。そしてこの理由について記事には、

〈在留資格のない子どもは健康保険に加入できず、学校教育は受けられるものの許可を得ない限り居住する都道府県から移動できないなどの制約を受ける。日常生活を送る中で不便が多く、斎藤氏は「何とか救えないかという思い」だと話した。〉

とあります。要するに「かわいそうだから」という理由です。

これに対し、川口市議の奥富精一氏は次のようにツイートしています。

〈難民申請者・仮放免の子供たちは日本の教育を受けることが出来るが、希望すれば可能です。と、言う事は希望しない子供は学校に行ってませんし川口市では就学しても学校に行かない子供もいます。日本に居ながら日本の教育を受けていない。「読み書き、そろばん」も、あまり出来ない状態で成長している子供が大勢います。日本の法・ルール・習慣と馴染まず、家庭で受けた教育の方が優先され成長し、問題を起こす事例が川口市では顕在化しているのです。その中で在留資格のない子供たちに原則滞在許可を安易に出せる状況なのでしょうか？　政府は現在起きている状況を、可哀そうだという理由だけで、現地の難民申請者・仮放免の家族・子供たちを野放図に生活だけさせておいて「定住だけ」を進めるような、方針では、川口だけでなく、日本中が死んでしまいます。可哀そうなのは、現地在住で負担を引き受けてきた日本人も居る事を忘れてはなりません。またまた、政府が矛盾を精査せず、地方だけに負担を押し付けている現状は、罪のない地域住民への刑罰にも等しい。地方自治体・地域住民もお手上げの「犯罪・不法行為・ルール違反・慣習無視」の現状の解決策を持たない、国の方針は撤回・再考すべきです。〉

齋藤法相は不法滞在の子供については「何とか救えないかという思い」を持っているとお気持ちを開陳しているにもかかわらず、川口市民については「何とか救えないかという思い」は持っていないようだということが会見からは伝わってくる。不法滞在者に在留許可を与えた結果として川口市民の負担が増えようが、そんなものは関係ない、ということのようです。

この人は、かわいそうな親子に人道的立場から温情をかける「善人」として振る舞っていますが、視点を変えれば実のところは偽善者であることがわかります。

川口市で問題行動を起こしている外国人の多くはクルド人と見られており、クルド人の子供は、不法滞在状態でも学校に通うことはできますが、それでも行かない子も多いこと、中学生でも暴力を働いて逮捕されることがある実態は、徐々に知られつつあります。

TBS NEWS DIGは、「川口市の商業施設で煙の出る花火を投げつけて、施設の営業を妨害したとしてトルコ人の男子中学生が逮捕」された事件を報じています（2023年8月3日）。「少年は、この事件の数時間前に複数人で施設を訪れ、大音量で音楽を流したり、たばこを吸ったりする迷惑行為などを繰り返して」おり、「その行為を60代の男性警備員が注意し、出入り禁止の措置をとったことに腹を立て、『外国人を差別するな。爆破してやる』と警備員を脅した疑いで逮捕」されたそうです。

また7月4日に川口市の救急病院前でクルド人たち100人あまりが乱闘騒ぎを起こした件は、クルド人の「一族」と「一族」の間の抗争であることが疑われている。産経新聞によれば、「きっかけは、女性をめぐるトラブルとみられ、4日午後8時半ごろ、トルコ国籍の20代男性が市内の路上で複数のトルコ国籍の男らに襲われ刃物で切りつけられた。その後、男性の救急搬送を聞きつけた双方の親族や仲間らが病院へ集まり、救急外来の入り口扉を開けようとしたり、大声を出したりした」(「病院でクルド人『100人』騒ぎ、救急受け入れ5時間半停止」2023年7月30日）そうです。

クルド人はヨーロッパにも多く居住しています。特に多く居住している国の一つはドイツです。というのもドイツは、1960年代からクルド人の多く住むトルコなどから労働者を受け入れる政策を進めたのに加え、1970年代から1990年代にかけてレバノン内戦から逃れたアラビア語を話すクルド人を多く受け入れたからです。

彼らの一部は現在、ドイツで極めて悪名高い「犯罪一家」を構成し、ベルリンの裏社会を支配しています。犯罪一家は2500人ものメンバーを持つ一家から数百人規模の一家までいろいろある。ドイツ当局によると、ベルリンで発生する犯罪は約20の有力な犯罪一家によって支配されており、2020年にはベルリンで8時間に1件の犯罪を行ったとのこと。

これらの犯罪一家の代表格が、中東にルーツを持つレンモ一家、アル・ゼイン一家、アブー・シャケル一家、ミリ一家などです。彼らは血縁に基づき徒党を組み、一家であらゆる犯罪行為に手を染めます。「一家」と呼ばれるように、一家の長がこれを支配し、強い内的忠誠心を持つ閉鎖的家族構造に基づいているのが特徴です。

例えばレンモ一家は13家族からなっており、そのほとんどがトルコ出身です。一家のうち約1000人がベルリンに住んでいると推定され、2012年ベルリン陸軍犯罪局報告書によると、彼らの約60％がかつて刑事裁判の容疑者だったとされています。60％が刑事事件の容疑者である一家というのは、間違いなく社会にとって脅威です。

彼らは麻薬密売、窃盗、強盗、銀行強盗、資金輸送業者強盗、売春斡旋などを行い、ベイルート、トリポリ、ベルリンにフロントマンのネットワークを持っているため、犯罪収入を合法的なビジネスに投資するなど、マネーロンダリングもさかんに行っています。

2021年3月に発表されたベルリン警察の報告書では、2020年には中東系犯罪一家に属する291人の容疑者が1013件の犯罪を行っていた。最も多かったのは、交通、麻薬、窃盗、暴力犯罪であり、犯罪者として最も多かったのは18歳から25歳の世代です。

中東系犯罪一家について研究しているアフマド・オメイラテ氏は次のように述べています。

「アラブ系一家は犯罪組織の中で最も目立ち、成功度合いをライバル一家と競い合っていた」

「彼らはロシアやベトナムのギャングのように裕福に、映画スターのように有名になりたい」

「彼らはインスタグラムで車や時計を見せびらかす。グループ間の競争だ。ライバルのランボルギーニを見ると『俺はお前より金持ちだ』と言うために、もっと高価な車が欲しくなる」

2021年3月のベルリン警察の報告書では、罪を犯した中東系犯罪一家のメンバー388人のうち、半数近くがドイツ国籍を保有していたとされています。ドイツで生まれようと、ドイツ国籍を保有していようと、彼らは徒党を組んで犯罪に走る。

川口市も今後、ベルリンのように、クルド系犯罪一家が勢力を拡大し、犯罪を行いつつライバル意識を強め、抗争を繰り返すような地域になる可能性がないとは言い切れないでしょう。そのような懸念が拭えない中で、子供に特別在留許可を与えたところで、問題は悪化するだけだという奥富氏の懸念はもっともです。どうにかしてこの子供たちに教育を施し、さらにその一家の影響下から抜け出させるなどということが、国や行政にできるのか。それどころか国は、子供と親を引き離したらかわいそうだとして、親にも特別許可を与えるとしている。

人道に配慮することは重要です。しかし、普通に暮らしているクルド人たちを含む川口市民の生活が、日本の法やルールを守れない一部クルド人たちによって脅かされるようなことがあってはならない。「かわいそう」が国を滅ぼすこともあるのです。

（2023年8月5日）

殺人未遂のクルド人不起訴問題と政治家のマッチポンプ

埼玉県川口市で7月に殺人未遂などの疑いで逮捕されたトルコ国籍の男ら7人全員が、不起訴処分とされていたことが明らかになりました。不起訴にしたのは「さいたま地検」であり、不起訴の理由は明らかにされていません。

近年、逮捕された外国人が不起訴になる事案が多発しています。理由はきまって明らかにされません。ということは、理由は類推するしかありませんが、例えば外国人を逮捕すると左翼弁護士が現れ、この人を起訴して有罪になったら難民申請審査に悪影響があり、この人は迫害を受ける国に帰らなくてはならない、そうすれば命が危ない云々と主張するからとか、外国人の起訴、裁判には手間とコストがかかり仕事が増えるからとか、外国人を起訴するとメディアや活動家が大騒ぎし無罪になる可能性があるからとか、有罪になれば強制送還しなければならなくなり手間とコストがかかるからとか、現行の入管法では起訴して有罪になったとしても難民申請をしている間は強制送還できないからなど、可能性はいろいろある。

しかし、こうした措置には明らかに問題がある。

一つ目は、検察の裁量による不起訴が法治を破壊しているという問題。日本は法治国家であるはずなのに、外国人犯罪については法執行機関たる検察が法を執行しないと判断しているならば、法が機能していないことになります。しかも不起訴が外国人犯罪という特定の事案についてばかり発生しているならば、日本は外国人犯罪に関して無法地帯だ、ということになります。法治国家において無法地帯が存在していいはずがありません。

二つ目は、外国人の違法行為を罰しないことにより外国人の違法行為を誘発しているという問題。外国人犯罪については、警察が取り締まりをせず放置するという問題がある（言葉が通じない、手間がかかるなど）上に、逮捕しても不起訴にされるのであれば、外国人は警察も法も何も恐れることなく躊躇なくどんどん犯罪できる、ということになります。法があっても執行されないということになれば、犯罪抑止効果がないどころか、犯罪誘発効果すらあるといえる。一部の外国人は日本の警察、検察をまったく恐れない「無敵の人」と化し、やりたい放題やってもお咎めなし、というのが現状です。

三つ目は、外国人の違法行為が見逃されることにより、日本の治安が悪化し、日本人の安全が脅かされているという問題。外国人が躊躇なく違法行為を繰り返す地域は当然、治安が悪化します。彼らはあまり逮捕もされないし、逮捕されても不起訴となり、さらに強制送還が執行されることなく、野に放たれることも少なくない。違法行為を繰り返しても罰も受けない人間が近所にたくさんいるという、その事実が近隣住民に与える恐怖は察するに余りあります。危険が増え、住民は行動を自粛するようになる。子供が外で遊べない、女性は夜、出歩けないなど、制限が増える。犯罪被害にあっても、泣き寝入りするしかない。精神的に追い詰められますし、これは引っ越すしかないとなる人も当然増えます。あそこは外国人犯罪が多い、犯罪をした外国人が自由に行動している無法地帯だと悪評が広まれば、地価も下がります。不利益を被るのはやはり住民です。

岸田文雄首相は先日、国連総会での演説で、脆弱な人も安全・安心に暮らせる世界を作る云々と言っていました。罪を犯した外国人が裁かれず罰も受けず野放しにされている社会に、人々の安全や安心があるとは言えません。日本国民の安全・安心を守れない人が、世界の人々の安全・安心を作ると言っているわけですから、どんな冗談かと思います。

川口市には住民登録のあるクルド人約1200人に加えて、住民登録がなく、入管施設への収容を一時的に解かれた仮放免のクルド人も数百人いると見られている。

また、今の入管法では、難民申請し結果を待つ間は、有罪判決を受けても強制送還されないことになっています。つまり仮放免者の中には、単に難民申請をしていて仮放免の人だけでなく、難民申請をしていて犯罪をして有罪判決を受けたのに仮放免の人もいるということです。川口市にはその種のクルド人が複数住んでいる可能性がある。

川口市クルド人問題については川口市議会が今年6月、外国人犯罪の取り締まりを求める意見書を議決し、それを警察や政府などに提出しました。川口市の奥ノ木信夫市長も9月1日、法務省を訪れ、不法行為を行う外国人について厳格に強制送還することなどを求める要望書を齋藤健法相に手渡した。

しかし、この奥ノ木市長という人は3年前、市内に暮らす「仮放免」クルド人の就労を可能にする制度の創設を求める要望書を法務大臣に提出していました。とんだマッチポンプです。彼は3年前、仮放免のクルド人が働けるように便宜を図ろうとし、今になって仮放免のクルド人が犯罪を犯して大変なので強制送還しろと言っているわけです。

今年、改正された入管法では、難民認定を申し出ると本国への送還手続きを止める「送還停止効」の制度を改め、申請を原則2回までとしています。これに関しても当局は「相当の理由のある資料」が提出されないかぎり3回目の申請を認めず強制送還の手続きに入る、としている。つまり「相当の理由のある資料」さえあれば延々と申請できる可能性がある。

改正入管法で不法滞在者問題が解決されるわけではありません。法自体に抜け道がある。しかも法を執行しない検察がいる。改正入管法は、一般の日本人に「国は不法滞在者に対する対策をきちんとしている」と見せかけるための、目眩《くらま》しだったということです。

（2023年9月26日）

難民申請するクルド人はトルコで迫害されているのか

トルコの首都アンカラの内務省の施設前で1日、自爆テロが発生し、警官2人が負傷した件について、クルド人テロ組織「クルド労働者党」（PKK）が犯行声明を出しました。

トルコのクルド人といえば、昨今では埼玉県川口市に数百人のクルド人が不法滞在している、ることが思い出されます。彼らの多くは、自分はクルド人なのでトルコで迫害されている、だから日本で難民として受け入れてほしいと主張し、難民認定申請をしています。

ならばクルド人は本当にトルコで迫害されているのか、迫害とは何かという話になる。1951年の難民条約は、難民を「自国で迫害されている人」と定めていますが、迫害とは何かについて定義していません。生命や自由が脅かされる、つまり殺されたり拘束されたりする恐れがある場合、難民認定の対象になると考えるのが一般的です。

しかし、そもそもトルコではクルド人は迫害されていません。クルド人はトルコ国民の2割程度を占めます。クルド人だからという、その民族的理由のみに基づいて、彼らが当局に殺されたり拘束されたりすることは基本的にありえません。

一方、トルコには今回自爆テロを起こしたPKKというクルド人武装テロ組織があります。PKKというのはトルコからの分離独立をめざして1978年に発足した組織で、「武装闘争」を続けてきたため、トルコ政府によってテロ組織指定されています。彼らの主張する武装闘争は、当局から見ればテロです。

指導者はアブドゥッラー・オジャラン氏、思想的にはマルクス・レーニン主義とクルドナショナリズムに立脚しています。オジャラン氏は今も服役中です。PKKはトルコ軍や警察施設だけでなく、インフラや学校、企業を攻撃し、PKKに協力しない一般人を誘拐したり処刑したりもしてきました。一連のテロによる犠牲者は4万人以上にのぼるとされています。

２００２年からトルコで政権をとっている公正発展党は、クルド問題の根本的な解決をめざし、クルド人の権利拡大を図ってきました。クルド語教育を認めたり、裁判所などでのクルド語使用を認めたり、公共放送をクルド語でも放送したりといった改革がなされ、国会議員や閣僚、裁判官など公職に就くクルド人も増えました。

しかし、ＰＫＫとの和平は実現していません。２０１３年には一時停戦したものの、２０１５年に和平交渉が破綻、だからこそ先日もアンカラで自爆テロが発生したわけです。

ＰＫＫや関係者とみられた人物は、トルコ当局によって拘束されます。それを「迫害」と認定すべきかどうかについては、難しいところがある。ＰＫＫはトルコだけではなく欧米でもテロ組織指定されてており、日本でも国際テロリスト等財産凍結法の「公告国際テロリスト」に掲載されており、平成27（２０１５）年10月30日から対象に指定されています。リストは警察庁ウェブサイトに掲載されており、誰でも見ることができます。「私はＰＫＫ関係者なのでトルコに戻ると拘束される」というクルド人を、日本で難民として保護しようというわけにはいかないはずです。逆に言えば、ＰＫＫ関係者でなければクルド人であっても拘束されるようなことは基本的にはないわけです。

トルコではクルド人に対する差別はあります。就職で不利になるといった差別はあっても、それは迫害とはまったく違う。「私は差別されている！」という人が全員迫害されているということになってしまえば、世界中の多くの人が迫害されており難民認定対象になりうる。女性差別だけをとっても、世の中の半数は差別の被害者だということになる。民族的、宗教的、性的少数者などを入れれば、その数は無制限となります。

ということは、日本で難民認定申請しているクルド人は、基本的には難民認定にはふさわしくないと推定されるわけです。だからこそ、日本で難民認定されたクルド人は非常に少ない。迫害されていないのに迫害されていると主張するクルド人も、ＰＫＫと関係のあるクルド人も、基本的には難民として日本で保護する対象にはならないはずです。

川口市のクルド人問題について考えるには、そもそもトルコでクルド人というのがどのような存在なのか認識しておく必要があります。

（２０２３年10月３日）

トルコのクルド人テロ組織との戦いと日本

10月１日にトルコの首都アンカラで発生した自爆テロについては、クルド人テロ組織ＰＫＫが犯行声明を出しましたが、トルコ当局はこの実行者がシリアで訓練を受けていたと結論づけた上で、シリアに報復の空爆を実行しました。

ＰＫＫは、クルド人の分離独立をめざし「武装闘争」という手段を用いてそれを実現しようとするテロ組織ですが、その本拠地はイラクにあり、支部がシリアにある、というのがトルコ当局の認識です。だからトルコは、ＰＫＫ掃討作戦はイラクとシリアにも当然及ぶとして越境攻撃を正当化している。

今回もシリアにドローン攻撃をしましたが、シリアとイラクに対するトルコの越境攻撃はしばしば実行されています。シリアとイラクはこれに対し主権侵害だとトルコを非難してきました。要するに今回のような越境攻撃は、トルコからすれば国境を超えた「自衛」攻撃であり、シリアからすればトルコによる領土侵犯、主権侵害だということになるわけです。

ＰＫＫのシリア支部とされる「人民防衛隊」（ＹＰＧ）というのは、これまた複雑な存在です。シリアでＹＰＧを中心に結成されている「シリア民主軍」（ＳＤＦ）という部隊がありますが、ＳＤＦにはアメリカが武器と資金を渡し、訓練を施してきました。というのもＳＤＦは、対「イスラム国」軍事作戦の先頭に立って戦ってきた部隊だからです。アメリカにとってＹＰＧは対テロ作戦の仲間です。しかし、トルコにとってＹＰＧはテロ組織です。だからトルコは、アメリカがＹＰＧに武器やカネを渡し、ＹＰＧとともにシリアに９００人の米特殊部隊員を駐留させていることが許せない。

トルコはこれまでもアメリカに対し、シリアで米軍がＹＰＧと共同駐留する以上、米軍の安全は保障できないと伝えてきたとされます。昨年には米軍が共同駐留しているシリアのＹ

PG拠点をトルコが空爆、今回トルコが空爆したのも米軍駐留地のすぐ近くです。

トルコはNATO加盟国で元来は親米国家でしたが、近年その関係が悪化しています。一つの要因は2016年のクーデター未遂であり、もう一つはこのYPG問題です。

トルコはイラクのクルド人政党であるクルディスタン愛国同盟（PUK）との関係も悪化しています。PUKはイラクのクルド人の二大政党の一つですが、PKKを支援しています。PKKの本部がイラクにあるのは、これが理由です。

少し古い資料ですが、日本にある「日本クルド友好議員連盟」なる組織のメンバーを見てみると、クルド側は皆イラクのクルド人であることがわかります。所属組織の名前を見れば、左翼系も含まれていることがわかります（**図4**）。

彼らが基本的にPKKを支援していること、PKKはトルコでテロ攻撃を続けており、トルコだけでなくアメリカやEUでもテロ組織指定されていること、日本でも国際テロリスト等財産凍結法の「公告国際テロリスト」に掲載されていることには留意が必要です。

（2023年10月6日）

日本政府がクルド武装組織PKKをテロ組織リストから削除

公安調査庁が公開した「国際テロリズム要覧2023」で、テロ組織一覧からハマスとP

図4　日本クルド友好議員連盟（2017年当時）

会長　平沼赳夫［衆　自民党（岡山3）］
会長代行　園田博之［衆　自民党（熊本4）］
今村雅弘［衆　自民（比例九州）］
森山　裕［衆　自民（鹿児島5区）］
長島　昭久［衆　民主（比例東京）］
笠　浩史［衆　民主（神奈川9区）］
鷲尾英一郎［衆　民主（比例北陸信越）］
西田昌司［参　自民（京都）］
中山恭子［参　次世代　比例］
大野　元裕［参　民主　（埼玉）］
Mr. Omeed Abdulrahman Hassan MP［Kurdistan Democratic Party（イラク：クルディスタン民主党）］
Mr. Tahsin Ismael Mohammed MP［Kurdistan Democratic Party］
Mrs. Talar Latif Mohammed MP［Patriotic Union of Kurdistan（イラク：クルディスタン愛国同盟）］
Mrs. Siham Omar Qadir MP［Kurdistan Islamic Union（イラク：クルディスタンイスラム連合）］
Mr. Kamal Yalda Marqos MP［The People' Council of the Chaldeans, Syriac and Assyrians（Christian）］
Mr. Majid Osman Tofiq MP［Erbil Turkomans List (Turkomans)］
Mr. Abdulrahman Faris Abdulrahman MP［Kurdistan Communist Party］
Mr. Bapeer Kamala Sulaiman MP［Third Way］
Mr. Abdullah Haji Mahmood MP［Kurdistan Socialist Democratic Party］

［一般社団法人日本クルド友好協会ウェブサイトより］

ＫＫが削除されたことが問題になっています。

ＰＫＫというのは、クルド人の分離独立をめざしテロ攻撃を続けるトルコの武装テロ組織であり、これまでに4万人以上のトルコ人を殺害してきたとされます。ＰＫＫはイデオロギー的にはクルド民族主義であると同時に、マルクス主義を掲げる左翼でもある。ＰＫＫは10月1日にもトルコの首都アンカラで自爆テロを実行し、犯行声明を出しました。

ＰＫＫについて、アメリカ、イギリス、ＥＵはこれをテロ組織指定していますが、国連はしていない。公安調査庁は２０２２年まではＰＫＫを主な国際テロ組織のリストに入れていましたが、２０２３年からは「国連準拠」と基準を改め、今後はＰＫＫを主な国際テロ組織としては認識していません。

公安調査庁の決定については、トルコのメディアが大きく報じ、激怒しています。例えばトルコの日刊紙「Yeni Safak」は、「日本の呆れた不祥事：テロ組織リストからＰＫＫを削除」という記事を掲載しています。Yeni Safak はトルコの与党である公正発展党とエルドアン政権を支持するメディアですから、これは概ねトルコの公式見解を代弁していると考えていい。

同記事冒頭には、次のようにあります。

〈アメリカに日々誘導されている日本が新たな決断を下した。日本の国内情報機関である公安調査庁はテロ組織リストを公式サイトで公開した。リストにはアルカイダや「イスラム国」などが含まれていた。しかし注目されることを免れえなかった細部が議題となった。日本の諜報機関は最近までテロ組織とみなしていたＰＫＫをこのリストに含めなかったのだ。〉

さらにYeni Safakは、日本ではテロ組織ＰＫＫの支持者たちが公園でトルコ兵の死を賛美する歌を歌いながらダンスをしていることが問題になっている、と指摘しています。この記事については、例えば次のようなコメントがついています。

「日本に対する敬意を完全に失った」

「日本車もボイコットすべき」

「(トルコの) 外務省は日本を注視すべきだ」

「ＰＫＫメンバーは全員日本に行くべきだ。そうすれば我々も助かる」


トルコ人の国際関係学者はこの件についてXに次のように投稿しました。

「日本の諜報機関がＰＫＫを国際テロ組織リストから削除した！　長い間、日本のＰＫＫ支持者たちは行動を組織し、世論を生み出し、その効果を高めてきた。ヨーロッパに続いて、ＰＫＫ最大の民間支援組織が日本でも形成され始めた。ついに今日、日本はＰＫＫをテロ組織のリストから削除した」

「日本でテロ組織ＰＫＫの支持者たちが公園でトルコ兵の死を賛美する歌を歌いながらダン

スをしていること」については、SNSのX上でトルコ人と見られるアカウントが、この曲の名前は「Oramar」で、PKKがトルコ兵を殺害したことを祝福する歌であり、埼玉県蕨市では毎年クルド人がこの曲で踊っていることを指摘した上で、日本人はあまりにも無知でPKKに簡単に操られている、これが続けば政治的に日本とトルコが敵になる可能性があり、これは左派と共産主義者の日本人による火遊びだ、などと警鐘を鳴らしています。

トルコは日本政府、外務省が「伝統的親日国」だと持ち上げ続けてきた国です。ところがバランス外交や国連絶対主義に基づいたからなのか、PKKをテロ組織から削除した結果、トルコから大きな反発が来た。

因果関係は不明ですが、公安がPKKをテロ組織から削除したニュースが流れた直後の2023年11月27日付けのトルコ政府の官報（第32384号）で、日本にいるPKK関係者3人の資産凍結が公表されました。このメフメト・ユジェル、ワッカス・チカン、ワッカス・チョーラクの3氏は、在日クルド人です。

ワッカス・チョーラク氏については、自民党の参議院議員である和田政宗氏と何らかの関係があり、チョーラク氏が和田議員に「感謝」する投稿をフェイスブックに上げていた旨をジャーナリストの石井孝明氏が伝えている。

〈私をスパイ呼ばわりした某国会議員が。トルコ政府が11月29日にテロ組織関係者として、資産凍結をした人と、ばっちり写真に。００７の出来の悪い回の脚本みたい。Ｗ　つまり私、石井孝明の勝利〉（石井孝明 @ishiitakaaki　２０２３年11月30日）

これに対し和田氏は、単に「ヒアリングの一環で会った」だけだと釈明。

〈なお、この人物は、私がクルド問題で様々な方に会っている中で一度ヒアリングをした方との写真をアップし、「弁明を」と言っているが、すでにヒアリングの一環で会ったとＳＮＳ等で説明しているし、面会した方は東京外国語大講師の名刺を出された。こういう投稿が混乱を助長するのではないか。事態収拾に動かれたくない理由でもあるのだろうか。

ちなみに、私は日本トルコ友好議員連盟の会員であり、トルコ政府とも様々な外交交渉や交流活動を続けてきた。ヒアリングでクルド人の方々等と会っていることが外交問題になるわけがない。そもそもトルコ国籍の方もいるし、我々の活動はイラクも認め、日本政府も公式に会談しているイラクのクルディスタン地域政府との交流を主眼としている。〉（和田政宗 @wadamasamune　２０２３年10月18日）

日本政府はＰＫＫをテロ組織リストから外した。その結果、「伝統的親日国」であるトルコから激怒された。これもまた、岸田政権の中東「バランス外交」の失敗の証です。しかも、トルコがテロリスト認定するＰＫＫ関係者と自民党議員が面会している。

ＰＫＫ関係者を含む約２０００人のクルド人が暮らす埼玉県川口市では、市民とクルド人との間でさまざまな問題が発生し、事件も多発している。彼らのうち数百人は不法滞在状態の「仮放免者」でもある。

日本政府はＰＫＫをテロ組織リストから削除することで、今後ますますＰＫＫの活動に寛容になるということか。ＰＫＫ関係者を含むクルド人のビザなし入国を、これからも日本政府は認め続けるのか。トルコがテロ組織として対峙するＰＫＫを受け入れ、それでもなお「トルコは親日国」だと言い続けるのか？

なぜここまで矛盾した政策をとれるのか、私には皆目理解できません。私が理解できないだけなら大した問題ではないのですが、この矛盾した政策は日本社会を確実に破壊し、日本を間違いなく弱体化させます。そして相変わらず、日本の中東研究者や国際政治学者たちは、こうした肝心な問題については口をつぐむ。

まずは問題を提示する。そこから始めるしかありません。

（２０２３年12月１日）

クルド人テロ組織ＰＫＫ関係者・団体への支援を続ける人たち

クルド人テロ組織ＰＫＫとの関係が疑われるとしてトルコ政府が11月29日に資産凍結を発表した62の個人、20の団体の中には、６人の在日クルド人と２つの在日クルド団体が含まれています。トルコ財務省はこの資産凍結の決定について、テロ資金供与防止法に違反する行為を行ったという「合理的な根拠の存在に基づいている」と述べています。

6人のうちの3人はメフメト・ユジェル氏、ワッカス・チカン氏、ワッカス・チョーラク氏、2団体とは「クルディスタン赤月社」と「日本クルド文化協会」です。

このうち日本クルド文化協会は、地域と協力してパトロールや清掃活動、同胞へのマナー、ルールの周知を行っているとしてメディアに何度も取り上げられ称賛されてきました。

東京新聞の「川口のクルド人は『夜の巡回』で共生を目指す　SNSで強まる非難…でも『この街を故郷と思っている』」（2023年11月22日）という記事にはこうあります。

〈肉を焼く香りが漂う、JR蕨駅（蕨市）に近いケバブ料理店。夜8時、店の前に男女15人が集まった。解体や建設などの仕事帰りのクルド人や中学生、日本人の姿も。リーダーはクルド人団体「日本クルド文化協会」代表理事のシカン・ワッカスさん（32）。商店街を歩いて回り、ごみを拾うと、車に分乗してコンビニなど二十数カ所を2時間かけて回る。

コンビニの前で、クルド人男性3人が缶チューハイを飲みながらトルコ語で談笑していた。「長くいるとみんなが嫌がるよ」。ワッカスさんが告げると、男性らは立ち去った。「話せば分かってくれる。自分たちへの目が厳しくなる恐れをみんな感じているから」〉

この「『日本クルド文化協会』代表理事のシカン・ワッカスさん」というのが、トルコの資産凍結リストに掲載されていたワッカス・チカン氏です。同氏と日本クルド文化協会は11月7日、埼玉県警、武南警察、入国管理局と共に、川口で合同パトロールも実施しました。

つまり日本では、メディアだけでなく警察も、入管も、自治体も、日本クルド文化協会を日本人の「よりよい共生」に努めてきた「すばらしい団体」だと信頼してきたわけです。

しかし実際には、彼らは「すばらしい団体」を装いつつ、実はテロ組織ＰＫＫに資金提供をしていたとトルコ当局に名指しされている。これは非常に大きな問題です。

日本クルド文化協会の事務局長ワッカス・チョーラク氏も、資産凍結が決定された在日クルド人の一人です。同氏については、11月24日にも日本経済新聞に「クルド人、異郷ニッポンで奮闘　国なき民の悲劇を背負い」というインタビュー記事が掲載されていました。

彼は偏見や差別に直面しながらもクルド人同胞が平和に日本人と暮らしていけるように奮闘している、東京外国語大学でクルド語の講師もしていると記事にはあります。しかし、彼には、テロ組織ＰＫＫに資金提供してきたとトルコ当局に名指しされている一面もある。

日本クルド文化協会は日本で大規模な資金集めもしてきました。東京新聞の『「誰であっても被災者を助けたい」』在日クルド人がトルコ地震で支援の募金呼びかけ」（出田阿生、2023年2月8日）という記事にはこうあります。

〈6日発生したトルコ南部震源の大地震は、少数民族のクルド人が多く暮らす地域に甚大な被害を与えた。在日クルド人が集まる埼玉県川口市を拠点に活動する「日本クルド文化協会」のメンバーらが、親族や知人らの安否を気遣いながら支援のための募金を呼びかけている。

ワッカス・チョーラク事務局長（41）は「電気が止まり、ネットが通じない地域も多いので、主に現地発信のSNSで情報を集めている」と説明。被災地の夜は氷点下5度ほどに冷え込むため、ブロックやレンガを積んだだけの建物が崩れて身動きがとれなくなった人たちが凍死するなど「一刻を争う状況」だという。

メメット・タシさん（53）は「誰であっても被災者を助けたい」。メメット・ユジェルさん（33）は「トルコ軍はシリアやイラクなどで戦闘を続け、自衛隊のように迅速な災害支援をしていない」と不安な表情を見せた。募金は、SNSやクルド人が経営する飲食店を中心に呼びかける。日本の市民団体とも連携して、どう届けるかなどを検討する。〉

ここに登場するメメット・ユジェル氏もまた、トルコの資産凍結対象となった一人です。日本クルド文化協会とワッカス・チョーラク氏、ワッカス・チカン氏、メメット・ユジェル氏は、地震の被災者のための募金を集める活動を行い、日本のメディアや市民団体も手伝ってきた。ではその集まった募金はどこへ行ったのか？　彼らはいくら集めたのか？

彼らには、日本の警察、入管、自民党の和田政宗氏のような国会議員、東京外国語大学のような国立大学、テレビや新聞などの大手メディア、市民団体など、数多くの日本の組織、人間が協力してきた。彼らは日本クルド文化協会についても、すばらしいボランティア団体、福祉団体だとお墨付きを与え、宣伝し、露骨に協力してきた。だからこそ彼らは有名になり、信頼を得て、多くの募金を集めたのだろうと想像できます。

それが一部でもテロ組織の資金になっていたならば、それは由々しき問題です。これは推測ですが、彼らはトルコ地震の被災者のための募金と言って集めたカネをＰＫＫに供与したのではないか、というのが一つの可能性として考えられます。トルコ財務省は、彼らがＰＫＫに資金提供したという合理的根拠があると述べている。もし、そうでないと言うのなら、日本クルド文化協会らは、募金でいくら集め、それをどこへいくら渡したのかの明細を募金者のためにも公表すべきでしょう。

しかも公安調査庁は今年に入り、ＰＫＫを国際テロ組織のリストから外した。ＰＫＫはテロ組織ではない、だから日本クルド文化協会が地震の被災者のための募金を集める活動も合法だし、それをＰＫＫに送るのも問題ないし、警察や入管や自治体や国立大学が日本クルド文化協会と協力したり宣伝したりするのももちろんＯＫだという、そういうスタンスを日本は取り続けるつもりなのでしょうか。

日本がＰＫＫをテロ組織一覧から削除した件については、トルコメディアが批判しているだけでなく、トルコの「民族主義者行動党」の副議長ムハメッド・レベント・ビュルビュル氏が、トルコの国会で次のように批判しています。

「以前から日本で宣伝活動を行ってきたテロ組織ＰＫＫが、日本の国内情報機関によってテロ組織リストから削除されたことが明らかになった。我々は、日本当局のこの誤った決定を非難し、早急にこの誤りを撤回すべきであることを表明したい。我々は、日本政府が40年以上にわたって3万人以上の同胞を殺害してきた赤ん坊殺しのテロ組織であるＰＫＫと距離を置き、トルコと日本の関係が健全であり続けることを願っている」

日本政府、警察や入管、国会議員がこのまま、ＰＫＫに資金提供している疑いのある日本クルド文化協会の活動を認め、ワッカス・チョーラク氏などを称賛し、応援し続けることは、すなわち、日本がテロ支援国家であることを意味します。少なくともトルコはそう認定する。

日本クルド文化協会がＰＫＫに資金供与している疑惑を知らなかったのなら、知った段階で対応を改めなければならない。「伝統的親日国」であるトルコを裏切ってまでなお、なぜ、そこまで日本クルド文化協会とＰＫＫを擁護するのか。極めて不可解です。

（２０２３年12月２日）

トルコが資産凍結した在日クルド人が国立大研究員として科研費を得る

クルド人テロ組織ＰＫＫに対する資金供与を理由に、トルコ当局が82の個人・団体の資産凍結を発表した件については、先述しました。

そのうちの一人で在日クルド人であるワッカス・チョーラク氏がこの件について、複数のクルド・メディアで多くのことを述べています。

記事によると、トルコ当局が「ＰＫＫへの資金提供」の疑いで、62人の個人と20の財団・団体の資産の凍結を決定したのは11月27日のことで、11月27日というのはちょうどＰＫＫの創設45年周年にあたるとのこと。トルコ当局はＰＫＫにとって記念すべき創設記念日である11月27日にわざわざ合わせて、資産凍結を決定したようです。そしてこの決定は２日後にトルコ官報に掲載され、発効したとあります。

20団体の中にはクルド人が多数居住するドイツとスイスの各３団体、オーストラリア、日本、イタリアの各２団体が含まれているとのこと。日本については、「クルド人研究者ワッカス・チョーラクをはじめとする在日クルド人６名」が含まれている。記事はこう続きます。

〈弊紙の取材に対しチョーラク氏は、同氏もリストに含まれているクルド赤新月社もトルコ国内での活動や資産はないとし、「トルコは外交分野でクルド人を犯罪者にしようとしている。しかしこの措置は、日本国内でも国際的にも、何らその効果をもたらすものではない。それどころか、トルコに対するネガティブなイメージを植え付けることになる」と述べた。〉

チョーラク氏は決して、自分はＰＫＫと無関係だとは言いません。そうではなく、自分はトルコ国内に資産がない、だから資産凍結しても無意味だとトルコ政府を挑発している。

それもそのはずです。ジャーナリストの石井孝明氏もツイートしているように、チョーラク氏が代表を務める日本クルド文化協会が開催している「ネウロズ」という祭りでは、チョーラク氏の真後ろにＰＫＫ創設者アブドゥッラー・オジャラン氏の顔、そしてＰＫＫの旗が掲げられている。

この日本クルド文化協会自体も今回、トルコ政府によって資産凍結されています。協会のポスターにも、オジャラン氏の顔写真がばっちり掲載されている。

日経ビジネスの「なぜ埼玉県南部にクルド人が集まるのか？　クルディスタンを離れ『ワラビスタン』になった理由」（２０１６年4月21日）という記事で、「ネウロズを楽しむクルド人の家族」とされ掲載されている写真にも、ＰＫＫの旗が映り込んでいます。こちらの記事にもチョーラク氏はもちろん登場しています。

埼玉県で開催されたネウロズ２０２３の映像にも、ステージ上に「フリー・オジャラン」の垂れ幕がかかっているのが確認できます。

そして何より、日本クルド文化協会のチョーラク氏の座っている後ろには、オジャラン氏とＰＫＫの旗が堂々と掲げられている。チョーラク氏と日本クルド文化協会がＰＫＫとオジャラン氏を支持しているのは、疑いの余地がありません。

そして今回トルコ政府は、彼らが単にPKKを支持しているだけでなく、PKKに資金提供している「客観的証拠」が揃ったので資産凍結の対象にしたと発表した。

しかし、当のチョーラク氏は余裕綽々《しゃくしゃく》です。次のように述べている。

「トルコは、国交のある国々でクルド人に対する認知活動を行っている。これは外交的な作戦であるが、空虚である」

トルコの資産凍結命令など無意味だと主張。記事はこう続きます。

〈PKKは、その結成記念日に日本で「禁止組織リスト」から削除されたことを受け、チョーラク氏は「各国の治安機関がPKKは『テロ組織』ではないという決定を下している一方で、トルコはこれらの決定で外交関係を持つ国々に影響を与えようとしている。しかし、何の効果もない」と付け加えた。

日本でクルド語の講義を行うクルド文化協会の活動でも知られるチョーラク氏は、「残念なことに、トルコは私たちのこのごく自然な活動に躍起になっている。私と一緒にリストに載っている在日クルド人は6人です。この人たちはヘイヴァ・ソルという協会の活動や運営に携わっている私たちの友人たちです。私たちは誰もトルコに資産を持っていない。当然、私たちがこのようなリストに載る理由はない。日本の当局もそのようなリストは考慮しない。結果として、私たちは友人たちとともにこの状況を笑っているだけです」〉

チョーラク氏は、日本の公安調査庁が国際テロ組織リストからPKKを削除した件について、「日本はPKKはテロ組織ではないという判断を下した」と主張し、政治利用している。だから自分たちは日本で自由に、堂々とPKK支援活動をすることができるということです。

日本政府、日本社会はさまざまな形で、チョーラク氏と日本クルド文化協会に協力し、お墨付きを与え、カネを与えているという実態もあります。

例えば東京外国語大学は、チョーラク氏をクルド語講師として雇用している。チョーラク氏は外大の研究員としても登録されています。同氏は外大の研究員として、科研費も得ている。研究概要については、

〈本研究計画は、国家・政治と宗教的ナショナリズムの研究で未開拓な分野といえる、多民族多宗教国家下で競合するナショナリズム運動間の共存の様態と、その様態において文化ナショナリズムが果たしうる役割を、現地調査を通じた実証研究で明らかにする。本研究を通じ、主に政治的ナショナリズムの諸相に焦点を当てる既存研究の限界を克服し、そこで不問とされている前提を実証的に検証する。〉

とあり、この科研のメンバーには同氏の他に、イラン・イスラム革命防衛隊ソレイマニ司令官を称賛し彼を殺害したアメリカを非難する松永泰行・東京外国語大学大学院総合国際学研究院教授や、イスラム過激派テロ組織ムスリム同胞団を「草の根運動」と高く評価する横

田貴之・明治大学情報コミュニケーション学部専任准教授、その同胞団のガザ支部であるイスラム過激派テロ組織ハマスを「福祉団体」と擁護する鈴木啓之・東京大学大学院総合文化研究科特任准教授などが名を連ねています。

彼らに対し、科研費は2021年から2024年まで総額1716万円が支給されることになっています。2021年には130万円、2022年には403万円が支給されていますが研究成果は二つの論文のみ。500万円もの税金は、どう使われてきたのでしょうか?

要するに日本の文部科学省というのは、テロ組織を擁護したり賛美したりする「研究者」に科研費を出しており、その成果はほとんど皆無であり、中には単に賛美するだけでなく、実際にテロ組織に資金供与していた疑いがある人物もいる、ということです。

チョーラク氏には科研費が渡り、国立大学である東京外語大から講師代が支払われているだけではなく、警察や入管、川口市もチョーラク氏や日本クルド文化協会と協力してパトロール活動などを行い、日本クルド友好議連なる議連もこれを支援し、そこに属する自民党参議院議員の和田政宗氏は彼と面談し、彼に感謝されている。

メディアも盛んに彼らを取り上げ、日本社会が全体として彼らを支援し、彼らは信用に足る組織だとお墨付きを与えたこともあり、彼らが今年2月にトルコで発生した地震の義援金を集めた際には、数千万円ものカネが集まった。その一部がPKKに渡った可能性がある。

そして先日、トルコのエルドアン大統領は岸田首相と会った際、日本のＰＫＫへの対応に対する「不快感」を表明した。

なお、チョーラク氏は、Ｘで次のように投稿しています。

「トルコ国家による資産凍結によって、我々はテロリズムに加担していることになるのか？　不法なトルコ国家の決定に国際的な効力はあるのか？　同じことがロシアや中国にも当てはまる！」

トルコのことを「不法国家」と批判し、これまで４万人のトルコ人の命を奪ったテロ組織ＰＫＫの旗を自ら掲揚しているにもかかわらず、テロ組織とは無関係だと開き直っている。

さて、日本はどうするのか。ＰＫＫをテロ組織と認めず、チョーラク氏や日本クルド文化協会の活動を「多文化共生を進めるもの」として支援し、いろいろな形でカネを渡し続けるのか。ＰＫＫはトルコだけでなくアメリカ、イギリス、ＥＵでもテロ組織指定されている。日本はこれらの国から、テロ支援国家とみなされかねない。政府の対応次第です。

（２０２３年12月４日）

自民党議員の「『トルコがクルド人弾圧してない』はプロパガンダ」発言

自民党の参議院議員である和田政宗氏がＸに、次のようなポストをしました。

〈トルコがクルド人を「弾圧していない」というのは、トルコ現政権のプロパガンダであり、欧米各国で「弾圧なし」などと言ったら笑われる。欧米各国による制裁も行われた。中国によるウイグル人に対する「弾圧なし」プロパガンダ、ミャンマーによるロヒンギャへの「弾圧なし」プロパガンダと同様である。〉（和田政宗 @wadamasamune　２０２４年2月26日）

和田氏は、トルコはクルド人を弾圧していると断定し、トルコがクルド人を「弾圧していない」というのは、トルコ政権のプロパガンダだとも断定しています。

プロパガンダというのは、事実に反する宣伝だということです。ならば和田氏は「トルコがクルド人を弾圧している」証拠を示す必要があります。しかし少なくとも、このポストでは証拠は示されていません。

私は「トルコはクルド人を弾圧していない」という証拠を提示しましょう。イギリス政府が２０２３年10月に公開したトルコのクルド人についての報告書冒頭にはこうあります。

〈一般的に、（トルコで）クルド人が直面するいかなる差別も、その性質や繰り返しによって、たとえ累積されたとしても、迫害や深刻な被害の現実的なリスクに相当するものではない。〉

トルコにおいて、クルド人に対する差別はある。しかしその差別は、いかに繰り返し発生したとしても迫害や弾圧のリスクには相当しない、要するにトルコにはクルド人に対する迫害や弾圧はないということです。これはイギリス政府の独自調査に基づく現状認識であり、トルコ政府のプロパガンダではありません。「トルコがクルド人を『弾圧していない』というのはトルコ現政権のプロパガンダ」だと断定した和田氏の主張とは矛盾します。

イギリス政府のこの調査の概要は、トルコにおけるクルド人の現状について簡潔にまとめられているので、続けてご紹介します。

〈クルド人はトルコ最大の民族的・言語的マイノリティであり、その数は約1500万人（トルコ人口の約18～20％）と推定されている。トルコ政府はクルド人を少数民族とは認めておらず、非イスラム教徒の少数民族のみが正式な少数民族の地位を持っている。クルド人は伝統的にトルコ南東部に居住しており、そこで民族的に多数派を形成している。ここ数十年、イスタンブールをはじめとするトルコ西部の主要都市にクルド人が定住するようになり、南東部よりも経済的な機会に恵まれ、クルド人の中産階級が形成されつつある。クルド人の多くはイスラム教スンニ派だが、イスラム教シーア派のクルド・アレヴィ派、キリスト教、ユダヤ教、ヤジディ教徒のコミュニティもある。〉

クルド人はトルコ人口の2割程度を占めており、中間層も形成されつつあるのが現状です。

報告書には、トルコの法や政治におけるクルド人についても言及があります。

〈トルコの法律では、人種や言語などに関係なく、すべての個人は平等であるとされている。しかし、クルド人に対する民族性に基づく差別は国家的にも社会的にも行われてきた証拠がある。過去には差別的な慣行が、一部のクルド人が公の場でクルド語を話したり、上級職を得たりすることに何らかの影響を与えてきた。しかし、現政権にはクルド系の閣僚が多くおり、トルコには過去に少なくとも1人、クルド系の大統領がいた。政府はクルド人の集会を禁止したり、制限措置をとったりしている。しかし一般的には、クルド人は私生活にも市民生活にも普通に参加できる。重要なクルド人の文化的祭事であるネウロズ（春分の日）の公の祝典は、トルコ当局の厳重な監視のもとではあるが、近年許可されている。〉

つまり、トルコではクルド人に対する法律上の差別はない。社会的には差別があるものの、一般的にはクルド人は普通の生活を送ることができ、クルド系の閣僚や大統領がいることから明白なように政治参加もしている。報告書はこうまとめます。

〈クルド人が民族性のみを理由に国家からの迫害の根拠ある恐怖を立証できる可能性は低い。〉

だからこそ、日本でもクルド人で難民申請が認められた人は一人しかいないのです。

イギリス政府の報告内容は、駐日トルコ大使の発言内容とも一致します。産経新聞の「クルド人は難民ではない？『その答えは十分に説明した』トルコ大使」2024年1月7日）によると、トルコ大使は次のように述べています。

〈——大使は以前に、「クルド系はトルコであらゆる政治活動の自由を保障されている」と述べていたが、クルド人は政治難民ではないということか。

「国民の大半はクルド人と縁戚関係にある。切り離せる存在ではない」

「クルド人を含めすべての国民に人権が保障されている。国会には選挙を経たクルド系議員がおり、現在はクルド語教育や報道、文化活動も可能だ。彼らが難民認定申請を繰り返しているのは知っているが、認定はあくまで日本当局の権限だ」

「2023年5月のトルコ大統領選などで、在外投票を東京の大使館で行った際、在日クルド人たちも投票した。日本でもクルド人はトルコの政治的な権利を行使している」

――つまりクルド人は政治難民ではないということか。

「私の答えはこれまでの説明に十分入っていたと思う」〉

これはつまり、トルコ大使の発言には客観性があるということを意味します。逆に「トルコがクルド人を『弾圧していない』というのは、トルコ現政権のプロパガンダ」だと断定した和田氏の主張には客観性がない。

では和田氏はいったい、何を根拠にこんなことを主張しているのか。推察するに、彼は一般のクルド人とクルド人テロ組織PKKの区別がついていない、あるいはあえて区別していないのではないかと思います。トルコからの分離独立あるいはトルコ領内での自治獲得をめざす武装テロ組織PKKは、トルコだけでなく、イギリスやアメリカ、EUでもテロ組織指定され、日本でも資産凍結対象になっており、テロ組織とされています。

ＰＫＫの脅威について、在英トルコ大使館は２０２１年、次のように述べています。

〈目下の主な問題は、ＰＫＫのテロリズムがもたらす脅威である。トルコでは、クルド出身の市民は異なる背景を持つ他の市民と同じ権利と特権を享受している。トルコのクルド人は社会に不可欠な存在であり、トルコ社会の繁栄と多様性に大きく貢献している。彼らは自分たちの言語を自由に話すことができ、民営・国営を問わずクルド語のテレビやラジオ放送を楽しむことができる。しかし、ＰＫＫはトルコ国民に脅威を与えるだけでなく、自らが代表であると主張するクルド人に対する妄想的な世界観で悪質な勢力を構成している。何十年もの間、トルコに想像を絶する人的犠牲と苦しみをもたらしてきた。〉

トルコ当局はクルド人を弾圧してはいない。しかしクルド人テロ組織ＰＫＫに対する取り締まりは行っている。トルコ当局はＰＫＫ取り締まりの一環として、ＰＫＫに資金提供をした人や組織の資産凍結命令を下しており、その中には日本に住んでいるクルド人６人と、日本を拠点とするクルド人組織二つが含まれています。

日本はトルコ当局が特定の在日クルド人の資産凍結をしたからといって、ただちに日本におけるその人の資産を凍結する、ということはありません。だからといって、この個人に政府がカネを渡したり、メディアが称賛したりするのは問題があるのではないかと思います。

日本人と異なるイスラム教徒の女性観・異教徒観

産経新聞が、「中学生に性的暴行、容疑のトルコ人逮捕　『遊んだが暴行はしていません』と否認」（2024年3月7日）と報じています。冒頭には次のようにあります。

〈女子中学生に性的暴行をしたとして埼玉県警川口署は7日、不同意性行等の疑いで、トルコ国籍でさいたま市南区大谷口の自称解体工の男（20）を逮捕した。「日本人女性と遊んだが暴行はしていません」と容疑を否認しているという。〉

逮捕された容疑者は、NHKの「SNSで知り合い中学生に性的暴行か　トルコ国籍の容疑者逮捕」という記事では、「トルコ国籍、自称クルド人（20）」となっています。ということは、この人物の背景、属性としてわかることは、「トルコ国籍、自称クルド人、自称解体工（20）」ということです。

彼の属性は、埼玉県川口市に数千人居住しているとみられるクルド人に共通するところが多い。さいたま市に住み、川口署が逮捕したということは、川口で活動するクルド人の居住地が川口市だけではなく、さいたま市など近隣の市にも広がっているということでしょう。

トルコ国籍クルド人の多くはイスラム教徒ですが、一般的にそれほど信仰に熱心ではあり

（2024年2月28日）

ません。しかし、クルド人の文化には、イスラム教の文化と共通するところも多くある。

その一つが女性や性に関する文化です。イスラム教では、人間は男性か女性のどちらかであり、神は双方に別々の義務と権利を与えたと信じます。ですから男女は同権ではない。

またイスラム教は、人間をイスラム教徒とそれ以外とに峻別します。イスラム教徒は救済されますが、異教徒は必ず地獄に堕ちます。序列で言うなら上から「イスラム教徒の男＞イスラム教徒の女＞異教徒の男＞異教徒の女」ということになります。イスラム教では、異教徒の女というのは二重の意味で卑しい存在とされており、尊厳のない存在とされる。

さらにイスラム教は、性行為や婚姻の最低年齢を定めておらず、そういう概念もありません。預言者ムハンマドは一番のお気に入りの妻だったアーイシャが6歳の時に婚姻契約をし、9歳の時に床入りしたと伝えられています。イスラム教で早婚が奨励される所以です。

つまり何が言いたいかというと、イスラム教徒男性の目に異教徒の女子中学生というのは、性的に何をやってもいい存在だと映る可能性があるということです。

このイスラム教の女性観、異教徒観が、ヨーロッパでイスラム教徒移民による現地の女性たちに対する性暴力事件が多発している背景にあります。異教徒が髪を露出させ、肌を露出させているのは、尊厳がないことの証であり、彼女たちはレイプされたがっているのだと、そう理解してしまうことがあるのです。もちろんすべてのイスラム教徒がそうではありません。しかし彼らはそういう教育を受け、そう考えるのが当然であるという文化に生きている。今回川口で逮捕されたクルド人に、これがどの程度当てはまるのかはわかりません。しかし、世界にはこうした文化がある。こうした女性観を当然とする人々が存在しているのです。

これが多文化共生の現実です。多文化共生の現実はかように厳しい。私たちはこれまでよりも、自分自身にも家族にも用心しなければならない。これまでより緊張して、日本社会で暮らさなければならないことになります。被害はもう出ている。

これを是正するには、外国人に対し、あなたの常識は日本では受け入れられない、日本では日本のルールを守ってもらわねば困ると、徹底するしかありません。

そして外国人の子供には、できるだけ早いうちから日本のルール、文化に馴染んでもらう必要がある。小さいうちから女性を見下し、異教徒を見下すのが当然の価値観の中で育てば、それが当たり前だと思う大人になります。フランスで幼児教育を義務教育化した背景には、こうした事情もあるのです。

日本にはこうした対策はもちろん一切ない。ただ多文化共生はすばらしい、日本人は外国人の文化を理解し受け入れろと、それだけです。今後、この種の事件はさらに増えるでしょう。被害の可能性のあるのはすべての女性です。幼女から老女まで、年齢は問いません。

（２０２４年３月８日）

川口市民を見捨てる日本の政治家たち

産経新聞が「川口クルド問題、地元当事者の声続々『政治が動いてくれない』　社会の分断一層進む恐れも」（2024年3月9日）という記事を出しています。

川口クルド問題に関しては、先日も女子中学生が性的暴行を受ける事件が発生し、クルド人の容疑者が逮捕されました。女子中学生に性的暴行をしたとして埼玉県警川口署に逮捕されたトルコ国籍で自称解体工の男（20）は、難民認定申請中で仮放免中だったとのこと。男はトルコ生まれ日本育ちの在日クルド人で、事実上の「移民2世」ということです。

産経新聞には川口クルド問題について、地元住民からたくさんの意見が寄せられているそうです。例えばこちら。

〈川口市に住んで20年になるという60代女性は《いつのまにか周りにクルド人が増えた》とし、道路にあふれるゴミの問題や公園の使い方、夜のコンビニでの体験などを淡々とつづった。警察に連絡しても特に改善はなく、《パトロールもしてくれない》という。

《私には孫がいます。本当にここに暮らして大丈夫なのか？　この年になって、そんな不安が出てくるなど思いもしなかった。引っ越せばよいといわれるが、年金生活でお金はありません。市長が出してくれますか》《私たちはふつうに暮らしていただけです。どうか川口市

民の声が大きな声になって市を、国を揺さぶれる力になりますように！》》

長く川口市に暮らしてきた60代女性が、クルド人が増えたことによって悩み、不安を感じていることがよくわかります。年老いてから、住み慣れた場所を追われるかもしれない不安と向き合うつらさ、計り知れません。警察も行政も頼りにならない。これは明らかにおかしいわけです。なぜ長く川口市に暮らす日本人が、外国人によって日常生活を脅かされねばならないのか。なぜ日本の警察も行政も政治家も、日本人を守ってくれないのか。

不安を抱えているのは、高齢女性だけではありません。40代の男性も同じです。

〈同市内の40歳男性は、クルド人とみられる若者グループによる一方通行での改造車の逆走などの目撃が後を絶たないという。《彼らは「一部のクルド人」だと言いますが、もはや全体の問題と考えてもおかしくない。一刻も早く、安心して暮らせる社会になることを願う》》

安心に暮らせない。これは本当に切実な悩みです。私もテロや銃撃が頻発する国に長く暮らしたことがあるので、「安心」というもののかけがえのない価値というのを実感しています。安心できない環境に暮らすと、四六時中、緊張していなければなりません。これは人間を、心身ともに疲弊させます。川口の人々は今、こういう状況に置かれている。次も切実です。

〈同市内の55歳男性は、もともと外国人の多い川口は《日本のどこの住民よりも外国人に慣れている》とした上で、《ただ、クルド人とほかの外国人が違うと思うのは、彼らが警察を何とも思っていない点です。法律も関係ない、警察も怖くない、集団で行動するクルド人をこのままにしておけば、この街は無法地帯になります。誰か助けてください》。《まじめに仕事をしているクルド人もたくさんいるでしょう。日本人がやらない仕事をしてもらって、助かっている部分もあるでしょう。ですが、法律を守らないクルド人は日本から即刻出ていってもらいたい。これはヘイトでも差別でもなく、日本人として当たり前の感情だし、当たり前の前提だと思います》

外国人が集住することで、そこが無法地帯になる事例は、ヨーロッパ諸国ですでに多発しており、大問題になっています。イギリスなのにイギリス警察が立ち入れない、イギリスなのにイギリスの法律が適用されない、そういった地域はすでにたくさん存在している。日本では今まさに、川口市の中にそうした「ノーゴーゾーン」が生まれつつあると、住民は感じている。「誰か助けてください」と彼は言っている。

なぜ警察は、行政は、政治家は、彼を、そして川口市民を助けないのでしょうか？　なぜこれほど被害を受け、これほど苦しみ、これほど大きな不安を抱えている日本国民を、日本の政治は見捨てているのでしょうか？

川口市や近隣地域選出の政治家は複数います。川口市出身で埼玉２区選出の国会議員である自民党の新藤義孝議員は、なぜ、地元住民の切実な悩みを無視しているのでしょう？　埼玉県の大野元裕知事も川口市出身ですが、なぜ何もしないのでしょう?

また、自民党の参院議員である和田政宗氏は、日本クルド友好議連のメンバーとして、この問題に対処すると大見得を切っていましたが、いったい何をしたのでしょう?

いいえ、何もしないというのは語弊があります。国会議員も知事も行政も、「多文化共生」を推進している。外国人が暮らしやすいように、外国人に対する差別がないように、多言語環境や生活保護で彼らを支えている。しかし、彼らが寄り添うのはもっぱら外国人です。外国人に寄り添う一方で、日本人には寄り添わず、日本人の不安は捨て置く。

日本人はいい加減、もう気づくべきです。今の政治家が進めている多文化共生というのは、日本人を痛めつけ、日本人を犠牲にし、日本社会を変質させてしまう政策だということに。

（2024年3月9日）

イランからのカネでテロをするスウェーデンのクルド人犯罪組織

イスラエルの情報機関であるモサドは昨日、10月7日以来、ヨーロッパ諸国のイスラエル大使館に対する一連のテロ攻撃の背後にはイランがいるという異例の声明を発表しました。
スウェーデンの安全保障局 Säpo もこの報告を確認し、イランは数年来、安全保障を脅かす活動をスウェーデン国内で行っていると述べました。Säpo によると、イランが再びスウェーデンの標的を攻撃する危険性はかなり高いということです。

イランは中東をはじめとする世界各地で、ハマスやヒズボラ、フーシーといったテロ組織を支援、そのテロ組織にカネや武器を与えることでテロ攻撃を実行させるという、いわゆる「代理組織作戦」で間接的にテロ活動を行う、テロ支援国家です。近年の中東の紛争の多くはイランが仕組み、イランがけしかけ、イランが主導しています。

イランは中東で紛争を起こすことで、敵国であるイスラエル、そして同じく敵国である中東の世俗国家を弱体化させ、その上でそれらを乗っ取り、そこにイラン流のイスラム支配を押し付け、中東全土をイランの支配下に置くという「政策」を掲げています。

敵国にはサウジ、UAE、バーレーンなどの湾岸諸国やエジプトなどの北アフリカ諸国も含まれます。イランの権威に服さない国はイスラム諸国であってもすべて敵国です。

イランの目的は、最終的にアメリカを打倒して世界征服を果たし、全世界をイラン最高指導者の支配下に置くことです。イラン最高指導者のハメネイ師は、「我々が『アメリカ死ね！』という時、それは単なるスローガンではなく政策なのだ」と明言しています。

イランの魔の手はヨーロッパにもすでに及んでいます。イランがヨーロッパ各国の大使館を利用し、そこを拠点にテロ活動を行っていることはよく知られています。日本ではまったく報じられませんが、私は以前からこの問題についても指摘してきました。

それに加えて、イランはヨーロッパの犯罪集団、マフィアをも「代理組織化」し、ヨーロッパ各国でテロを起こしている、というのがモサドの最新の報告です。

具体的な事案としては5月24日にベルギーのブリュッセルにあるイスラエル大使館に手榴弾が投げ込まれた事件、5月17日にスウェーデンにあるイスラエル大使館付近で発生した銃撃事件、1月に同じくスウェーデンにあるイスラエル大使館に対して行われた手榴弾攻撃（爆発せずに終わった）の背景に、イランがいる、と報告されています。

報告によると、1件を実行したのはフォックストロット（FOXTROT）という犯罪組織で、もう1件を実行したのはルンバ（RUMBA）というフォックストロットのライバル組織であり、両組織ともイランの「代理組織」として犯行を実行したとのこと。

フォックストロットは殺人と大規模な麻薬密売で知られるスウェーデン最大の犯罪組織であり、スウェーデン以外の他のヨーロッパ諸国でも活動している、とモサドは報告している。

興味深いのは、このフォックストロットのリーダーがラワ・マジドというイラン生まれのクルド系スウェーデン人だ、という点です。彼は通称「クルドの狐」として知られており、昨年9月に国際法執行機関とイラク治安部隊に追われてトルコからイランに逃亡、そこでイランの諜報員にリクルートされたとのこと。彼がイラン当局にリクルートされたのは、ユダヤ人およびイスラエルを標的にした攻撃を実行するためだ、とモサドは発表しています。

ヨーロッパのクルド人犯罪組織は、ヨーロッパ諸国の治安上の大きな問題になってきました。しかしクルド人は、概ねイスラム教徒ではあっても基本的に宗教に関しては無頓着で、クルド人マフィアの犯罪というのはいわゆるイスラム過激派の活動とは一線を画してきました。

ところが最近、このクルド人マフィアが、イランにカネをもらい、カネのためにイスラエルやユダヤ人を攻撃するという活動が確認されている。これは極めてやっかいな問題です。ラワ・マジドの元仲間であり、その後敵対関係になったイスマイール・アブドが率いる犯罪グループ「ルンバ」もまた、イランの指示を受けスウェーデンでイスラエル大使館を攻撃したとのこと。

フォックストロットとルンバはイランから直接資金と指示を受け、ヨーロッパでイスラエル権益を攻撃している犯罪組織だとモサドはみている。ここ数か月の間に、イランの支援を受けたユダヤ人やイスラエル人に対するテロ計画が何十件も発覚しており、その多くはこうしたヨーロッパの犯罪ネットワークを利用したものだという。

これについてはスウェーデン当局も次のように述べています。

「こうした出来事がスウェーデンでも起きていることを確認している。スウェーデンでは近年、治安警察が、イランの治安サービスに関連した暗殺計画に対処してきた」

「スウェーデンが他国の安全保障を脅かす活動のプラットフォームであってはならない」

イランがカネで何でも請け負う犯罪組織を、イスラエル、ユダヤ人を攻撃するために利用するのは想定内ですが、日本にとって看過できないのは、こうした犯罪組織のボスがクルド人である点です。

日本にも近年、多くのクルド人が流入し「難民」だと自称して難民認定申請をし、結果が出るまでの間、「仮放免」として日本社会に暮らしつつ、一部の人々が数々の犯罪や触法行為を行い、警察が見逃したり、警察が逮捕しても不起訴になったりすることで、警察を恐れることなくやりたい放題に振る舞い、住民に不安や被害を与える事態が深刻化しています。

その代表例が埼玉県川口市です。川口市では難民申請中のクルド人が女子中学生をレイプする事件も発生しました。川口市ではクルド人が血縁で結びついた「一家」のようなものを作り、そのグループ間の抗争が殺人未遂事件にまで発展し、病院に押しかけ救急患者受け入れ機能が麻痺するという事態も起こっています。

こうした川口市のクルド人一家が、ヨーロッパの犯罪組織のような形に進化することを、私は危惧しています。

（２０２４年５月31日）

殺人未遂で逮捕・強制送還されたクルド人の再入国

産経新聞が「川口クルド人病院騒動の逮捕者が再入国『帰りたくない』日本滞在も再び強制送還」（2024年6月19日）という記事を掲載しました。冒頭には次のようにあります。

〈埼玉県川口市で昨年7月、クルド人約100人が市立病院周辺に殺到した騒動のきっかけとなった殺人未遂事件で逮捕されたクルド人男性（25）が強制送還後、今年5月に再入国し、いったん川口市内に滞在した後、再び強制送還されていたことが19日分かった。2度目の入国の際は入管施設で「帰りたくない」と叫んで暴れるなどし、送還時にはクルド人仲間ら約20人が集まる騒ぎもあったという。〉

クルド人100人病院殺到事件では7人が殺人未遂容疑で逮捕され、さいたま地検は7人全員を不起訴処分としていました。今回判明したのは、このうち少なくとも1人は強制送還の処分を受けて11月にトルコに帰国していたということです。

しかし、帰国したから一件落着ではまったくなかった。彼は今年5月9日、また日本に来た。彼はトルコ人ですから、パスポートさえあれば日本に入国できます。

この男性には「支援する日本人弁護士」というのが付いている。その弁護士から東京出入国在留管理局（東京入管）に対し、男性の上陸許可を求める要望書が出された。そこには、「殺人未遂事件で負傷した右腕の治療とリハビリを日本で行いたい」「病院の未払い金200万円を支払いたい」などとし、滞在期間を1か月としていたそうです。

ところが、実際の所持金は7000円しかなく、東京入管が上陸拒否したところ、男性は床に寝そべり「帰りたくない」「救急車を呼べ」などと叫んだため、羽田空港内の入管施設へ収容した、と記事にはある。記事はこう続く。

〈男性はさらに、施設内で食事を拒み、脱水や低血糖の症状が出たことから、東京入管は施設への収容を一時的に解く仮放免を決定、男性は川口市内で再び生活することになった。ところが、東京入管が病院に問い合わせたところ、「治療は不要」との回答だったため、あらためて強制送還手続きを進めることになったという。

男性は今月5日、仮放免者に義務づけられた手続きとして東京入管へ出頭。その場で強制送還を告げられ、同日夜のトルコ航空イスタンブール便に乗せられて送還された。入国警備官が付き添うなどし、帰国費用数百万円は税金を原資とする国費で賄われた。

その夜、川口市内などに住む仲間のクルド人ら約20人が東京入管を訪れ、強制送還に抗議する騒ぎが発生、駆けつけた警察の注意で解散したという。

男性は「すぐにまた来る」と話しており、日本に滞在する男性の家族も「すぐに再来日させてやる。弁護士やマスコミを連れてくる」などと話していたという。〉

もうめちゃくちゃです。おかしな点があまりにも多い。

第一に彼は、自分は難民だと言って日本で難民申請し、保護を求める立場にあるにもかかわらず、日本で殺人未遂をした。

第二に彼は、殺人未遂をして強制送還され、祖国のトルコで普通に生活していた。これは彼が難民でも何でもないことの証なのに、日本は再度彼の入国を許した。

第三に、彼を日本が保護すべき理由など一つもなく、むしろこの男は日本で罪を犯したにもかかわらず、彼を支援する日本人弁護士が彼を日本に滞在させるべく動いている。

第四に、彼を保護し強制送還するのに、多額の税金が使われた。

第五に、トルコとの間にビザ免除措置が続いているかぎり、彼のような人でもトルコ人（クルド人）ならば、いつでも何度でも日本に入国できる。この男を模倣するトルコ人（クルド人）がいくらでも出てくる可能性がある。

今月10日には、難民認定申請中の強制送還停止を原則2回までに制限することなどを定めた改正入管難民法が施行されました。しかしそんなものは意に介さず、ビザ免除措置を利用して何度も日本にやってきて迷惑を繰り返す外国人が実際に存在する。

外国人を支援する日本人の弁護士や団体があり、メディアも軒並み、外国人がかわいそうだ、強制送還など人権侵害だ、と主張する中、法が施行されたからといって不法移民を国外に強制送還できるかというと、かなり難しいと言えるでしょう。

役所も政治家も警察も入管も、メディアを恐れている。メディアに叩かれる、とわかっていることを、彼らはやろうとはしない。司法も「かわいそうな外国人」の味方です。

メディアと司法を敵に回して、それでも日本のために法を執行しようなどというガッツのある役人や政治家は滅多にいない。もしかしたら、まったく存在しないかもしれない。

しかも、日本政府のトップである岸田首相は、こうした犯罪を犯し、法を悪用する外国人が日本に繰り返し入国し、日本で乱暴狼藉を働き、日本社会に迷惑をかけ、日本の税金が無駄に使われていることなど、まったく気にもしません。知っていて知らないふりをしているのか、本当に知らないのか、それすらわからない。そして岸田首相はこう繰り返すのです。

「外国人にとって魅力ある制度を構築し、選ばれる国になることが必要不可欠だ」と。

岸田氏が言うまでもなく、彼らは日本を選んでやってきて、日本の外国人に奇妙に優しい制度を悪用し、それを恣《ほしいまま》にし、わがまま放題のやりたい放題です。この種の人々が埼玉県川口市にはたくさん住んでいて、一般市民が多大なる迷惑を被っている。

しかし、岸田氏をはじめとする政治家たちはそんなことには見向きもせず、政治家とメディアと大企業は、「選ばれる国」にならねばならない、の一点張りです。

これ以上、外国人に阿《おもね》る、外国人に優しい政策を推進すれば、不逞の輩はますます日本にやってくるでしょう。そして日本でやりたい放題を繰り返し、捕まると外国人大好きな左翼活動家弁護士がさっと現れて彼らの人権を擁護する。警察に捕まって強制送還になっても、また日本にやってくる。その時にはまた左翼弁護士がいくらでも助けてくれる。

日本の秩序を崩壊し、日本社会を疲弊させ、日本全体をできるだけ素早く地盤沈下させ、衰退させるには、外国人をどんどん日本に入れるのが一番です。それが一番手っ取り早い。

恐ろしいことに、今は政界、財界、学術界、メディアが一体となって大量の外国人を一挙に日本に入れるべく尽力している。大量移民を危惧する声はどこからも上がりません。これはまさに、日本がかつて戦争に向かって一直線だった、当時の状況そのものです。

大量移民は日本を滅ぼします。これは日本に限ったことではありません。歴史の定理です。だから私は、何年も前から一人でこの問題を主張してきた。そして最後の一人になっても、やはりこの問題を世に問い続けたい。私に力がないことなど、もはやどうでもいいことです。

（2024年6月20日）

在日クルド人〝東京外大講師〟詐称問題

産経新聞が「川口クルド人団体幹部が〝東京外大講師〟名乗る　文科省『誤解生む』大学が是正へ」（2024年7月4日）という記事を掲載しました。冒頭にはこうあります。

〈埼玉県川口市のクルド人団体幹部のトルコ国籍の男性が、国立の東京外国語大学（東京都府中市）の市民向け講座の講師にもかかわらず、職名の「大学講師」を名乗っていたことが4日わかった。外大と男性に雇用契約はなく、文部科学省は「誤解を生む恐れがある」として是正を求めた。外大側ではほかにも同様の事例の可能性もあるとして、講師が使う名刺の「ひな形」を作成するなど指導に乗りだした。この幹部は日本語が流暢なことなどから、記者会見の対応など対外活動を一手に担っている在留クルド人社会のスポークスマン的存在。〉

川口市のクルド人団体幹部のトルコ国籍者で東京外国語大講師を名乗っていた人物といえば、一人しか思い当たりません。この人物は、昨年11月に出された日経新聞の「クルド人、異郷の日本で奮闘　『国を持たない民族』の悲劇背負い」（2023年11月24日）という記事でも「東京外国語大学クルド語講師も務める」と書かれています。

実は私も、この人物は「東京外国語大学講師」だとすっかり信じていました。なぜなら産経新聞の記事にあるように、

〈名刺には外大の校章とともに「東京外国語大学　講師（クルド語）」と刷られ、マスコミなどでも「東京外国語大学講師」と紹介されてきた。今年3月に男性が原告となった民事訴訟の訴状でも《東京外国語大学にてクルド語の講師として稼働している》と書かれている。〉

からです。ところが今回、産経新聞の取材により、

〈外大側によると、男性は一般市民向けのオンライン公開講座「オープンアカデミー」で週

1回90分程度、講師を務めているだけだった。大学との雇用契約はなく、謝礼を支払う形だったという。〉

ことが判明。つまり「東京外国語大学講師」ではなかった、ということです。

「大学講師」と「一般市民向けのオンライン公開講座の講師」とでは、教える相手、単位の認定、雇用の有無など大きな違いがある。大学講師が教える相手は基本的に大学の学生です。学生相手に講義をし、出欠を記録し、レポートやテストなどを課して、それを採点し、成績を付け、単位を出すかどうかを判断する責任を負います。大学は講師と雇用契約を結ぶ。

しかし、一般向けのオンライン講座で教える相手は一般人であり、テストなどはあるかもしれませんが、そこに単位認定は関係してきません。

産経新聞の記事から理解できるのは、外大はこの人物が外大講師を名乗っていることを知っていて許容してきた、という事実です。

〈取材に対し、外大は当初、男性の名刺の右下に小さく「オープンアカデミー」と書かれていることから、『講師』と名乗っても許容範囲と考えている」(広報・社会連携課)としていた。だが、文科省大学教育・入試課が「疑義が生じかねない点がある」として、事務連絡の趣旨を踏まえた対応を求めたところ、名刺の名前の上に「オープンアカデミー講師」と明記する「ひな形」を作成し、講師全員に提示すると回答したという。〉

これに対し、文科省が「疑義が生じかねない」と対応を求めたそうですが、この「研究員」とありますか、疑義は他にもあります。彼は外大の「研究員」として科研費も受給しているのですが、この「研究員」という肩書きについてはどうなっているのでしょう?

この人物はこれまで偽りの肩書を名乗ってきた。彼は東京外大の講師ではないのに外大の講師だと名乗り、自分が東京外大という一定レベルの国立大学に雇用されていると偽ることで、他者に対し、自分は信用に値する、立派な学識を持つ人物であると見せてきたわけです。

彼はメディアに多く露出し、発言してきました。例えば彼は、2023年2月にトルコで大地震が発生した際、日本で募金活動をし、それを被災地に送ったと主張しています。しかしトルコ政府は、同年11月27日に、「PKKへの資金提供」の疑いで、講師詐称の人物を含む在日クルド人6名と日本クルド文化協会の資産凍結を決定しました。これに対し彼は、「別にテロと関係とか、支援など一切ない」と回答している。

この人物は過去にはPKKを支援していることを公言し、公然とPKK指導者の写真を掲げてきました。しかしテロ組織とは関係ないと釈明している。

この人物は昨年末、日本の公安調査庁が公表した「国際テロリズム要覧2023」のテロ組織一覧からPKKが削除された件について「日本はPKKはテロ組織ではないという判断を下したのだ」と主張していました。しかし、その直後に、日本政府は現在もPKKをテロ組織指定し資金凍結していることが判明しました。

いったいこの人物の主張の、どこまでが本当で、どこからがウソなのか。

日本のマスコミは前掲の日本経済新聞に限らず、多くの新聞、テレビが彼を「多様性を体現するロールモデル」として大々的に取り上げ絶賛してきました。マスコミだけでなく、自民党の政治家や行政、警察も、パトロールなどの活動を通して、この人物やこの人物が幹部を務める日本クルド文化協会と「協力関係」を築いてきました。川口市の奥ノ木市長は、川口市の外に住む人々がクルド人へのヘイトをやっていると非難しています。

マスコミや政治家、行政、大学などがひたすら「移民」「外国人」に寄り添い、日本人の人権、利益を蔑ろにする傾向はいつまで続くのか。被害を受ける日本人が激増し、たくさんの日本人が「マスコミや政治家のウソにはもう騙されない！」と声を挙げ、意思を表明するようになるまでは、この傾向は続くだろうと思います。

（2024年7月5日）

第6章
労働者不足対策で
イスラム移民・難民を歓迎する日本

第1節　移民政策を進める政府と財界

「日本は外国人に選ばれる国になれ」と言う経団連

朝日新聞が「特定2号、11分野に拡大決定　外国人労働者の永住に道」（2023年6月10日）という記事を出しています。冒頭には次のようにあります。

〈外国人労働者の永住につながる在留資格「特定技能2号」について、政府は9日、対象を2分野から11分野に広げることを閣議決定した。制度導入時は「移民政策につながる」との慎重論もあったが、深刻な人手不足に直面する業界の声に押された形だ。ただ、「熟練した技能」という要件の壁があり、2号がどれだけ増えるかは未知数だ。〉

そして同じ日の「経済界が求めた特定2号対象拡大『外国人に選ばれる国』になれるか」という記事には、〈2号の対象分野の拡大について、経団連の十倉雅和会長は5日の記者会見で「少子化の影響で生産人口が減る中で、非常に歓迎すべきことだ。家族も含めて日本社

図5　技能実習生と特定技能1号、2号

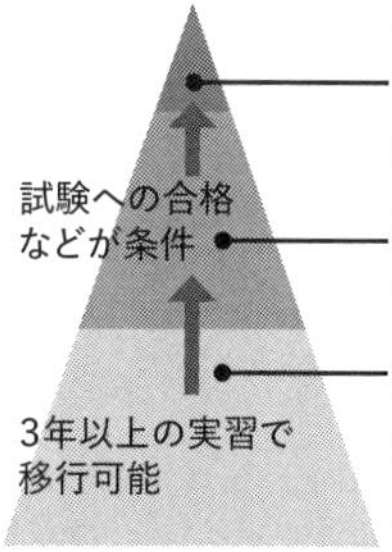

	対象	在留期間	家族帯同
特定技能2号 11人	2分野 ▼ 11分野へ	更新に上限なし	○
特定技能1号 15万4864人	12分野	最長5年	×
技能実習生 32万4940人	87職種	最長5年	×

特定技能の人数は2023年3月末、
技能実習生は2022年末時点

［朝日新聞「経済界が求めた特定２号対象拡大　『外国人に選ばれる国』になれるか」2023年6月10日をもとに作成］

会に溶け込めるようなバックアップもしていかなければいけない」と語った。〉とあり、1号と2号について**図5**が載っています。また、この記事の最下部に、11分野について「◆特定技能2号の拡大後の対象分野　建設▽造船・舶用工業▽農業▽漁業▽飲食料品製造▽外食▽ビルクリーニング▽産業機械など製造▽自動車整備▽航空▽宿泊」と書かれている。

加えてこの記事への「コメントプラス」でも、「外国人に選ばれる日本」になるために、日本は外国人をどんどん支援し、日本社会に溶け込めるよう支援していかなければならない、と強調している。

〈この「外国人に選ばれる国」になれるか、という点が最大の問題だ。コンビニバイトの外国人たちが給料の目減りで日本に見切りをつけようとしている昨今、内向きの都合だけで「門戸開放」して、果たしてどれだけ効果があるのか。どうも、十年前にすべきだった議論を今さらやっている感がハンパない。〉（マライ・メントライン　2023年6月10日）

と、日本は外国人に選ばれない国になっていると妙に上から目線で高圧的です。

朝日新聞のこうした記事は、現実との齟齬があまりにも大きい。

第一に、この決定前からすでに日本に渡航しようとしている外国人は増えている。例えば「ProPakistani」というウェブサイトには、次のように書かれた記事がありました。

○　日本の入国管理局によると、仕事、教育、ビジネスのために入国するパキスタン人の数がかつてないほど増加している。
○　10か月の間に5000人以上のパキスタン人がさまざまな理由で日本に登録された。
○　ラザ・バシール・タラール駐日パキスタン大使は最近のインタビューで、できるだけ多くのパキスタン人の日本への定住を迅速に促進するために努力すると述べた。
○　大使は、パキスタンが日本に質の高い人材を供給し続ければ、日本にいるパキスタン人の数が数十万人にまで急増する可能性があることを示唆。

［Record Number of Pakistanis Start Immigrating to Japan, Jun 6, 2023］

パキスタン人は日本に数十万人流入する可能性がある。日本がパキスタン人に選ばれるように努力する云々という、朝日新聞の描く心配とはまったく違う現実がここにある。日本に移民できるよう、パキスタンで日本語教育を推進しようという、そういう世界があるのです。

〈タラール大使は、日本語能力がプロジェクトの重要な前提条件となるため、パキスタンに日本語学校が少ないという課題があることを認識した。しかし、パキスタン大使館の支援により、パキスタンにはいくつかの日本語学校が設立されており、近い将来、日本へ移住するパキスタン人の数が大幅に増加することが予想される。〉

記事には次のようにもある。

〈また、日本でのチャンスは伝統的な分野にとどまらないことを強調し、農民でも日本への移住が可能になったことを指摘しました。様々な技術分野がパキスタンの人々にとって有利な展望を提供しており、詳細な情報は海外パキスタン人省のウェブサイトから入手できます。特に、ＩＴの専門家は日本で高給の仕事を得ることができる。〉

「日本へのチャンス」「農業でも移住できる」とあります。こうした文面はやはり、朝日新聞の「日本は選ばれる国になるのか」云々という懸念とはまったく隔絶している。パキスタンの人たちが、どうやったら日本に移住できるか、どうやらチャンスが広がったらしいとワクワクしているのに、朝日新聞は「日本は選ばれるのか」「もっと日本が選ばれる国になるよう、日本が努力しなければ」と主張する。このチグハグ感、食い違い感が、私の違和感の源です。

日本には以前から一定数のパキスタン人が暮らしています。私がｎｏｔｅで繰り返し書いている、大分県日出町にイスラム教徒用の土葬墓地を作るべく活動をしているイスラム教徒団体の代表もパキスタン人です。

２００１年５月に富山県で「コーラン」が破り捨てられる事件が発生した際、その抗議活動を率いたのもパキスタン人です。彼らは東京でもデモを行い、外務省に申し入れまでした。

１９９０年に『悪魔の詩』を邦訳した筑波大の五十嵐一氏が記者会見を開いた際、その会見に乱入して五十嵐氏に乱暴を働いたのも、在日パキスタン人協会の会長でした。五十嵐氏は自著にこう書いています。

〈記者会見に乱入していた在日パキスタン人協会の会長は、日本はこれまで平和を愛する国民としてイスラーム圏に悪業をしかけないできたが、この小説の翻訳出版により大きな罪悪を働いたと批判した。〉

なるほど、当時の在日パキスタン人協会会長の日本に対する認識がこれです。日本は大きな罪悪を働いた。その後、五十嵐氏が何者かによって殺害されたことはよく知られています。

日本に暮らすパキスタン人は、日本社会に溶け込もうとしているか？　私には違うように見える。彼らは日本に来て、土葬墓地を作ろうと活動している。「コーラン」を破るなんて日本はとんでもない国だと批判し、『悪魔の詩』を訳すなんて日本はとんでもない悪業を働いたと批判する。彼らは日本に溶け込もうとしているのではなく、彼らの信念、彼らの生き方に合うように日本社会を変えようとしているように見える。

これはイスラム教の論理からすれば当然のことです。イスラム法は属地主義ではなく属人主義をとります。どこであれ、イスラム教徒はイスラム法に従って生きなければならない。「郷に入っては郷に従う」のではなく、「郷に入っては郷を変える」のが彼らのやり方です。

我々が心配しなければならないのは、日本が外国人にとって選ばれる国になれるのか云々という問題ではない。日本に来たい外国人はいくらでもいる。彼らは日本に来て、日本を彼らにとっての理想郷に変えようとする。誰でも自分にとって暮らしやすい社会を求めるものです。日本はその欲求に対しどう向き合うのか。これが我々の考えるべき問題です。

私は、移民を受け入れろとか受け入れるなという話をしたいわけではありません。私は政治家ではない。そうではなく、日本にすでにいる外国人、これから日本に働きに行こうとワクワクしている外国人の中には、日本人とはまったく異なる世界観、倫理観、目標を持った人々も大量にいる、彼らは必ずしも「話せばわかる」人たちばかりではない、と申し上げておきたいのです。

我々は移民を受け入れることに決めた。ということは、我々はそうした「話してもわからない」人たちが周囲に急増し、日本社会が自ずと変わることを受け入れなければならないということです。そうした覚悟がないとしても、この流れは不可避です。

（２０２３年６月11日）

財界トップ３の儲け至上・国民無視の移民認識

産経新聞が「財界トップ３は川口の現状をどう考えているか　外国人受け入れ、十倉・新浪・小林３氏に聞く」（２０２４年１月10日）という記事を載せました。冒頭にはこうある。

〈経団連の十倉雅和《とくらまさかず》会長、経済同友会の新浪剛史《にいなみたけし》代表幹事、日本商工会議所の小林健《けん》会頭の経済３団体トップは産経新聞などのインタビューに応じ、外国人労働者の受け入れについて見解を述べた。政府が進める制度改革は「前進だ」とおおむね評価する一方、外国人受け入れに伴う治安悪化などの「社会的コスト」については、それぞれ持論を語った。〉

なるほど、財界トップ３は皆、日本にとって外国人労働者、つまり移民の受け入れは必要不可欠だと認識しており、政府の進めている移民受け入れ政策を評価している。

経団連の十倉氏（住友化学会長）は、

「労働者不足をすべて外国人で埋めるわけではない。生産性向上のためDX（デジタルトランスフォーメーション）や対話型人工知能（AI）『チャットGPT』などの技術革新にも取り組んでいく」

日商の小林氏（三菱商事相談役）は、

「中小企業は特に地方で人手が足りず、外国人を増やしたいという切実な声があるが、奇策はない。DX化、生産性向上、外国人労働者の合わせ技でやる」

と言っていますが、要は移民待ったなし、ということです。

では彼らは、その必要不可欠な移民受け入れに際し、日本は何をどうすればいいと考えているのかというと、これがもう、めちゃくちゃです。

同友会の新浪氏（サントリーホールディングス社長）はこう言っている。

「欧州で移民を単なる人手として便利に使ったら、国民との対立構造を生み、社会不安を招いた。われわれは同じ轍を踏んではならない」

誤解があるようですが、欧州で移民と国民が対立し社会不安を招いたのは決して「移民を単なる人手として便利に使った」からではありません。「多様性の尊重」といって彼らの文化を尊重し、欧州の文化を押し付けず、彼らの違法・触法行為を問題にしたり批判したりする人を「差別主義者！」と糾弾し、彼らの違法・触法行為を大目に見てきたからです。

その結果、移民は自国の文化を欧州に持ち込み、欧州の文化を破壊した。彼らは欧州各地に集住し、元々住んでいた住民が故郷を追われた。治安が極度に悪化し、ナイフやら銃器やら爆発物による事件が多発。子供も大人も犯罪に怯え、女性はレイプを恐れて外出を控え、服装に気を遣い、髪を黒く染める人までいる。それでも、警察や行政は「差別主義者！」と糾弾されることを恐れて、移民の取り締まりを躊躇する。元々いた国民がひたすら移民に怯える生活を余儀なくされる。これが現実です。

もし、新浪氏が「われわれは同じ轍を踏んではならない」と本当に思っているならば、「多様性の尊重」とか「差別ダー！」とかをやってはいけない、ということです。ところが彼は、在留資格「特定技能」の対象拡大について「大いに結構」とした上で、こう述べている。

「長期間働いてもらえるかは疑問。本当の意味で外国人労働者を受け入れる素地はまだない」

これは要するに、日本はまだまだ外国人への寄り添いが足りない、彼らが長く働ける居心地の良さを提供できていない、と言っているわけです。要は「日本は外国人に選ばれる国にならねばならぬ！」「もっと多様性を！」と言っているわけです。小林氏もこう言っている。

「彼らの人権尊重や働きやすい国にするなどの社会政策も必要」

「日本ほど安心安全な国はない。彼らもそれを期待して日本に来るのだと思う。外国人と日本人が地域社会でどう折り合いをつけていくかが求められる」

こちらも新浪氏同様、「もっと多様性を！」です。折り合いをつけるといっても、彼らが念頭に置いているのは、もっぱら日本人が外国人に「合わせる」ことの方です。彼らは、日本人に「外国人の人権を尊重しろ」「外国人の働きやすい環境を作れ」とは言いますが、外国人に「日本の文化を尊重しろ」とか「日本社会になじめ」とは言いません。十倉氏も、「やって来るのは『労働者』ではなく子供を連れた『家族』。彼らがきちんと日本で暮らせる環境整備が大事だ」

と、日本人が外国人の家族のための環境を作れと訴えます。新浪氏はこれについて、「いわゆる多様性は結構だが、単なる人手でなく『日本国民』になってもらうことが大前提。最低限のルールや社会通念は守ってもらわなければならず、欧州とは異なる日本型モデルを作っていく必要がある」

と言っていますが、では多様性を尊重しつつ「日本国民」になってもらうというのは、具体的にどうするのでしょうか。最低限のルールとか社会通念とはいったい何でしょうか。

イスラム教の場合、根本規範がことごとく日本の法や社会通念に矛盾していますが、その場合は彼らの「文化」を否定して、日本のルール、社会通念を守らせるのでしょうか。彼らはさも問題をわかっているかのように見せかけているだけで、その実、まったくわかっていない。日本人に対応しろと圧力をかけているだけで、外国人の文化や振る舞いに日本人の方が害を被り、日本文化、日本社会が破壊されることへの懸念などまったくない。

彼らは無責任です。彼らが無責任なのは、彼ら自身が移民の害を被ることなどないからです。彼らは移民と一緒に働かないし、隣り合って暮らすこともない。「財界トップ」の彼らの家や家族はセキュリティに守られた高級住宅地にある。

彼らにとっては、移民が移民文化を日本に持ち込み、日本人が移民の犯罪被害に遭おうと、日本社会がめちゃくちゃになろうと、そんなことはどうでもいいのです。そんなことより移民がほしい。安い労働力がほしい。安い移民労働者でしこたま儲けたい。それだけです。

メディアのインタビューに答える時に、「オレらはちゃんと問題をわかっている」というフリをすればいいだけなのです。だから実際、彼らは何の策も講じない。彼らは移民を入れるよう政府に圧力をかけ、移民政策を応援するだけです。

多様性を尊重することと、日本の文化やルールを遵守させることとは矛盾するという、その事実を認めないかぎり、彼らは本当の意味で移民受け入れの問題に向き合っているとは言えない。そしてそんな日は未来永劫やってこない。

なぜなら彼らの目的は、大量の外国人労働者を日本に入れ、自分が儲けることだからです。

（２０２４年１月11日）

移民で人口減は抑制されるか

日本は今、官民を挙げて移民をどんどん日本に受け入れようと推進している。例えば読売新聞は「外国人・高齢者　活力維持へ重要　『育成就労』『特定技能』着実に…人口減抑制」（2024年4月26日）という記事を出しました。日本社会が人口減を抑制し、活力を維持するためには、外国人をどんどん日本に受け入れることが必須だとして、読売新聞としてわざわざ「提言」しているわけです。

読売新聞が提言するまでもなく、国も地方自治体も企業もメディアも、日本社会に発言権を持つ「権力者」のすべてが口を揃えて、「活力維持に外国人が必要だ！」と言っている。

日本経済新聞の「日本人の人口、全都道府県で初の減少　外国人299万人が底支え　人口動態調査」（2023年7月26日）という記事も同様の主旨です。日経新聞によると、日本を底支えしてくれているのは今や、外国人らしい。日経新聞は「経済・社会を動かし成長を続けるには、日本で能力を発揮したいと望む外国人との共生が欠かせない」「政府の目指す成長シナリオを40年に達成するのに必要な外国人労働者は20年の4倍近い674万人」「15歳未満の人口が先細り将来の働き手の確保が急務である状況は変わらない」と畳みかけます。

読売新聞や日経新聞といったマスメディアの主張は、日本政府の主張と同様に単純明瞭です。日本人が減っている、これからも減る、だから外国人をどんどん入れて不足分を補えばいい、そうすれば日本は成長し続けられる。これだけです。

外国人が必要だというのはつまり、移民推進という意味です。多様性の奨励はそのための地ならしです。「多様性のある社会は活力を維持する」とさかんに宣伝し、日本には多様性がまだ足りない、多様性を進めるためにもっと外国人が必要だと言って移民を入れる。

日本政府は移民政策をとらないと明言したのに、移民政策を進めて移民を今後5年間に82万人受け入れると閣議決定したわけですから、何がなんだかわかりません。移民受け入れのためなら、国民に平気でウソをつく。移民政策をとらないと言っておきながら移民政策を進める。これが自民・公明連立政権です。

そしてこのウソをウソだと指摘せず、「そうだそうだ、日本は成長するために、活力を維持するために移民が必要なんだ!」と政府方針に同調しているのがメディアです。何が「権力の監視役」なんだか。笑わせるなと私は思う。

私は、日本社会の人口減を抑制し活力を維持し、成長を続けるためには外国人移民が必要だという主張は、完全に間違っていると確信しています。移民を受け入れることによって、その国の福祉向上を図るためには、選択した移民を一定期間だけ受け入れるしかない、というのが経済学者たちの見解です。「選択した」というのはその国の一人当たりのGDP以上の生産性を上げることのできる移民であり、その移民は家族を帯同したり結婚したりすることなく、一定期間だけ働いて帰国してもらわないと、移民の純粋な経済貢献よりも、その国の福祉負担の方が増加するという研究結果は多くある。

第一に、人口減を埋め合わせするために移民を受け入れるなら、考えられないほど多くの移民を受け入れなければならないため、この政策自体が非現実的であることは、国連の調査でも明らかになっています。

第二に、人口減を埋め合わせするために移民を受け入れても、移民の人口が増えるだけで日本人は増えません。人口置換が進むだけで、これを「人口減の抑制」ということはできない。これを人口減の抑制と言う人は、日本が日本でなくなることを積極的に推進する人です。

第三に、不足する労働力を補うために移民を受け入れたとしても、その移民もいずれ年をとって働けなくなります。日本は今、永住を認めるという条件で移民を受け入れようとしている。ということは、労働力だったはずの移民は遠からず、日本の福祉によってその生活を支えなければならなくなるということです。

第四に、不足する労働力を補うために移民を受け入れると言いながら、日本政府は彼らに家族の帯同を認めている。移民は基本的に安い労働力です。彼らが5人、10人の家族を帯同すれば、その安い賃金では家族全員を養えないということになる。それを補わなければならないのは、私たちの福祉です。労働力が必要だといって外国人を受け入れたのに、彼らの生活を我々の福祉で支えなければならないという矛盾が生じる。労働力だったはずの移民が働く気を失ったり、病気になったり、失職したりしても同じです。彼と彼の家族の生活は、私たちの税金、私たちの福祉で支えなければならない。これは移民を多く受け入れた欧米で実際に発生している問題です。

第五に、労働力として移民という「安い労働力」を受け入れれば、日本人の賃金にも下方修正がかかる。日本政府の、インフレを上回る程度にまで賃金を引き上げていくという方針とは、正反対のベクトルに進む。移民を多く受け入れている国の中には、企業に一定程度の自国民の雇用を義務付け、給与体系も外国人とは異なる水準を義務付けているところもあります。しかし日本にはこうした規制もない。ただただ安い移民労働者を受け入れれば、企業と経営者と株主が得をするだけで、日本人の労働者はひたすら損をします。これは日本社会を弱体化させる。「社会の活力の維持」どころではありません。

第六に、多様性はすばらしい、あらゆる文化を受け入れろと日本人に強要すれば、日本の文化は他の文化に置き換えられ消滅するでしょう。世界には日本の文化、伝統、常識、法律とは相容れない、矛盾するものが大量にある。そんなものをすべて受け入れれば、社会が混乱し、秩序が乱れるだけで、活力の維持どころか日本は他文化に乗っ取られることになる。

第七に、移民が増えれば間違いなく治安は悪化します。すでに日本は、警察が外国人犯罪を取り締まれない状況に陥っています。外国人犯罪を見逃したり、警察が逮捕しても検察が不起訴にして当該者を無罪放免にしたりしている。警察を恐れない「無敵の外国人」が、日本社会で跋扈《ばっこ》し、好き放題に犯罪に手を染めている現状があります。

外国人が増えればこの状況がもっと悪化する。日本人は祖国にいながら、外国人に怯えて暮らさなければならなくなる。警察に守ってもらえず、自衛せざるをえなくなる。犯罪の被害者となっても、誰も助けてくれず泣き寝入りするしかない、そういう世の中になります。人口減の抑制や活力の維持、持続的な経済成長などという言葉に惑わされてはなりません。

バイデン米大統領は、日本は外国人嫌いで移民を受け入れないから経済成長しないと揶揄した。こんなものはウソです。移民を受け入れれば必ず経済成長するなどという証拠はない。日本が日本であり続けること、日本が日本人にとって安心して暮らせる祖国であり続けること、日本人の暮らし、豊かさ、安全が守られること。私はこれらが重要だと確信している。

移民受け入れ推進は、これを破壊する。確実に破壊します。

しかし日本の今の国会議員に、これを主張する人はほとんどいません。みんな安い労働力を欲しがる政府やメディアや企業や経営者に迎合し、移民を入れれば多様性が増す、日本は繁栄する、経済成長する云々とウソをつく。彼らは誰一人、移民を受け入れることによって引き起こされる問題に言及しない。ヨーロッパ社会が移民によってあれほど完全に破壊されているにもかかわらず、です。

私はイスラム教の研究者です。イスラム教の強さを知っている。イスラム教がいかに土着文化を侵食する力を持っているかを知識として知っているだけでなく、実感としても知っている。これに警鐘を鳴らし、移民政策を大幅に修正する必要性を説く役割を私は担っている。

日本人のほとんどは、経営者でも財界人でも政治家でもありません。普通の日本人ならば、説明すれば、移民を入れるデメリットを理解できるはずです。移民を受け入れて利益を得るのは、移民自身と移民を雇用する大企業や資本家たちだけです。だから私は諦めません。

私が諦めたら日本は終わる。日本が今のイギリス、今のフランス、今のドイツのようになるのは、時間の問題です。私は、私たちにとって大切な日本という国を、あんなふうにしたくはないのです。


（2024年5月12日）

「育成就労」という移民制度で変わる日本社会

「育成就労」なる制度が創設されました。朝日新聞の「外国人の『育成就労』成立　特定技能へ移行促進、人材定着図る」（2024年6月15日）という記事にはこうあります。

〈外国人労働者の受け入れをめぐり、30年余り続く「技能実習」制度を廃止し、新たな「育成就労」制度を創設する改正入管難民法などが14日、参院本会議で賛成多数で可決、成立した。施行は公布から3年以内。人権侵害の温床との批判が根強い旧制度から、日本で働き続けられる仕組みへの転換を図る。〉

人権侵害の温床として評判の悪い「技能実習」制度を改め、「育成就労」制度を創設することで、「選ばれる国」になる。これが「育成就労」創設の主旨だと報じられています。

岸田首相も次のように言っている。

「外国人にとって魅力ある制度を構築し、選ばれる国になることが必要不可欠だ」

一方で岸田首相は、育成就労制度は移民制度ではないと強調しています。岸田首相によると、移民政策というのは、「一定規模の外国人や家族を期限なく受け入れる（政策）」であり、育成就労制度はこれに該当しないし、日本政府は「いわゆる移民政策を取る考えはない」とのこと。

しかしこれはおかしい。というのも、そもそも育成就労は、外国人を「育成」して「特定技能2号」にまでレベルアップさせるための制度であり、特定技能2号にまでレベルアップすれば「永住許可」と「家族の帯同」が認められることになっているからです（**図6**）。

岸田首相は「家族帯同で外国人を受け入れるのが移民制度」であり、日本の場合は「日本で育てた外国人が自国から家族を連れてくることを認め永住権を認めるので移民制度ではな

図6　外国人材受け入れ制度の変更

	旧	新	特定技能（2019年〜）	
在留資格	技能実習（1993年〜）	育成就労（3年以内に施行）	1号 相当程度の知識または経験	2号 熟練した技能
目的	国際協力	人材育成と確保	即戦力の人材確保	
在留期間	最長5年 帰国が前提	原則3年 「特定技能」への移行を想定	最長5年	更新に制限なし
職種	90種類	「特定技能1号」と一致させる	16分野	11分野
転籍	原則3年は不可	同じ分野なら1〜2年で可	可	可
家族帯同	不可	不可	不可	可

［朝日新聞「外国人の『育成就労』成立　特定技能へ移行促進、人材定着図る」（2024年6月15日）をもとに作成］

い」と言っているわけですが、こんな方便に騙されてはなりません。

日本政府は外国人労働者に家族の帯同と永住を認める制度を作り、法を可決、成立させたわけですから、移民政策をとっているのです。「いわゆる移民政策をとる考えはない」と言って日本国民を欺きながら、実際は移民政策を推進しているのです。

日本は育成就労創設によって大量移民の時代に突入した。これが紛れもない事実です。政府が「移民政策をとらない」と言っているんだから育成就労は移民じゃないんだ、彼らは移民とは呼ばないんだ云々などという言い訳は通りません。そんなものは詭弁にすぎない。

岸田政権の罪深いところは、育成就労は移民ではないとウソをついている点だけではありません。育成就労はあくまでも外国人の人権に配慮し人権侵害を解消するための制度、日本が外国人労働者に優しい「選ばれる国」になるための制度であって、それを受け入れる日本人や日本社会に対する目配りは一切ない、という点です。

メディアも「有識者」も国会議員も、育成就労に関する論点を、それによって外国人の人権侵害が解消されるか否かだけにしぼっている。

参議院で育成就労創設に賛成したのは自民、公明、日本維新の会、国民民主などであり、反対したのは立憲民主や共産、れいわなどですが、反対の理由は、育成就労ではまだまだ外国人の人権が守られないから、というものです。

ここには、外国人、移民を大量に受け入れることにより日本国民の被る害に対する配慮は一切ない。日本にやって来る外国人労働者は全員が善人だという外国人性善説と、彼らをこき使う日本人の方が悪人だという日本人性悪説を前提としている。

日本政府は移民を受け入れるにあたって、彼らは移民ではないと否定している時点で現実逃避である上に、彼らはいい人たちであり日本人が温かく優しく受け入れさえすれば労働力不足や少子化問題は解決する「甘い幻想」に立脚していること自体、極めて危険です。

端的に言って、移民を受け入れても労働力不足や少子高齢化の問題は解決されない。これを証明する世界の経済学者たちの分析結果はいくらでもあります。移民を受け入れることで利益を得るのは、自国にいる時よりも多く稼ぐことのできる移民本人と、移民を雇用することで安い労働力を大量に使える大企業や資本家だけです。移民と仕事を奪い合うその国の国民の労働者は、給与が引き下げられるという悪影響を受ける。移民は不老不死の労働マシーンなどではまったくなく、移民自身も年をとるわけですから、移民は少子高齢化問題を少々先送りするだけで、少し経てばその移民自身が高齢化を促進する要素に転じます。

ところがメディアも「有識者」も、大量移民のリスクについては何一つ指摘せず、移民は少子高齢化と労働力不足を解決する魔法であるかのように言って人々を洗脳する。唯一、大量移民に警告を発しているのは産経新聞です。「ゴミ散乱、騒音…『仲良く共生、難しい』群馬・大泉町、2割が外国人『先駆例』の現実」（2024年6月14日）という記事の冒頭には次のようにあります。

〈技能実習制度に代わって外国人を受け入れる「育成就労制度」を創設する改正技能実習適正化法などが14日成立し、外国人労働者はさらに増える見込みだ。外国人を大量に受け入れることで社会はどう変わるのか。30年超にわたって積極的に受け入れ、人口の2割を外国人が占めて「共生社会の先駆例」とされる群馬県大泉町で教訓を探った。〉

産経新聞は外国人を大量に受け入れると社会は変わる、という認識に立ち、「共生社会」というのは「みんな仲良く」すばらしい社会だろうなどという甘い幻想を打ち破ります。

〈今月初旬の夕方、大泉町のアパートから出てきた外国籍とみられる男性がごみの入った白いポリ袋を持ち、ごみ集積所の外に捨てて立ち去っていった。英語だけでなくベトナム語、インドネシア語、ネパール語でごみの分類が明示されているが、集積所周辺には生ごみが散乱している。「迷惑にならないようルールは守ってほしい」近くに住む60代女性は悲しそうにつぶやいた。アパートの住民は多くが外国人。住民が昼や夜に室内で窓を開けてカラオケをすることもあり、騒音も悩みの種だ。

女性は「外国人と触れ合い、文化を知るチャンスはある」と言って、こう続けた。「同じ土台には立てていない。なし崩しで『仲良く共生』といわれても難しい」〉

「ゴミ散乱」や「騒音」というのは、文字で書くと大したことのない印象を受けるかもしれません。しかしもし、自分の自宅周辺に常にゴミが散乱していて、平日も休日も、昼夜を問わず騒音がしていたら、その地で平穏に暮らし続けることができるかどうかを、私たち一人ひとりが自分のこととして考える必要がある、そういう時代に突入してしまったわけです。

しかもゴミ散乱と騒音は、「序章」にすぎません。外国人が増え、集まり、日本人よりも多くなれば、その地域全体が変質し、もはや日本ではなくなるわけです。

「日本ではなくなる」というのは、別にその地域が物理的に存在しなくなるわけではありません。日本語が通じなくなり、日本のマナーが通じなくなり、日本人の店がなくなり、日本人が住めなくなって、日本人が退去を余儀なくされるという意味です。そうすればそこが、宅配便や郵便を届けるのも難しい、日本の警察が立ち入るのも躊躇される、「立ち入り禁止地区（ノーゴーゾーン）」となるのは時間の問題です。そこはもう、日本の法律ではなく、別の法、別のルールのまかり通る地域になる。

育成就労創設によって、外国人労働者の人権侵害問題が解決される、これで日本は外国人に「選ばれる国」になるだろう、ああよかった、などと思っている場合ではありません。

政府も政治家も、メディアも有識者もまったく語らない問題がそこにはある。彼らが示し合わせたように、大量移民が日本崩壊の第一歩になることを絶対に語らない、その事実にこそ刮目すべきなのです。

（２０２４年６月15日）

来るべきイスラム教徒の宗教2世問題

今日の「熊本日日新聞」と「大分合同新聞」の一面トップ記事は「宗教２世『救済十分』８％」（２０２４年７月６日）という、同じ共同通信の記事でした。地方紙の大半は、共同通信の記事で埋め尽くされているという印象です。

「宗教2世」（3世以降を含む）120人に共同通信が実施したアンケートによると、保護者や親族から信仰を背景とした虐待を受けた経験のある人は107人、ない人は13人で、信仰を理由に第三者から不利益を被った経験がある人は87人　ない人は33人となっています。

「宗教2世」というのは特定宗教を信仰する家庭に生まれた人のことで、3世以降も含む意味で使われる言葉ですが、このアンケート調査の対象は、「宗教2世」といっても、エホバの証人、旧統一教会、創価学会、オウム真理教「など」の信者とされています。要するに、いわゆる「新興宗教」の類だと言えます。

ここでは、こうした新興宗教の宗教2世たちが、信仰の強要、進路・断食・多産の強要、結婚や恋愛・友人関係・学校行事・医療の制限、多額献金による貧困、暴力や鞭打ちといった経済的、社会的、精神的な問題を訴えている実態が明らかになっています。

しかし私がどうしても懸念するのは、新興宗教だけではなく伝統宗教にも宗教2世問題はある、という現実です。特に私が研究しているイスラム教は、宗教2世問題が非常に深刻であり、というか世界的には宗教2世問題と言えば、もっぱらイスラム教の問題です。

イスラム教は、イスラム教徒の親を持つ子は自動的にイスラム教徒になる、という教義を持ちます。さらに、イスラム教は信者に棄教を禁じ、棄教者は死刑に処すると規定している。

つまり、イスラム教徒の親の下に生まれると、一生イスラム教徒として生きるより他に選択肢がないのです。日本が憲法で定める「信教の自由」はイスラム教では認められていない。

では日本で暮らすイスラム教徒には、信教の自由は認められないのか、という問題が発生する。特に、日本では「多文化共生」社会においては「多様性の尊重」が求められるという原則が、いまや法制化されつつあるわけで、そうなると、日本国憲法の定める信教の自由と、イスラム教の定める棄教禁止はどちらが優先されるのか、ますますわからなくなります。

共同通信や朝日新聞、NHKといった日本のメディアは軒並み、宗教2世は重大な問題だ、宗教2世を救済すべきだと主張しながら、その対象を統一教会などの新興宗教に限定し、イスラム教をその対象から不自然にはずしている。そして同時に、イスラム教はすばらしい宗教だ、日本人が遠い昔に捨て去った美徳を彼らはすべて持ち合わせていると言って、イスラム教の布教かと思うような報道を乱発しています。

先日お伝えしたNHKの『ハロー! ネイバーズ』もその一つです（第1章参照）。朝日新聞は、イスラム教に入信した日本人を絶賛したり、新興宗教をやめてイスラム教に入信した女性を賛美する記事を一面トップで掲載したりしていました。これは大変な矛盾です。日本のメディアは明らかに、宗教2世の問題からイスラム教を除外して論じている。

イスラム教は信仰を子供に義務付けるだけではありません。断食ももちろん義務です。しかし日本のメディアは、これをむしろ称賛し、イスラム教徒の子供が断食することにいかに協力すべきか、断食しやすくしてやることこそが「多文化教育」だ、と倒錯した報道をしている。イスラム教の「文化」は、女子にはヒジャーブを被ることを義務付け、足や腕の露出を禁じ、進学せず、早く結婚するよう促します。恋愛はもちろん許されませんし、体育をやってはいけない、運動をしてはいけない、自転車に乗ってはいけないといった制限もある。水着になるなどもってのほかです。

しかもこうした禁止事項は、家族が強く強要することが稀ではなく、それを守らない娘を親が虐待する、ひどい場合には殺すことさえあります。

こうした規範、慣習を無視し、イスラム教のヒジャーブ着用やラマダンの断食を「多様性」とか「他文化」として称賛し、日本社会や日本の学校、幼稚園すらもそれを正しいものとして教え、彼らがそれを実践しやすいように協力しよう、あるいは自分たちもそれを体験してみよう、みたいなことをやっているのが現状です。

今後、日本ではイスラム教徒の数が激増します。そうすれば、イスラム教徒の宗教2世の問題も明るみになるでしょう。その時、日本社会やメディアはどう対応するのでしょう。

彼らがイスラムだけを特別扱いするのは、彼らの憎む今の日本社会、今の国際社会を変え、別のものに置き換える力を、イスラム教が持っているからです。

イスラム教がめざす世界が、彼らのめざす世界とまったく違うものであることに、彼らは気づきません。愚かなのか、無知なのか。それをわかってなお、今の日本を憎む気持ちがあまりにも強い故に、イスラム推しをやめられないのか。いずれにせよこれは、遠からず日本社会が直面する問題です。

（2024年7月7日）

外国人問題への言論を封殺する大手メディア

JR中央線の車内で、寝ていた女子高生の隣に座り、女子高生の胸を触るなどわいせつ行為をした挙句、女子高生のバッグなどを奪い、終点の高尾駅で女子高生を電車から降ろして駅近くの茂みに連れ込み、性的暴行を加えた疑いで、パキスタン人の男性が逮捕されました（「電車で胸触り、茂みで性的暴行か　パキスタン人の男逮捕――警視庁」時事ドットコム、2024年9月11日）。

通学中の女子高生が公共交通機関の車内でこれだけ公然と性的被害に遭っているのに、誰も止めない。それは「たまたま」、同乗者がいなかったとか、人目に付かなかったからかもしれない。しかしこれは、JRの車内とJRの駅で発生しているのであり、被害者は未成年の女子学生です。日本でこんなことがあっていいはずがない。

日本は世界でも、治安のいいことを誇ってきた国であるはずです。だからこそ、小学生でも一人で通学するのが普通だった。近所の公立小学校だけではありません。小学生が一人で電車に乗って、遠くの私立小学校まで通学するのも普通だった。中学生、高校生は言うまでもありません。しかしこれは、治安がいいからこそ可能だった世界です。

今回のように、公共交通機関の中で女子高生が性被害に遭うようなことがあれば、親は誰しも、自分の子供を一人で通学させることを再考せざるをえなくなる。実際、治安の悪い国では、親が子供を学校まで送り迎えするのが常識です。もしくはスクールバスを使う。日本もそうならざるをえなくなってきている。日本の治安は、悪化してきているのです。

例えば今回、JR中央線車内でパキスタン人が女子高生に性暴力をはたらいた件。

例えば今年1月に、埼玉県でクルド人が女子中学生に性的暴行をした件。

川口市クルド人問題については、産経新聞が2023年から手厚く報じるようになりましたが、その他のメディアについては、いまだに川口市クルド人問題をほとんど報じない。

大手メディアは逆に、日本人がクルド人を排斥している、クルド人に対してヘイトスピーチをしている、と日本人を非難する報道を続けています。

NHKは、「〝容疑者は不法移民〟偽情報がイギリスで暴動に　日本では…」（2024年8月31日）という記事で、クルド人についてのニセ情報が出回り、クルド人が生きづらくなっていると報じ、次のような「専門家」の意見を伝えます。
〈専門家「生きづらい社会に」
こうした状況について、慶應義塾大学法科大学院の横大道聡《よこだいどうさとし》教授は、「マイノリティーの人たちが常に敵意を向けられる状況に置かれてしまうと、非常に生きづらく多様性がない社会になり、『異論は排除する』『異分子は認めない』といった息苦しい社会につながっていく」と指摘しています。〉
そして、この専門家は「社会をむしばむ偽情報の拡散を防ぐために求められることとして、3つの点」を挙げる。

▽ SNSの情報をうのみにせず、吟味してから発信する教育
▽ 偽情報が出回ったときにSNSの運営会社に対応を促す仕組み
▽ 名誉毀損や扇動などについては犯罪として厳格かつ迅速に法律を執行する姿勢を見せること

ここには明らかに意図的な論点ずらしがあります。外国人の中に犯罪や違法行為、迷惑行為をする人がおり、それに困っている日本人、被害を受け、悩み、転居せざるをえない日本

人もいるという事実を、事実のまま、淡々と伝えることと、外国人を十把一絡げにして負のレッテルを貼り、「出ていけ！」などと扇動することは、明らかに違うはずです。

しかし、多様性やヘイト禁止の下では、外国人問題について報じたり、論じたり、発信したりすること自体に、自粛が求められる。うっかり口にすると、「ヘイトだ！」という烙印を押され、横大道氏の勧めにあるように、法的手段に訴えられることにもなる。

だから、こうした世の中では皆、外国人問題については口をつぐむようになるのです。警察も外国人犯罪を取り締まらなくなる。被害者は泣き寝入りするだけです。

こうしてヨーロッパ諸国は、自ら死んでいった。外国人によるレイプやグルーミングという性犯罪が、取り締まられることのないまま、何十年も見過ごされた。その間、いったいどれだけの女性が被害に遭ったのか。

多様性を最優先する社会では、被害に遭った女性のことなど見向きもしません。これを社会問題にしようとすると、ただちに「お前は差別主義者だ！」と糾弾される。このNHKの記事をご覧になればわかるでしょう。

日本はまさに今、ヨーロッパの道を辿り始めているのです。

大手メディアは日本人の被害を無視し、あるいは軽視し、「外国人の権利を守れ！」「外国人へのヘイトは許さない！」と大号令をかける。今回のパキスタン人の件は、報じたメディアもありますが、報じていないメディアももちろんある。一つのメディアも報じない、類似事件が「ない」とは誰にも言えません。

外国人がもっと増え、犯罪がもっと増えれば、報じられない外国人犯罪はもっと増えるでしょう。私たちはその実態を知らないまま、自分や自分の大切な人が実際に被害に遭って初めて、その深刻さに気づくようになる。ヨーロッパはもう、そうなってしまった。

だから今、ヨーロッパでは、移民・難民を「問題」だと提起する政党が支持を集めているのです。多様性を推進し、外国人の利益を必死に守り、外国人問題を「ヘイトだ！」とレッテル貼りして封じ込めてきた大手メディアは、こうした政党に「極右」のレッテル貼りをしている。

日本でも同じことが起こるでしょう。治安の良さを守るのは至難の業です。しかし必死で守ってきた治安も、あっという間に悪化する。私はもう、日本がそのカーブを曲がってしまったと見ています。

私にも娘がいる。悪化する治安を、ただただ傍観しているわけにはいきません。

（２０２４年９月13日）

外国人労働者に占めるイスラム教徒の割合は急増する

日本経済新聞が「インドネシア人材『5年で25万人来日』　労相が目標拡大」（2024年9月15日）という記事を掲載しました。冒頭には次のようにあります。

〈来日したインドネシアのイダ・ファウジヤ労相は日本に今後5年で25万人の労働者を送り出す目標を明らかにした。これまで同10万人としていたが、日本政府が在留資格「特定技能」の受け入れ見込み数を拡大したことなどを受け2・5倍に引き上げた。〉

日本政府は外国人労働者を5年間に82万人受け入れると決定しました。私はこれについて、この送り出し国の中にイスラム諸国が多く含まれることから、日本にやって来る外国人労働者の多くはイスラム教徒になる可能性が高い、と繰り返し指摘してきました。

今回、インドネシア労相が、インドネシア人移民を5年で25万人送り出すと目標を示したことは、私のこの懸念を裏打ちするものです。

インドネシア人の9割以上がイスラム教徒です。ということは、日本にやってくるインドネシア人移民の9割以上がイスラム教徒だということになる。日本政府の目標82万人のうち、インドネシア人だけで25万人を占めるということは、日本にやってくる新規移民の3人に1人はインドネシア人イスラム教徒だということですでに確定していると見ていい。

日経新聞の公式Xでポストされたこの記事に付いているコメントを見ると、上位には不安や嫌悪の声がありますが、その下には、「ネトウヨが騒いでいる」「どんどん貧しくなる日本に来てくれるのか」といった、日経新聞や朝日新聞によく書かれているような「選ばれる国日本へ」的意見に加え、「インドネシア人は日本人と親和性が高い。ルールも遵守する」「火葬は受け入れてくれそう」「イスラムの中では優良」といった意見もあります。

SNSに匿名でこうしたポストをするのは自由ですが、私はこのように自らの願望を知らない相手に勝手に投影するのは危険だと思います。

インドネシア人は日本人に親和性があると思い込んでいたのに実際は違った、となったらどうなるか。火葬を受け入れると思い込んでいたのに、土葬でなければならないと言い出したらどうなるか。

相手に勝手に自分の理想像を押し付けていた人ほど、そうではなかったと判明した時の振れ幅は大きい。私はこういう「善人」たちが、のちに過剰な排他性を隠さなくなることを恐れます。

イスラム教徒が、日本に暮らすからといって火葬を受け入れるというのは、想定し難い。イスラム教の教義、戒律は、神が決定し人間に命じたものであり、人間がそれを変えることは許されていません。日本だから火葬でもOKだろうなどというのは、イスラム教を知らない日本人の勝手な妄想です。だから私は、イスラム教について知ってくださいとみなさんに申し上げているのです。

このままでは、5年間に50万人以上のイスラム教徒労働者が日本に入ってくるでしょう。彼らの中には、家族の帯同を許され、永住が認められる人もいる。今現在、日本にいるイスラム教徒の数は30万人程度です。これが5年で3倍か、もしくはもっと増えることになる。

イスラム教をめぐっては現在すでに、土葬墓地やモスク、イスラム学校の建設などについて論争や地元住民との不和が発生していますが、こうした問題の件数も深刻さも、格段に増すことになるでしょう。

私には権力はないので、私が政府の移民政策を変えることはできない。でもみなさんに、「日本にイスラム教徒が増えるということは、このような問題が増えるということです」と伝えることはできます。

日本は政府もマスコミも、外国人が日本に増えることを「多様性」だと言って推奨し、多様性が増せば社会はより豊かになると主張している。しかしこの主張には根拠がありません。

そして政府やマスコミは、外国人が日本に増えることのマイナス面、デメリットについては決して語らない。それを語れば、政府の移民受け入れ制度に反対する国民が増えると見越してのことでしょう。

移民が来れば労働力不足は解消される、少子高齢化も解消されると、甘い言葉で国民を騙し、大企業や資本家たちの欲しがる安い外国人労働者をどんどん日本に受け入れる。彼らからすれば、それによって日本国民がどのような被害を受けようと、そんなものは関係ないのです。為政者たちは、大企業や資本家やマスコミから支持を受ければそれでいい。国民を騙すのは簡単だと高を括っているのです。

イスラム教というものをほとんど理解していない人が多いことは、この日経新聞公式Xのポストについたコメントからもわかります。移民が労働力不足や少子高齢化問題を解決するわけではない、ということも、多くの人は理解していないようです。

だから私は繰り返して言います。イスラム教徒は私たち日本人とはまったく異なる文化、価値観、世界観、死生観を持っています。彼らは彼らの文化や価値観を、日本に来ても維持します。なぜならそれは、神に由来するものだからです。日本に来たから火葬でもいいやとはならない。

また、移民は労働力不足や少子高齢化の問題を一時的に解消するようには見えても、それはそう見えるだけのことです。特に移民が家族の帯同や永住を認められた場合、移民とその家族自身が福祉の恩恵を受け、移民もまた高齢化して少子高齢化を促進する側になる。

移民が労働力不足や少子高齢化という問題を是正するのは、その国の一人当たりのＧＤＰよりも稼げる移民を、単独で（家族を伴わず）、期間限定で受け入れる場合に限ります。日本の移民政策が失敗するのは、経済学の観点からも明白です。

得をするのは移民自身と資本家、大企業の経営者、株主、そして政治家、マスコミくらいなもので、一般国民はただただ、損をする。損をするだけでなく、イスラム教徒が激増することになるので、日本の文化、景色、ルールは大きく変容することになるでしょう。

イスラムには社会を変える力がある。それはとてつもなく、大きな力です。

（2024年9月16日）

第2節　自称「難民」を「かわいそう」で受け入れていいのか

「難民条約からの脱退」という選択

世界の先進国が直面する共通の問題の一つが、移民・難民です。移民については先述しましたが、難民もまた深刻な課題です。

移民も難民も、別の国からやって来る外国人であるという点においては共通しています。移民の中にも、条件を満たし合法に入国し、滞在する移民と、不法に入国し不法に滞在する不法移民がいる。不法移民の多くは、自分は「難民」だと自称し、難民としての保護、滞在許可を求めて当局に申請を出す。

日本では改正入管難民法が6月10日から施行され、難民申請をすることができるのは2回までで、3回目以降は強制送還の対象になることになりました。産経新聞の「難民申請3回以上で送還可能に　制度の悪用抑止　改正入管法、6月10日完全施行」（2024年5月25日）

の記事には次のようにあります。

〈不法滞在する外国人の送還や収容のルールを抜本的に見直した改正入管難民法が6月10日から完全施行される。目玉が、難民認定申請制度の改革だ。これまでは申請すれば母国への強制送還が一律に停止されてきたが、今後は3回以上の申請者は送還できるようになる。背景には制度を悪用・誤用して国内に残ってきた外国人の実態がある。〉

しかしこれも「送還できるようになる」だけのことで、必ず送還されるわけではありません。記事にも、その「ゆるさ」がよく表れています。

〈6月10日から施行される改正入管法では、2回目までの難民認定申請者については引き続き母国への送還を停止するが、3回目以降については認定のために相当な資料を示さない限り、送還できるようにする。送還中に暴れるなどした外国人には罰則付きで退去命令を出せる制度を創設するほか、不法滞在者に自発的な帰国を促す仕組みも導入する。

過去に犯罪歴がなく、自費で出国するなど一定の条件を満たせば、帰国後に日本に上陸できない期間を5年から1年に短縮できる措置も講じる。

また、スリランカ人女性ウィシュマ・サンダマリさんが入管施設収容中に死亡した問題を受けて、支援者などの「監理人」を付ければ、施設外で暮らせる「監理措置制度」も始まる。

入管庁幹部は「一度に物事が変わるのではなく個別のケースを丁寧に審査する」とした上で

「望ましい外国人を受け入れ望ましくない外国人には出てもらうのが原則だ」としている。〉

要するにこの改正入管法も、不法滞在外国人に帰国を命令したり、促したりすることはあっても、強制送還執行を保障するものではなく、それどころか一度帰国すれば1年後にまた来日可能という意味不明な権限を保障したり、今までの「仮放免」に相当する「監理措置制度」も導入されたり、むしろ不法滞在外国人にやさしい制度が構築されている側面もある。

政府は、不法滞在外国人でも就学する子供がいれば在留特別許可を認める方針も決定しました。何でもいいから入国し、難民申請をして時間を稼ぎながらその間に子供を産んでおけば、どんな外国人も日本で暮らせるという、そういう制度が構築されてしまっているのです。

日本は政府もメディアも企業も、社会で発信力を持つすべての主体が、日本は人口減少、少子化、労働力不足が深刻で、それを解決するには外国人を入れるしかない、と主張している。これが唯一の解決策として合意形成され、この方針に従って法や制度が次々と構築され、この方針だけが真理なのだと人々が洗脳されていっているのが実情です。

しかし移民であれ難民であれ、外国人の大量流入は、日本を確実に破壊します。ゴミのなかった日本の街はゴミで溢れ、あちこちにホームレスが滞留し、レイプや強盗や殺人が急増し、治安が悪化して、子供や女性は一人で街を歩くことができなくなるでしょう。日本の常識やマナー、ルールは通用しなくなり、日本語の通じないエリアもどんどん拡大します。

外国人は安い賃金で働きますから、日本人の賃金ももちろん下がります。企業はより安い労働力を好み、日本人は賃金が下がるだけでなく外国人に職を奪われるようになるでしょう。外国人は自分たちのルールでコミュニティや街を支配するようになり、日本の警察はそうしたエリアには立ち入ることができなくなる。彼らの人口が増加し、日本人はこのまま減少すれば、彼らの代表が選挙で勝利し、民主的な方法で地方自治体の議会を乗っ取ることができる。このやり方でいずれ、彼らが日本の国会を支配し、日本を彼らの思い通りの国に変えることができるわけです。彼らは「民主的」に日本を乗っ取ることができる。

外国人を大量に受け入れても、労働力不足が解決されたように見えるのはほんの一瞬です。外国人も老化する。老化した彼らを支えなければならないのは私たちです。私たちが納めてきた保険料や年金や税金で、彼らと彼らの家族の生活を保障しなくてはならなくなる。

それどころか、彼らは主に低賃金労働者なので、彼らの現役時代ですら彼らの家族の生活は私たちの福祉で支える必要がある。彼らが失業しても国に追い返すことはできません。彼らが病気になったら、治療費と家族の面倒を見なければならないのも、私たち日本人です。日本の福祉を食い潰し、そう遠くない未来に日本を破壊するこの移民・難民受け入れ制度の恐ろしさを、日本人のほとんどがまったく理解していないというのは、恐ろしいことです。

移民・難民推進は、間違いなく日本を破壊する。これは欧米の先進国の現状を見れば明らかです。難民に関しては、今後も必ず問題になってくるのがいわゆる「難民条約」というものです。上記の産経新聞の記事にも、こうあります。

〈難民条約では難民を迫害の恐れのある国へ送還しないよう求めており、国内では難民認定の申請中でも一律に送還が停止されてきた。だが、その運用の中で急増したのが悪用・誤用とみられる申請だ。特に申請者が急増したのは旧民主党政権時代の平成22年3月、難民認定申請者に対し、申請半年後に一律、就労を認める運用が始まってからだ。

出入国在留管理庁によると、同年に1202人だった申請者は増え続け、29年には1万9629人に。一律の就労可能措置をやめた30年には半減したものの、新型コロナウイルス禍の令和2年～4年をのぞき、1万人前後で推移している。入管庁が不認定としたケースの中には「借金返済のため、日本で働きたい」といった申請もあり、入管関係者は「申請の一定数は国内に居残ることを狙った制度の悪用・誤用だ」と分析する。〉

難民条約とは、「難民の地位に関する1951年の条約」と「難民の地位に関する1967年の議定書」の二つの条約を指します。

1951年難民条約の第1条では、難民とは、

「人種、宗教、国籍若しくは特定の社会的集団の構成員であること又は政治的意見を理由に迫害を受けるおそれがあるという十分に理由のある恐怖を有するために、国籍国の外にいる

者であって、その国籍国の保護を受けることができないもの又はそのような恐怖を有するためにその国籍国の保護を受けることを望まないもの」

と定義されている。つまり誰であれ「自国にいる恐怖」を訴えさえすれば、難民になりうる。「送還される恐怖」が認められれば送還されずにすむ。先進国に行きたい、そこで暮らしたい人は、とにかく先進国に入国し、自分は自国にいると迫害される恐れがある「難民」なのだと申請し、自国に送り返されたら迫害される恐れがあると主張して保護を求めればいい。

そうすればその国は、難民条約を批准している以上、その人が本当に難民なのかどうか、とにかく審査しなければならない義務を負う。ある人物が自国で迫害されるおそれが「ない」と判断するには、膨大な時間がかかる。というか、そんなものを証明するのはほとんど不可能です。本人が怖いと言っている以上、そのような恐れがあるのでしょうということになれば、難民として受け入れざるをえない。

「迫害」というのも何だかよくわかりません。明確な定義はない。近年では、「自国にいると不当な扱いを受ける」とか「差別される」といったようなものまでも「迫害」の一環なのだという主張もある。こうなってくると、「私は女なので自国にいると不当に差別されます」という人までも難民認定されることになり、潜在的に誰もが難民になりえてしまう。

難民条約は当初、欧米諸国に大きな負担を強いることはありませんでした。1970年代には、難民申請者はアメリカでは年間平均2000〜3000人程度しかいなかった。ところが2023年にアメリカで難民申請した人の数は、430万人を超えています。

UNHCR（国連難民高等弁務官事務所）によると、2023年に移住を強制された人の数は、世界で1億1400万人を超えています。ギャラップの調査によると、2021年に世界で「できれば先進国に移民したい」と希望している人の数は9億人以上となっています。

難民条約はいまや、できれば先進国に移住したいと希望している人たちが、自分の希望を実現するために利用できる手段になっているのです。実際、難民申請している人のほとんどは、実は難民ではなく経済移民です。その証拠に、彼らのほとんどは若い男です。老人や子供、女性の姿はほとんどない。

先進国で働きたいならば所定の資格を満たして申請すればいい。しかし彼らにはそのような資格も、技術もない。だが彼らは、とにかく先進国に入国し難民だと申請すれば、先進国に居残るチャンスをつかむことができる。だから彼らは、危険を冒して欧米諸国に密航したり、フェンスを乗り越えて密入国したりするのです。そして彼らが、受け入れ国を疲弊させ、社会と文化を破壊し、その国の形を完全に変え、今やその国を乗っ取ろうとしている。

この問題を根本的に解決するには、難民条約から脱退するしかありません。日本では、国連が「神」のように崇め奉られている。国連機関を脱退したり、国連で決まった条約から脱退するなどということは、口にするのもおこがましいようなタブーになっていますが、国連は神ではありません。国連は数で支配される組織であり、そこを実質的に支配しているのはすでに中国やロシアという反民主主義独裁諸国になっています。

国連に加盟し、国連に従うことで、日本の国益が守られるならばそうすべきです。しかし国連組織に加盟し、国連の決定に従うことによって、日本の国益が損なわれ、日本が耐え難いような負担を負わされることになるならば、日本はそこから脱退すればいいのです。いや、脱退しなければならないと私は思う。

日本の難民申請者も、2010年には1202人だったのが、2017年には1万9629人に急増しました。コロナ期には一時的に減りましたが、2023年の難民申請者はまた急増しています（図7）。このままでは日本の難民申請者は爆発的に増えるでしょう。

日本が難民条約を批准している以上、日本は難民申請者を追い返すことはできません。必ず受け入れ、必ず数年かけて審査しなければならない。5月17日の読売新聞の社説は、イギリスが不法入国者をルワンダに移送すると決めた問題について、

〈国内でも対策への賛否は割れている。難民や難民認定を求める人を送還・追放してはならないというのが国際難民法の原則だ。〉

図7　日本の難民認定申請者数の推移（2024年3月末現在）

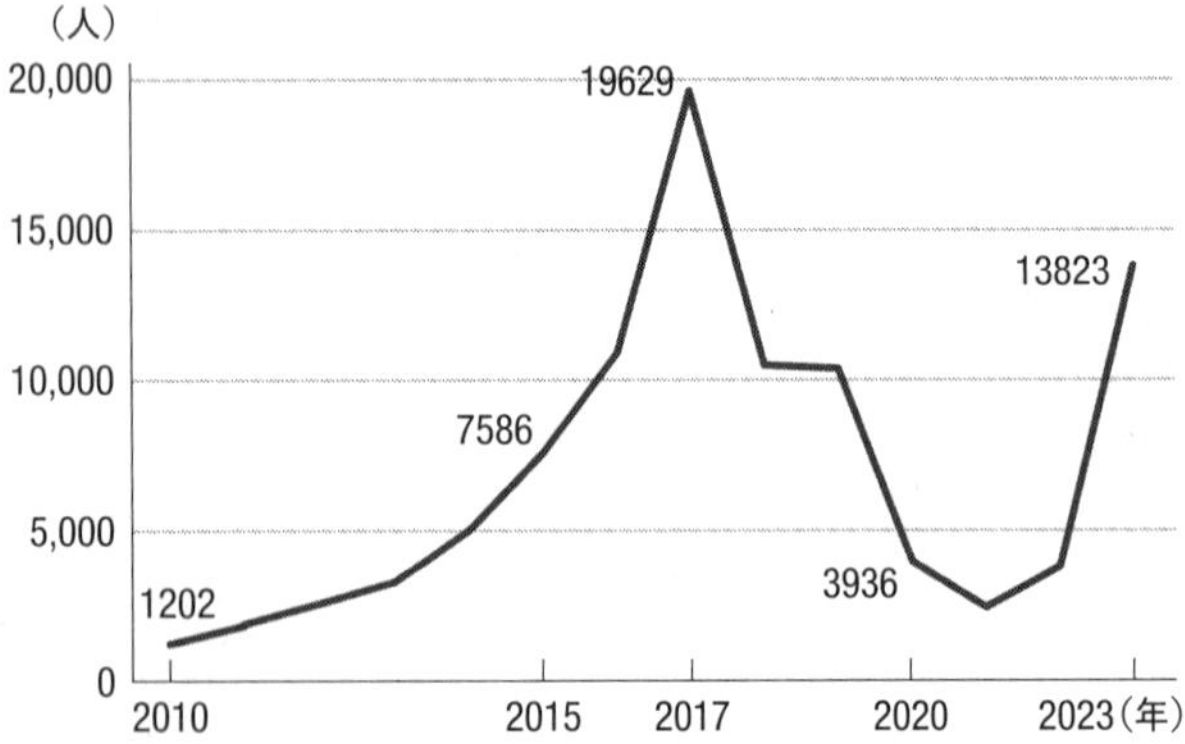

［出入国在留管理庁資料］

と難民法を盾に批判的に論じている。日本のメディアが今後、ますます日本への難民申請者が増える中、難民法を理由に、日本は難民をどんどん受け入れるべきだという論調を強めるのは明らかです。

しかも日本政府は愚かなことに、難民を装い不法入国してくる外国人を追い返し、日本を守ることではなく、彼らをできるかぎり日本に留め置くための抜け道をたっぷりと用意し、世界の難民申請者を日本に歓迎する気満々なわけです。

日本を守るために難民条約から脱退すべき時が来ていると、私は考えます。

（２０２４年５月27日）

「自称難民」増加によるテロリスト増加のリスク

産経新聞が「ＩＳと関係か　米、南部国境から入国の8人を逮捕　FBIが数カ月監視」(2024年6月12日)という共同通信の記事を掲載しています。冒頭にはこうあります。

〈米NBCテレビは11日、中央アジア・タジキスタンから来た男8人が先週末、ニューヨーク、フィラデルフィア、ロサンゼルスで逮捕されたと報じた。イスラム教スンニ派過激組織「イスラム国」(IS)と関係している可能性があるという。8人は南部国境を越えて入国し、犯罪歴の確認の際に問題はなかった。

米国では、移住希望者に紛れてテロリストが入国する可能性があると懸念されている。8人とISのつながりが明らかになったり、テロ活動に関与した疑いが強まったりすれば、大統領選の争点の不法移民問題の議論に影響を与えそうだ。〉

産経新聞が「移住希望者」と書いているのは、ありていに言えば「自称難民」です。アメリカも日本も、いわゆる難民条約を批准している以上、外国人がやって来て「自分は難民だ、国に帰ったら命が危ない」と言えば保護しなければならない義務を負っている。それがウソなのか本当なのか、わからないからです。しかし、そういう「自称難民」が増えれば増えるほど、さまざまな種類の多くの問題が発生する。

私もこれまで、治安が悪化する、福祉が圧迫される、給与が下がる、日本人の職が奪われる、日本文化が失われる、日本語が通じなくなる、日本人が暮らしにくくなるなど、いろいろな問題を指摘してきましたが、それに加えて「テロリストが侵入する可能性が増え、テロのリスクが増加する」という問題もあります。

現在、アメリカ最大の問題は移民・難民問題であり、その一つにテロリスト侵入のリスク増加がある。実際アメリカ政府のデータによると、南部国境でテロとの関わりが疑われて捕まった自称難民の数は近年急増しており、2017年度から2020年度には11人だったのが、2021年度から2024年4月の間には362人にまで増加した。ざっくり言って、1年に120人ものテロ容疑者が自称難民としてアメリカ入国を試みて捕まっている。

しかしテロ容疑者が皆、国境で捕まるわけではありません。わかっているだけでも、かなり多くのテロ容疑者が難民としてアメリカ入国を果たしている。

今回、「イスラム国」と繋がりがあるとして拘束された8人のタジキスタン人も、難民として首尾よくアメリカ入国を果たした人々です。アメリカの入国管理局も、個人のテロ組織との繋がりまで審査することなどできるわけがない。だから難民を多く受け入れれば受け入れるほど、その中にテロリストが紛れ込む可能性は高まるわけです。

他にも、テロリストが入国した例は数多くあります。例えば、ムハンマド・ハルウィン（48歳）は2023年3月にカリフォルニア州サンイシドロ近郊から米国に不法入国し、その後、自由が認められたものの、1年後にアメリカがテロ組織指定しているイスラム過激派テロ組織ＨＩＧ（ヒズベ・イスラミ・ヘクマティアル派）のメンバーの疑いがあるとしてＦＢＩが通告、逮捕し、今も勾留中です。

また今年、27歳のソマリア国籍の人物が、同じくアメリカがテロ組織指定しているイスラム過激派テロ組織シャバーブのメンバーであることが確認されているにもかかわらず、入国を許可されたことが明らかになりました。この男はテロ監視リストにも載っており、「爆発物や銃器の使用、製造、輸送に関与している」とされていたものの、２０２３年3月にカリフォルニア州の国境で自由の身となり、1年後に当局は彼をミネソタ州で逮捕したとのこと。

アメリカのようにテロ組織指定やテロリスト監視リストがあってもなお、「自称難民」のテロリストがするりと入国してしまう。日本ではその危険性はより高い。

日本の場合は「自称難民」が難民申請をし、審査中の間、「仮放免者」として日本社会に暮らすことが認められる可能性もあります。もしその自称難民がテロリストだった場合、その人物は簡単に日本に入国し、日本国内で自由を享受できる。これは実に恐ろしいことです。

いわゆる「難民条約」や日本の入国管理制度や法は、テロリストが自称難民としてやってくることなど想定していません。しかし欧米諸国では、そうした事例が後を絶たない。そして、実際そうした自称難民テロリストがテロを起こした事例も数多くあります。

となれば日本も当然、自称難民の中にテロリストが紛れ込むことを想定する必要がある。

「そんなことあるわけがない」と偽善を決め込んでも、その可能性は失われない。

日本政府がこのまま、少子化対策や労働者不足の解決策として移民・難民を受け入れる政策を施行し続ければ、日本社会は大きく変わります。その変化はほとんどの場合、負の意味を持つことを、私たち日本国民は知っておく必要がある。知った上でなお、移民・難民を受け入れるべきだと信じるならば、そうすればいい。知らないで、なんとなく「多様性はすばらしい」とか「労働者不足なのだから外国人労働者を入れる以外に選択の余地がない」などと思っているようであれば、無責任極まりない。

失業したり、生活保護に頼らざるをえなくなったり、どうしようもなく治安が悪化したりして、自分の生活が脅かされるようになって初めて気づくのでは、遅すぎるのです。

（２０２４年６月12日）

難民申請中に「難民ビザ」で「特別活動」

産経新聞が「難民申請激増で「保護費」急増３億円、予算足りず　就労ＯＫ収入高い『難民ビザ』」（２０２４年７月15日）という記事を出しています。冒頭には次のようにある。

〈難民認定申請者のうち生活困窮者らに国が支給する「保護費」の受給者が昨年度、６５８人に急増し総支給額が前年度の約１・７倍の３億２７００万円にのぼったことが15日、外務省のまとめでわかった。１人当たりの平均年額は約50万円となる。同省は、難民申請者が1万3千人超に激増したことが影響したとみている。一方で、申請者の多くは難民申請者に与えられる正規の在留資格で就労しており、「保護費より稼げる」のが現状という。〉

冒頭から明らかなのは、日本にやってきて「自分は難民だ!」と主張し難民申請をした人は、保護費をもらうか、「難民申請者に与えられる正規の在留資格で就労」することで保護費よりも稼げる、ということです。日本は難民条約を批准しているので、外国人が日本にやって来て「自分は難民だ!」と主張したら、とりあえずその人が本当に難民なのかどうか審査しなければならない。しかも日本は難民に「保護費」なるカネを与え、日本での衣食住に不自由しないよう取り計らっている。保護費について、産経の記事にはこうあります。

〈外務省によると、保護費は１９８３（昭和58）年に始まった国の措置制度。難民認定の１回目の審査期間中、収入がないなど「生活困窮の度合いが高く衣食住に欠けるなど、保護が必要と認められる」人が対象で、国内の生活保護に準じるものという。生活費のほか、必要に応じて住居費を支給、医療費も原則保険適用内で実費を支給する。〉

保護費の原資はもちろん、私たちの税金です。難民申請者が増加して保護費の受給者が増えれば、当然保護費の予算が増える。２０２３年には難民も保護費受給者も急増して、予算が足りなくなったと記事にはあります。

〈2023年度の保護費受給者は658人にのぼり、前年度の204人から約3・2倍に急増。これに伴い保護費も当初予算の2億3100万円では足りず、補正予算に計上して総額3億2700万円となった。〉

移民・難民の増加は、その国の福祉にタダ乗りする外国人の増加を意味します。彼らの衣食住を支える、日本の場合はこの「保護費」なるものは、今後、日本にやってくる「自称難民」が増えれば増えるほど、増えます。すでに日本では難民申請者が急増しています。私たちはこれが、私たちのインフラにタダ乗りし、私たちの福祉にぶら下がる人たちが増加することを意味するのだ、と理解しておく必要がある。

彼らが本当に、自国で迫害されている本当の難民ならば、彼らを保護することには人道的な意味があると言えるでしょう。しかし彼らの多くは、別に自国で迫害などされていない。だから難民として認定される人が極めて少ないのです。

例えば2023年には、1年間に1万3823人が難民申請して、303人しか難民認定されていない。要するに2％しか認定されていないわけです。

では、彼らは迫害などされていないのに、なぜ日本に来るのか？　日本に来ると「おいしい」からです。難民申請さえすれば、保護費がもらえる。働いて、保護費以上に稼ぐこともできる。記事にはこうあります。

〈生活費は生活保護の水準を参考に定められ、12歳以上は月額7万2千円、12歳未満は半額。住居費は単身者で月額4万円、一世帯当たりの上限は6万円となる。これにより、支給額の合計は最大で単身者が月額11万2千円、4人世帯なら同34万8千円となる。〉

なるほど、「難民です！」と主張すれば4人世帯で月額34万8000円受給できる。年間で417万円です。なんでしょう、この現実は。

国税庁によると、2022（令和4）年の日本国民の平均年収は458万円です。ここから健康保険や厚生年金といった社会保険料と所得税や住民税などを差し引いた額が手取り額となる。年収にもよりますが、手取り額は年収の7〜8割ほどが目安なので、年収458万円の手取り額はおよそ320〜370万円。1か月平均27〜30万円ほどになります。

つまり日本に入国して難民申請した4人家族の人は、日本の国から保護費やら家賃やらで月に34万8000円、年に417万円支給される。一方、日本で一所懸命働く日本人の平均手取り額は年に320万円程度だということです。難民の支給される417万円には、税金も社会保険料もかかりませんから、まるまる手元に残る。あまりにも理不尽です。

保護費はかなり「おいしい」制度である上に、不正受給や虚偽申請も問題化している。

〈保護費をめぐっては不正受給や虚偽申請も問題化。12年2月には、収入や預金があるにもかかわらず無収入などと偽って保護費をだまし取ったとして、埼玉県川口市に住むトルコ国

籍の工員の男が逮捕された。19年3月には、同様の容疑で千葉県市川市に住むカメルーン国籍のクラブ勤務の女が逮捕された。〉

なるほど、保護費をもらいつつ働いて、丸儲けしている「自称難民」もいるわけです。

さらに、「自称難民」は、書類審査によって「特定活動」という在留資格を認められれば、フルタイム労働することができます。これがいわゆる「難民ビザ」です。産経新聞の記事にも、こうあります。

〈一方で、約1万3800人の難民申請者のほとんどは保護費を受給していない。多くは難民認定手続中の場合も与えられる「特定活動」という在留資格により、原則フルタイムでの就労も認められている。このため就労目的にもかかわらず難民申請する人が後を絶たず、俗に「難民ビザ」とも呼ばれているという。関係者によると、保護費を受給するよりも「難民ビザ」のほうが多くの収入を得られるため、大半の難民申請者は自活を選択し、難民認定の審査を待つ間に就労しているのが実態という。〉

記事には、この「難民ビザ」制度が始まったのは民主党政権時代の2010年4月だとあります。2009年5月に外務省の保護費が枯渇し、100人以上が保護費の支給を打ち切られ、支援団体などが批判した、という事情があったらしい。

これも再エネ賦課金などと並ぶ、民主党政権の悪政の一つだったというわけです。「必ず取れる『就労・永住ビザ！』就労・永住ビザSOS＠横浜　行政書士・富樫眞一事務所」というウェブサイトには次のような説明がありました。

〈特に2010年から2018年1月までは、申請から6か月が経過した外国人に「特定活動（6か月・就労可）」という在留資格が一律で与えられていたこともあり、「難民ビザ」を求め最大で年間2万人近い外国人が難民認定を申請しました。中には留学ビザの有効期間が切れた元・留学生が、日本に滞在し続けるために難民認定申請していた例もあります。〉

申請から6か月経過でもれなく全員に「特定活動」という在留資格を与えていたわけです。どうりで申請者が増えるわけです。

産経新聞の記事によると、1万人以上いる「難民申請者」の多くは「難民ビザ」を取り、フルタイム就労をして保護費よりも多い収入を得ているという。ますます理不尽です。

日本国内で一所懸命働く日本人よりも、日本に来て難民申請しつつ「難民ビザ」でフルタイム就労する外国人の方が、年収が高いという現実。なんともやりきれません。

〈出入国在留管理庁の統計によると、こうした「特定活動」の該当者は昨年末時点で5380人。最も多いのはトルコ国籍者で1147人と2割超を占め、大半はトルコの少数民族クルド人とみられる。クルド人らは家族ぐるみで難民申請しているケースも多く、その場合は両親、特に父親の稼ぎで生計を立てているという。〉

トルコ国籍者はパスポートさえあれば日本に入国できます。入国して滞在できる3か月の間に難民申請すればいい。うまくすれば「難民ビザ」を取得して働くことができるし、「難民ビザ」が取れなくても、「仮放免」になれば不法就労する場はいくらでもある。彼らの多くは埼玉県川口市に行き、そこで不法就労したり、福祉の恩恵に与りながら、祖国トルコにいる時よりもずっと「いい暮らし」ができるのです。

しかも川口市の奥ノ木市長は、仮放免者の就労も可能にしろと要望している。

〈一方、不法滞在などによる強制送還を拒みながら入管施設への収容を一時的に解かれた「仮放免者」の場合は、不法就労も少なくない。クルド人が集住する埼玉県川口市の奥ノ木信夫市長は仮放免者の就労を可能にする制度の創設を国に要望している。〉

こうなると、どんな外国人も、日本に来て「自分は難民だ！」と自称しさえすれば、合法的に働けるということになります。この制度はザルというより、もう誰でもいいから日本にきて働いてくれと言っているとしか理解できません。

働けるなら誰でもいいやと野放図に無秩序に外国人を受け入れた後、国や社会がどれほど食い荒らされ、荒廃し、治安が悪化し、文化が失われ、異文化に乗っ取られ、日本人の安全も雇用も失われ、福祉制度が破綻するかについて、国や自治体は何も考えていないのです。

（２０２４年７月20日）

おわりに――日本が「イスラム化」する日

共同通信が「日本各地にモスク計画続々、資金集めにSNS　イスラム教徒、相互扶助の精神は国境を越える」（2024年6月8日）という記事を掲載しています。冒頭には次のようにあります。

〈日本各地でモスク（イスラム教礼拝所）の建立計画が立ち上がっている。技能実習生の増加などイスラム教徒のコミュニティー拡大が背景にある。国内で少数派のイスラム教徒らは同胞や母国の著名人に協力を仰ぎ交流サイト（SNS）を活用して資金集めに奔走する。〉

見出し、そして冒頭部からは、共同通信が日本国内のイスラム教徒が急増しモスク建設計画が続々と立ち上がっていることを好意的に受け止め、イスラム教徒の「相互扶助の精神」を賛美している旨が理解される。

共同通信に限らず、日本のメディアはこれまでも、過去数十年間にわたって、驚くほどイスラム教という宗教やイスラム教徒を褒めちぎったり、賛美したりしてきました。イスラム教に入信すればすべてがうまくいくというような記事を掲載したり、イスラム教徒はみんな心優しく、日本人が忘れてしまった相互扶助の精神を持ち、それを実践していると奇妙に美化したりする。上記の共同通信の記事もこの類です。

これまでは、イスラム教というのは日本においては「遠い他者」であり「異国の文化」にすぎなかったため、日本のメディアや研究者がイスラム教を賛美したり絶賛したりすることが、それほど大きな害をもたらすことはなかった。

しかし、これからは違います。在日イスラム教徒は急増し、イスラム教徒コミュニティは急拡大している。共同通信の記事には次のようにあります。

〈在日イスラム教徒に詳しい早稲田大の店田名誉教授は、２０２３年12月時点で国内のイスラム教徒は27万人超と見込む。１９８０年代前半に４カ所だったモスクも、２０２４年４月時点で１３３カ所に増加したと推計する。〉

約1年前の朝日新聞の「『日本人のイスラム教徒』が増える理由　国内のモスクは20年で7倍」（２０２３年5月6日）という記事には、日本に暮らすイスラム教徒は２０２０年末で約23万人、モスクは２０２１年3月に１１３か所だったとあります。数値を示しているのはともに店田氏です。

つまり、日本に暮らすイスラム教徒の数は3年間で4万人増加し、モスクの数は3年間に20か所増加したことになる。イスラム教徒の数もモスクの数も、３年間で2割ほど増加しているわけです。

これはものすごいことです。日本でイスラム教徒が間違いなく急増していることは、日本に長く住む日本人イスラム教徒で著名なモスクの広報担当者でもある人物が、次のように言っていることからも明らかです。

〈東京ジャーミイの広報担当下山茂さん（75）は、インドネシア人技能実習生の増加などイスラム教徒コミュニティー拡大の「大きな波」が来ていると指摘。「地域に開かれたモスクが増え、イスラム教徒と日本社会が互いに異文化理解を深めるきっかけになってほしい」と期待した。〉

私は数年前から、近く日本でもイスラム教徒が急増することになるのではないかと危惧していた。そして日本に先駆けてイスラム教徒人口が急増したヨーロッパ諸国で発生している治安悪化や社会・文化の退廃、福祉の圧迫といった問題が、日本でも急激に拡大する可能性が高いと警告してきました。残念ながら、私の危惧は現実化していると言わざるをえません。

日本ではすでに、

○イスラム教徒の急増

○イスラム教徒コミュニティの拡大

○モスク建設ラッシュ
○土葬墓地建設問題
○地元住民との軋轢《あつれき》

といった問題が発生していて、いずれもメディアや政治家がイスラム教徒に寄り添い、日本国民である地元住民の不安や被害や迷惑をほとんど顧みないという傾向が顕著です。

この際に用いられているのが、「多様性の尊重」とか「多文化共生」といった理念です。メディアや「専門家」、そして政治家たちは、こうした美しい理念を掲げることで、日本国民の利益を踏みにじることを正当化する。こうして日本は内部から破壊されていくのです。

「国がなくなる」というのは、その土地が物理的に消失することを意味するわけではありません。その国から、その国固有の歴史や文化が失われ、その国の国民が蔑ろにされ、外国人に乗っ取られ支配されれば、それはその国の消失を意味する。

イスラム教は非常に強い宗教です。その国の文化、社会、制度、政治を完全に変えてしまう力を持っている。彼らはたくさんの子供を作ることを、宗教的な善行であると信じる人々でもあります。少子化の進む日本にイスラム教徒が大量に移住し、日本でたくさんの子供を産めば、日本在住者に占めるイスラム教徒の数は急増し、民主的な方法で日本をイスラム化することが可能になる。別に手に武器をとって武装蜂起する必要などないのです。

イスラム化というのは、人々の生活、社会、政治、経済のすべてがイスラム教の戒律に従って営まれるようになる現象です。イスラム教は人間生活、社会のすべてをイスラム教の戒律（イスラム法）に従って行うことを義務付ける宗教です。イスラム教徒を日本にたくさん受け入れるということは、そういう人たちを受け入れることだ、ということを私たちは知っておかなければなりません。

日本政府が5年間で82万人の外国人労働者を受け入れると閣議決定した、その中には相当数のイスラム教徒が含まれるだろうことも、私たちは知っておかなければならない。

日本政府は彼らの多くに、永住と家族の帯同を認める方針です。大量のイスラム教徒が日本にやってきて日本に永住するということは、日本で亡くなるということです。そうすれば私たちは、日本に彼らのための土葬墓地を用意しなければならない。なぜならそれが、イスラム教の掟だからです。

彼らは集団で祈るモスクを必要とする。だから私たちは、モスク建設も受け入れねばならない。共同通信は、モスク建設運動が各地で起こっていることを好意的に伝えています。〈東京都渋谷区にある国内最大級のモスク「東京ジャーミイ」は、他のモスク建立の動きを支援してきた。多くのイスラム教徒が集団礼拝に訪れる金曜日、同胞へのサダカ呼びかけの場として礼拝堂を提供する。2024年5~6月にも、東京都や埼玉県でモスク建立を目指すイスラム教徒らが呼びかける予定だ。〉

彼らが公園などに集まり、集団礼拝をすることも許容しなければならない。横浜市内の公園では、すでにこのような集団礼拝が行われていることを、共同通信は伝えています。

これが「多様性の尊重」です。土葬墓地やモスクの建設や集団礼拝に反対したり、異議を唱えたりすれば、たちまち「差別主義者」「イスラム差別」「イスラモフォビア」のレッテルを貼られます。メディアやSNSで糾弾され、仕事や地位を失い、社会的に抹殺される可能性すらある。実際ヨーロッパ諸国には、これで社会的に葬り去られた人が多くいます。

政府、政治家、メディア、「専門家」、財界人たちが、口を揃えて多様性だの多文化共生だのと主張すれば、日本国民は萎縮し、警察も萎縮する。誰も反対することなく、日本のイスラム化は着々と進むでしょう。

モスクや土葬墓地の周辺にはイスラム教徒が増え、店や街並みや雰囲気は徐々に、しかし確実に変わるでしょう。お寺や神社や日本の墓はあってはならないものになる。絵画や彫像のある美術館もあってはならないものになる。豚肉や豚を使った料理もだんだんと排除されていきます。女性も肌を露出しない服装をするよう圧力がかかる。

学校にも職場にも近所にもイスラム教徒が増え、イスラム教徒のための学校が増え、イスラム教徒のために商売をする人も増えるでしょう。学校や職場にイスラム教徒が増えれば、学校のカリキュラムや行事、給食も変わるでしょう。音楽や美術や体育の授業は宗教を理由に参加しない生徒が増え、進化論や歴史の授業にも異議を唱える生徒が増えるでしょう。運動会、合唱コンクールも開催が難しくなる。修学旅行で京都に行き、金閣寺などのお寺に行くなど言語道断です。

イスラム教徒の「日本国民」も増え、彼らがロビーとして力を持つようになり、彼らの票を狙って彼らのために政治をする政治家が増えるでしょう。そして当然のことながら、イスラム教徒の政治家も増えるでしょう。

日本社会はこうやって、ゆるやかに、そして着実にイスラム化していく。これが今、日本政府、政治家、メディア、「専門家」、財界人たちが一致協力して推進している「多様性のある社会」「多文化共生社会」の行き着く先です。

「多様性」という巨大なトロイの木馬を引き入れた後、実現するのは多様性などまったくない、一様な社会です。日本が官民挙げて大歓迎した「多様性」という巨大なトロイの木馬の中に、多様性を認めない人々が大量に入っていれば、日本は自ずと、その一つの文化によって置き換えられ、日本ではない別のものになる。

日本は少子化しているから、労働力不足だから、外国人労働者を受け入れるしか解決策がない、彼らに日本を選んでもらうためには、永住と家族帯同を認めるのが必須だという思い込みの政策から脱却しないかぎり、日本のイスラム化は確実に進みます。そしてそのスピードは、私たちが思うよりずっと早い。

この流れを止めるためには、日本政府、政治家、メディア、「専門家」、財界人のすべてを敵に回さなければなりません。それでも誰かがやらなければならない。それに気づき、危機に目覚め、立ち上がる日本人が徐々にでも増えれば、まだ日本を守ることはできると私は信じています。

いずれにせよ、私は私のできることを全力でやるだけです。

2024年10月7日

飯山 陽

本書はｎｏｔｅ「飯山陽のメディアが伝えない本当の世界」（２０２０年６月14日～２０２４年９月16日）に連載された記事を編集し、加筆・修正したものである。

飯山 陽（いいやま・あかり）
1976（昭和51）年東京生まれ。イスラム思想研究者。麗澤大学国際問題研究センター客員教授。上智大学文学部史学科卒。東京大学大学院人文社会系研究科アジア文化研究専攻イスラム学専門分野博士課程単位取得退学。博士（文学）。著書に『イスラム教再考』『中東問題再考』『ハマス・パレスチナ・イスラエル』（以上扶桑社新書）、『イスラム教の論理』（新潮新書）、『イスラム2.0』（河出新書）、『エジプトの空の下』（晶文社）など。
XやYouTube「飯山あかりちゃんねる」、noteでイスラム世界の最新情報と情勢分析などを随時更新中。

扶桑社新書514
イスラム移民

発行日 2024年11月 1 日　初版第1刷発行
　　　 2024年11月 30日　　　第2刷発行

著　　者………飯山 陽
発 行 者………秋尾 弘史
発 行 所………株式会社 育鵬社
〒105-0022 東京都港区海岸1-2-20 汐留ビルディング
電話03-5843-8395（編集） https://www.ikuhosha.co.jp/
株式会社 扶桑社
〒105-8070 東京都港区海岸1-2-20 汐留ビルディング
電話03-5843-8143（メールセンター）
発　　売………株式会社 扶桑社
〒105-8070 東京都港区海岸1-2-20 汐留ビルディング
（電話番号は同上）

印刷・製本………中央精版印刷株式会社

Printed in Japan　ISBN 978-4-594-09559-8
本書のご感想を育鵬社宛てにお手紙、Eメールでお寄せ下さい。
Eメールアドレス　info@ikuhosha.co.jp